古今易學要籍選刊

# 易餘（外一種）

〔明〕方以智／著
張昭煒／整理

修訂版

上海古籍出版社

**圖書在版編目(CIP)數據**

易餘：外一種／（明）方以智著；張昭煒整理，—修訂版. —上海：上海古籍出版社，2024.4
（古今易學要籍選刊）
ISBN 978-7-5732-1111-8

Ⅰ.①易… Ⅱ.①方… ②張… Ⅲ.①《周易》—研究 Ⅳ.①B221.5

中國國家版本館 CIP 數據核字(2024)第 076681 號

**易餘(外一種)(修訂版)**
［明］方以智 著
張昭煒 整理
上海古籍出版社出版發行
（上海市閔行區號景路 159 弄 1-5 號 A 座 5F 郵政編碼 201101）
（1）網址：www.guji.com.cn
（2）E-mail：guji1@guji.com.cn
（3）易文網網址：www.ewen.co
浙江臨安曙光印務有限公司印刷
開本 890×1240 1/32 印張 8.5 插頁 6 字數 171,000
2024 年 4 月第 1 版 2024 年 4 月第 1 次印刷
印數：1—1,500
ISBN 978-7-5732-1111-8
B·1378 定價：49.00 元

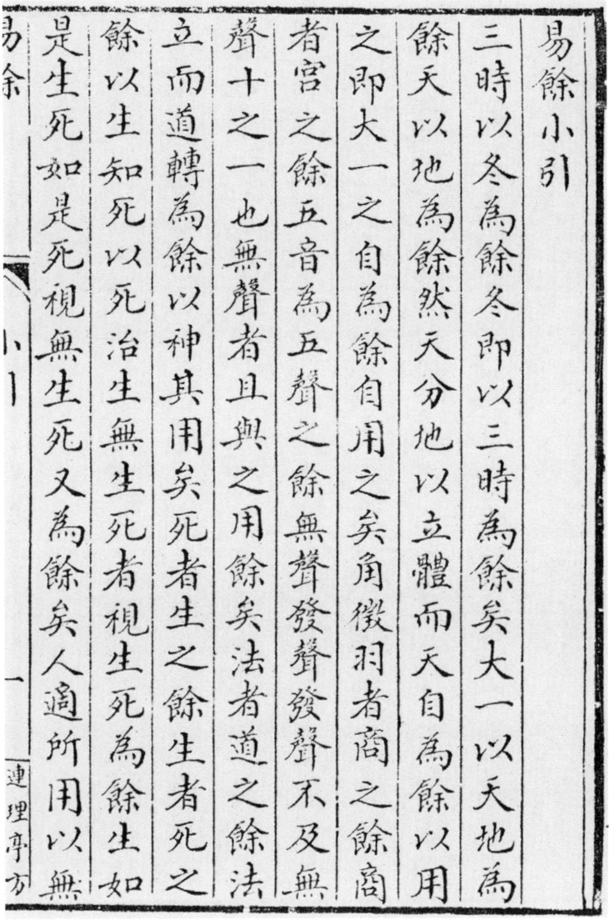

易餘小引

三時以冬為餘冬即以三時為餘矣大一以天地為餘天以地為餘然天分地以立體而天自為餘以用之即大一之自為餘自用之矣角徵羽者商之餘商者宮之餘五音為五聲之餘無聲發聲發聲不及無聲十之一也無聲者且與之用餘矣法者道之餘法立而道轉為餘以神其用矣死者生之餘生者死之餘以生知死以死治生無生死者視生死為餘生如是生死如是死視無生死又為餘矣人適所用以無

易餘　小引　一　連理亭方

安徽博物院藏清抄本《易餘》書影一

三子記

角丱鼓篋即好曠覽而湛思之長博學治文辭已好考究已好物理已乃讀易九閱八挺無不極也非知易也中覯大難瀕死十九忽以嗒然遂儻然矣雖知鬼窟獸窟之非乎樂其無事蓋不免也南遊既久遇一中原簾卜者號曰當士元幍席帽黃通裁廣袼緼組笑滕䐡良有約與語異之隨至其寓几惟一方圓器渾天三輪以尺勾股可以推移陰陽之變無不畢具余故不解士曰吾惜夫學者之汗漫其天地耳余



安徽博物院藏清抄本《易餘》書影二

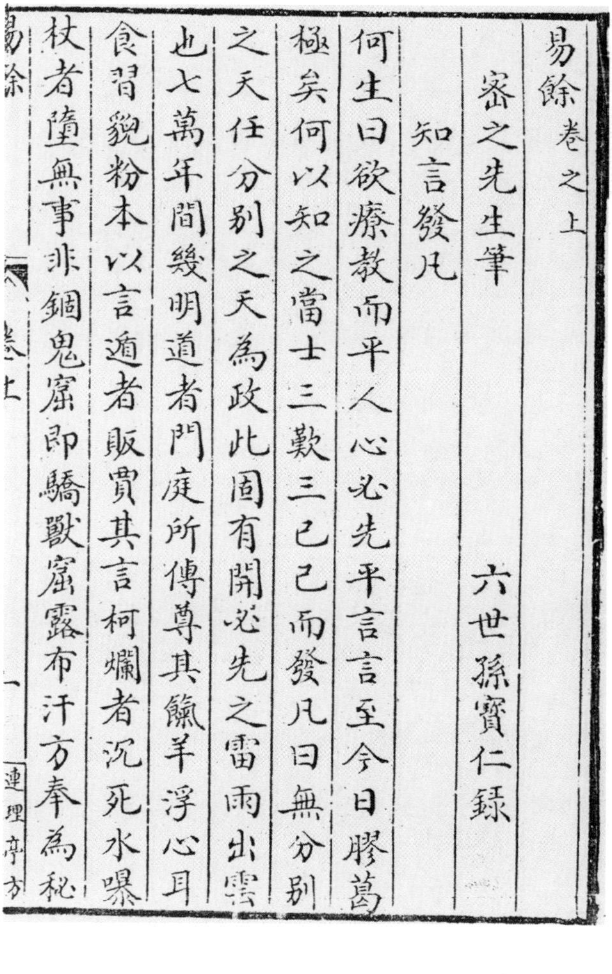
易餘卷之上
密之先生筆　　六世孫寶仁録
知言發凡
何生曰欲療教而平人心必先平言言至今日膠葛
極矣何以知之當士三歎三已已而發凡曰無分別
之天任分別之天為政此固有開必先之雷雨出雲
也七萬年間幾明道者門庭所傳尊其餼羊浮心耳
食習貌粉本以言遁者販貫其言柯爛者沉死水纍
杖者墮無事非錮鬼窟即驕獸窟露布汗方奉為秘
易餘　卷之上　一　連理亭方

安徽博物院藏清抄本《易餘》書影三

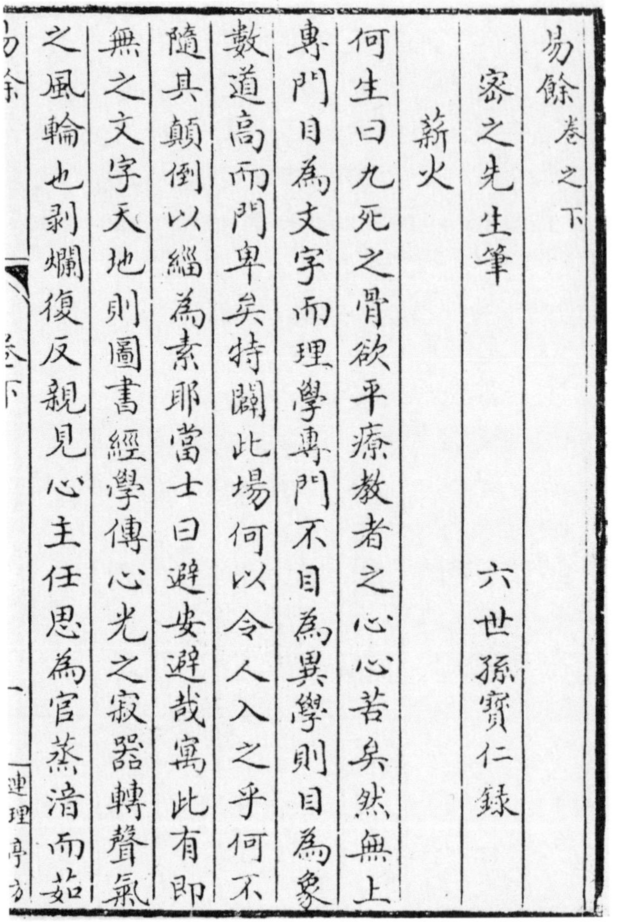
易餘卷之下

密之先生筆　　六世孫寶仁録

薪火

何生曰九死之骨欲平療教者之心心苦矣然無上專門目為文字而理學專門不目為異學則目為象數道高而門卑矣特闢此場何以令人入之乎何不隨其顛倒以緇為素耶當士曰避安避哉寓此有即無之文字天地則圖書經學傳心光之寂器轉聲氣之風輪也剥爛復反親見心主任思為官蒸滑而茹

安徽博物院藏清抄本《易餘》書影四

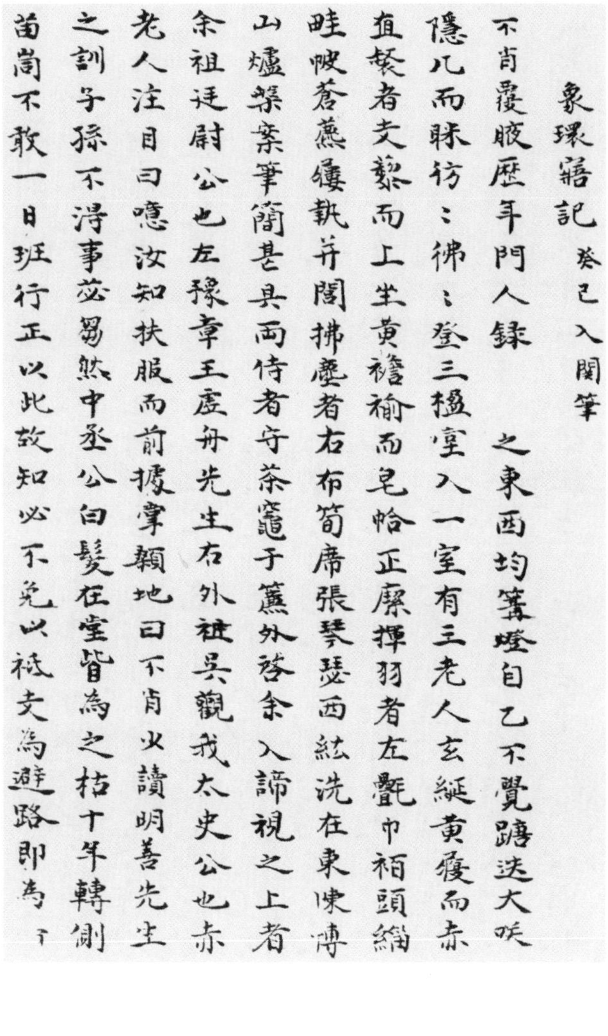
象環寤記 癸巳入閩筆
不肖覂腋歷年門人錄 之東西均篝燈自乙不覺躊送大咲
隱几而眯彷〻彿〻登三楹堂入一室有三老人玄縰黃屨而赤
直髮者支藜而上坐黃襜褕而皂帢正麾揮羽者左氈巾袹頭緇
畦帔蒼薦纏執并閭拂塵者右布筍席張琴瑟西絃洗在東陳博
山爐槃案筆簡甚具兩侍者守茶竈于簾外啓余入諦視之上者
余祖廷尉公也左豫章王虞舟先生右外祖吳觀我太史公也赤
老人注目曰噫汝知扶服而前攫掌顙地曰不肖必讀明善先生
之訓子孫不得事茲芻然中丞公白髮在堂皆爲之枯十年轉側
菑崗不敢一日班行正以此故知必不免以祇支爲避路即爲 下

安徽博物院藏稿本《象環寤記》書影一

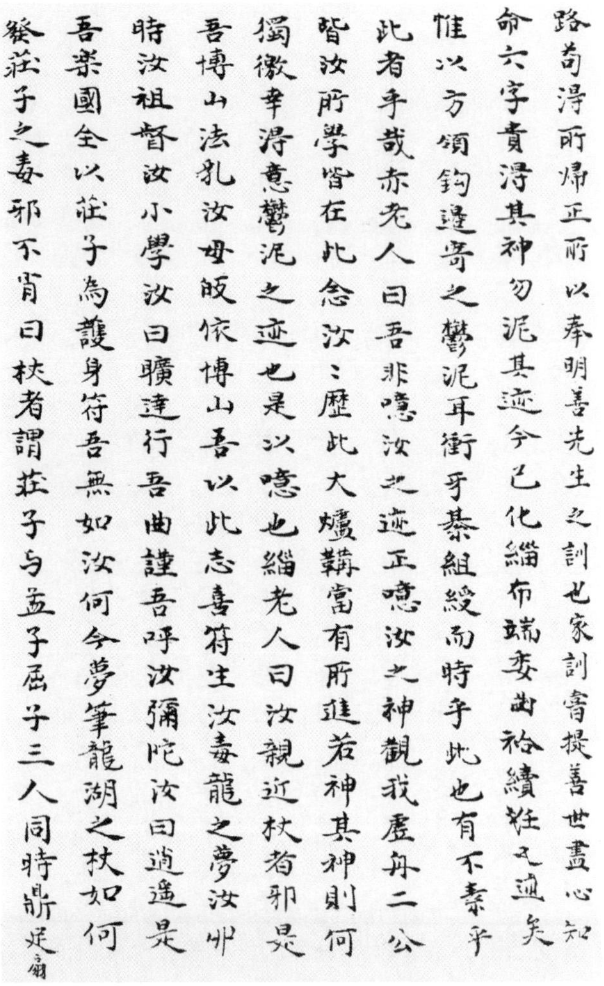
路苟得所歸正所以奉明善先生之訓也家訓嘗提善世盡心知
命六字貴得其神勿泥其迹今已化緇布端委幽衿續紝之迹矣
惟以方領鉤邊奇之鬱泥耳銜牙綦組綬而特乎此也有不索乎
此者乎哉赤老人曰吾非噫汝之迹正噫汝之神觀我虛舟二公
皆汝所學皆在此念汝汝歷此大爐韛當有所進若神其神則何
獨徽幸得意鬱泥之迹也是以噫也緇老人曰汝親近杖者邪是
吾博山法乳汝母皈依博山吾以此志喜符生汝毒龍之夢汝艸
時汝祖督汝小學汝曰曠達行吾曲謹吾呼汝彌陀汝曰逍遙是
吾樂國全以莊子為護身符吾無如汝何今夢筆龍湖之杖如何
發莊子之毒邪不肖曰杖者謂莊子与孟子屈子三人同時鼎足扇

安徽博物院藏稿本《象環寤記》書影二

谨以此书缅怀庞朴先生

# 前言

方以智（一六一一——一六七一年），字密之，號曼公，別號有愚者、藥地、无可（無可）等，明末清初的大思想家，一生經歷曲折，「久淬冰雪，激乎風霆。」〔一〕崇禎十三年（一六四〇年），方以智中進士，後授翰林院檢討。據馬其昶爲方以智所作傳：「會李自成破潼關，先生自請效力行閒，范公景文復疏薦之，召對德政殿，語中機要，上撫几稱善。以忤執政意，不果用。俄京師陷，先生哭臨殯宮東華門，被執，加刑毒，至兩髁骨見，不屈。賊敗，南奔。值馬、阮亂政，修怨，欲殺之，遂流離嶺表。」「順治三年，桂王稱號肇慶，以與推戴功，擢右中允。扈王幸梧州，擢侍講學士。明年，拜禮部侍郎、東閣大學士。旋罷相。固稱疾，屢詔不起。」「未幾，就縶平樂，其帥欲降之，令冠服置左，白刃置右，惟所擇。先生辭左受右。帥更加敬禮，解其縛，始聽爲僧。」「博涉多奇。所與遊，皆四方豪俊。凡天人、禮樂、律數、文字、書畫、醫藥，下逮琴劍技勇，無不析其旨趣。著書數十萬言，名流海外。」「先生所著書曰《易餘》二卷，《切韻聲原》一卷，《通雅》五十二卷，《物理小識》十二卷，《藥地炮莊》九

〔一〕方以智：《東西均開章》，《東西均注釋》（外一種），中華書局，二〇一六年，第二六頁。

卷，《諸子燔痏》若干卷，《幾表》若干卷，《浮山前後集》二十二卷，《前後編》十六卷。」〔一〕

本書收録《易餘》與《象環寤記》，《易餘》是方以智的《周易》哲學代表作，《象環寤記》是方以智的悟道記，是其思想的高度凝練。二書内容關聯較高：《象環寤記》的赤老人、緇老人、黄老人穿戴、奏樂唱歌的模式，與《易餘・三子記》的何生、平公、當士頗爲相似；《象環寤記》是三老人對話，《易餘》總體上亦是三子的對話，可視爲對話的展開，這承接了邵雍的《漁樵問對》傳統。《象環寤記》、《易餘・三子記》中均有「奈何」之嗟歎：

天地間生生而蠢蠢也，奈何不捄？捄亦奈何？權且奈何？是謂方便。有此弊法，相反相勝，足以奈何之而終奈之何？奈何不得，而遂有奈何之道。獨不見所以貫代明、錯行者乎？日奈月何，月奈日何，春奈秋何，秋奈春何？（《象環寤記》）

平公曰：凡民、犬馬、倚天爲劍莂，天即倚由之、知之爲劍莂，分磨合藏，藏奈何磨？磨奈何藏？曾知一奈何否？

何生曰：吹毛奈磨用何？善藏奈四顧何？知奈不知何？不知奈知何？天奈人何？人奈

〔一〕馬其昶：《方密之先生傳弟六十》，《桐城耆舊傳》卷六，黄山書社，二〇一三年，第一六一—一六三頁。方氏著作詳見侯外廬：《方以智的生平與學術貢獻——方以智全書前言》，《方以智全書》第一册，上海古籍出版社，一九八八年，第二七—六二頁。

天何？天人奈聖人何？聖人奈天人何？

當士曰：聖人知其無奈何，而使自奈何，奈何不得，早爲聖人奈何之矣。由不使知，固奈何人？彼使致知，更奈何人？由合知行，固奈何人？分知與行，更奈何人？磨無非藏，用無非善，尤奈何人？即有一能奈何聖人者，乃極受聖人之奈何，而終奈聖人不何者也。（《易餘·知由》）

後者顯然要前者更無可奈何。他如《象環寤記》中蒙媪吐出長霆，《易餘·三子記》亦言黃帝、廣成子等吞吐，且思想更爲成熟。

相同的義理表達因時因境或簡或繁，但三子對話、吞吐、「奈何」等均顯示《易餘》晚於《象環寤記》。一定程度上，《象環寤記》可視作《易餘·三子記》的展開與推進。

《易餘》思想精深，徵引廣博，淵源有自。《易餘·附録》曰：「烹雪炮漆，以供鼎薪，偏教醫活死麒麟。」「烹雪」之「雪」，《易餘·世出世》「故示雪山以立此脱離之極」，代指佛學；莊子嘗爲漆園吏，故「炮漆」當代指莊學。蓋指借佛學、莊學以醫救流弊四起的儒學。覺浪道盛「《莊子提正》，久布寓内。」「在天界時，又取《莊子》全評之，以付竹關。公宫之托，厥在茲歟！」〔一〕覺浪道盛致方以

〔一〕 興月：《炮莊發凡》，《藥地炮莊校注》，臺大出版中心，二〇一七年，第二八—二九頁。

智的《破藍莖草頌》小注曰：「癸巳（一六五三年）孟冬，書付竹關。」序文又曰：「予今年倚杖天界，無可智公從生死危難中來，皈命於予，受大法戒，乃掩關高座，深求少林服毒得髓之宗。」〔一〕方以智受覺浪道盛之托撰《藥地炮莊》：「忽遇《破藍莖草》，托孤竹關，杞包櫟菌，一枝横出，曝然放杖，燒其鼎而炮之。重翻《三一齋稿》，會通《易餘》，其爲藥症也犁然矣。」〔二〕《藥地炮莊》是炮製《莊子》之藥，醫救儒學之病。《易餘》與之「會通」，旨趣一致，如上、下兩卷之首所言：「欲療教而平人心，必先平言。」（《易餘·知言發凡》）「九死之骨，欲平療教者之心，心苦矣。」（《易餘·薪火》）《易餘》上卷從天道，下卷從人事，「療教而平人心」，故此《易餘》可稱之爲「《藥地炮易》」。《易餘·如之何》言：「一莖藥草，皆法身矣。」這顯然是來自覺浪道盛的《破藍莖草頌》。《易餘·三子記》言：「維元之午，降吾作汝。後死托孤，鐘鼓磬舞！」這與《象環寤記》「莊子爲孔門别傳之孤」相同，與方以智接受覺浪道盛全標《莊子》有關，均在一六五三年孟冬之後。「陳大中曰：『杖人癸巳又全標《莊子》，以付竹關，奄忽十年，無可大師乃成《藥地炮莊》。』」〔三〕《藥地炮莊》與《易餘》寫作有交集，

〔一〕覺浪道盛：《破藍莖草頌》，《天界覺浪盛禪師全録》卷十二，《嘉興大藏經》第三十四册，第二一一頁。

〔二〕方以智：《炮莊小引》，《藥地炮莊校注》，臺大出版中心，二〇一七年，第二〇—二一頁。

〔三〕宋之鼎：《提應帝王》跋語，《天界覺浪盛禪師全録》卷三十，《嘉興大藏經》第三十四册，第二一四頁。

如《易餘·生死故》：「自炮《莊》者言之，亦養其於穆之生生耳，亦養其行生即於穆之主中主耳。」可見炮《易》時已開始炮《莊》。

方以智「受覺浪杖人付囑，樹法幢於青原。可師夙承奉先宮諭三一之學，暢衍宗一家風。」〔一〕方以智之父方孔炤《寄懷笑峰大師西江》詩曰：「晚徑披《易》圖，破鏡可重鑄。公因藏反因，引觸知其故。生死無生死，關尹天地寓。有子蒼梧歸，杖門飲法乳。自閉高座關，足療平生痼。宗一而圓三，外祖早回互。」〔二〕「外祖」即方以智的外祖吴應賓；「回互」指曹洞宗的偏正回互。〔三〕吴應賓對方以智禪學思想的影響早於覺浪道盛，是《易餘》「烹雪」思想的直接來源，所作《宗一圣論》可視爲《易餘》的前奏：《易餘·孝覺》、《易餘·約藥》對此有徵引；《易餘·知人》與《宗一圣論·知人篇》一脈相承。

方氏一族，代有以《易》名家者：方學漸有《易蠡》十卷，方大鎮有《易意》四卷，方孔炤有《周易時論》十卷。〔四〕方孔炤「自辛未廬墓白鹿三年，廣先曾王父《易蠡》、先王父《易意》而闡之，名曰

〔一〕吴道新：《新建藏經閣碑記》，《浮山志》卷四，黃山書社，二〇〇七年，第三五頁。
〔二〕方孔炤：《寄懷笑峰大師西江》，《青原志略》卷十，江西人民出版社，一九九八年，第二六〇頁。
〔三〕吴道新：《无可禪師塔》，《浮山志》卷四，黃山書社，二〇〇七年，第四〇頁。
〔四〕黃虞稷：《易類》，《千頃堂書目》卷一，上海古籍出版社，一九九〇年，第九—一一頁。

《時論》。」〔一〕方以智復於丙申（一六五六年）爲方孔炤廬墓期間重編《周易時論》：「仲翔五世《易》，此日竟何如。」「安樂窩中趣，蓬窗覺有餘」。〔二〕《易餘》的《一有無》、《反對六象十錯綜》、《充類》等篇章融进了《周易時論》「公因反因」的思想，故實爲方家四代《易》學思想的結晶。

《象環寤記》未見著録。《易餘》的記載，《浮山文集後編・易餘引》爲其最早者。方以智的弟子黄虞稷《千頃堂書目》載：「方以智《易餘》二卷。」〔三〕朱彝尊《經義考》卷六十四著録《易餘》二卷，題曰「未見」。朝鮮佚名《皇明遺民傳》卷一《方以智傳》載有《易䄍》，疑爲「易餘」之訛。〔四〕日本《大漢和辭典》列舉方以智著作有《易䄍》一書，恐怕也是《易餘》之誤傳。〔五〕然皆只聞其名。幸得二十世紀五十年代方鴻壽先生將家傳秘藏獻出，今人始得一覩真容：此即《易餘》與《象環寤記》傳世僅有之本也。二者皆爲後人抄録：《象環寤記》首句「不肖覆腋歷年，門人録口口之《東西均》」「口口」處當是「以智」二字，抄録者諱而不書；《易餘》據卷首署名，知爲方氏六世孫寶仁抄録，中縫

〔一〕方以智：《周易時論後跋》，《曼寓草中》，《浮山文集前編》卷五，此藏軒刻本，第二九頁。
〔二〕方中通：《丙申老父重編先祖貞先生周易時論因授中通易象》，《迎親集・陪詩》卷一，清刻本，第一九頁。
〔三〕黄虞稷：《千頃堂書目》卷一《易類》，上海古籍出版社，一九九〇年，第一二頁。
〔四〕任道斌：《方以智 茅元儀著述知見録》，書目文獻出版社，一九八五年，第三九頁。
〔五〕侯外廬：《方以智的生平與學術貢獻》，《方以智全書》第一册，上海古籍出版社，一九八八年，第二九—三〇頁。

上題「易餘」，下題「連理亭方氏著述」，九行二十字。方寶仁抄録時，因避諱將「玄」改成「元」等，尚能還原；如「焄蒿者，言乎與陽爲徒也」（《易餘·必餘》），將「焄蒿」抄作「焄萬」，則不易發現。

《象環寤記》的創作時間較爲明確，其題名有小注「癸巳入關筆」，爲癸巳（一六五三年）閉關時作。《易餘》初創、成書、修改增訂的过程較爲複雜，我們試著逐層推進：

據《易餘小引》篇末：「章統十千，重光大淵。皇覽以降，過不惑年。」知《易餘》作於四十歲（一六五一年）以後[一]。又知《東西均》一六五二年作於廬山。[二]《易餘》與《東西均》風格相似，且有諸多互引，亦當作於一六五二年前後。

《易餘·三子記》：「蹈海颶發，垂索自若，漂乎孤島，遇商舶而返。果有瀑壁之山，野老相傳禹篆藏焉。」「禹篆何有哉？是竹林寺之影也。」所言多與廬山相關：「瀑壁之山」，當指以瀑布景觀著稱的廬山；[三]「野老相傳禹篆藏焉」，指廬山藏禹書之事：「《山海經》載：南海之内有衡山，有三天子之都，一名天子鄣，即廬山也。而禹各有藏：衡之藏在岣嶁，雲密嶽麓，凡七十七字。廬

[一] 龐樸：《東西均注釋序言》，《東西均注釋》（外一種），中華書局，二〇一六年，第八頁。

[二] 方以智：《東西均開章》：「歲陽玄墨，執除支連，嗚嗚子識，五老峰顛。」推知其一六五二年作於廬山。《東西均注釋》（外一種），中華書局，二〇一六年，第四六—四七頁。

[三] 李夢陽：《遊廬山記》，《空同集》卷四十八，文淵閣四庫全書本，第四頁。

之藏在紫霄石室中，百餘字，不可辨。堇識所謂『洪荒漾，余乃撻』是已。」[一]「竹林寺之影也」，爲竹林寺一石刻，相傳爲周顛所書：「又東觀竹林寺刻，非篆非隸，周顛手迹也。」「蹈海」之事當指從西寧返肇慶：一六五二年，方以智同施閏章從梧州冰舍返回，過西寧，泛肇慶，度梅嶺。九月，二人同遊廬山，開三疊泉路。[二]故《易餘》的創作應在一六五二年九月以後。

前述認爲《易餘》的創作晚於《象環寤記》，故《易餘》的成書時間應推至一六五三年之後。

甲午(一六五四年)後，方以智居竹關，著述不息，如方中通言：「鐘聲敲淚落，竹影奈愁何？有弟堪博學，無人可和歌。老親多著述，紙筆敢蹉跎？」[三]「一拜一椎心，難禁涕泗淫。可憐歸佛後，憔悴到如今。不問家園事，惟知苦行深。」[四]此時是方以智創作《易餘》的極佳時間。其間，「甲午(一六五四年)之冬，寄示竹關。窮子展而讀之，公因反因，真千古所未發」。[五]故其成書與《周易時論》成書互有交集，故《易餘》修改增訂不會早於一六五四年冬。[六]

---

〔一〕郭子章：《衡廬精舍藏稿序》，《胡直集》，上海古籍出版社，二〇一五年，第九一一頁。
〔二〕任道斌：《方以智年譜》，安徽教育出版社，一九八三年，第一七四—一八一頁。
〔三〕方中通：《甲午春同三弟省親竹關》，《迎親集·陪詩》卷一，清刻本，第九頁。
〔四〕方中通：《秋日又省竹關即辭遊楚》，《迎親集·陪詩》卷一，清刻本，第一一—一二頁。
〔五〕方以智：《齊物論第二》，《藥地炮莊》卷一，《藥地炮莊校注》，臺大出版中心，二〇一七年，第三四四頁。
〔六〕蔣國保：《方以智哲學思想研究》，安徽人民出版社，一九八七年，第九五頁。

《易餘》當初創於一六五二年九月以後年，成書於一六五三年之後，修改增訂不早於一六五四年冬。

《易餘》、《象環寤記》之整理，前賢已有著鞭，姑志於此：侯外廬先生主持了《易餘》前期抄録工作，黄宣民先生亦參與其事，且用力頗多；李學勤先生於一九六二年出版《東西均》（中華書局上海編輯所出版）時，將《象環寤記》附録於後，雖偶有抄録疏漏，然瑕不掩瑜。

整理者得龐樸先生指引，始从事《易餘》、《象環寤記》的整理；周鋒利博士承担了《易餘》録入工作；成書過程中，復諸多師友襄助；安徽省博物院、安徽大學、上海古籍出版社爲方以智著作的整理出版，提供了極大支持。凡此種種，兹不詳舉，謹表謝意！

《象環寤記　易餘　一貫問答》初版於二〇一五年推出後，又有所進，加之師友匡正，實有必要再次修訂。然限於學力，缺漏未免，尚祈方家教我。

張昭煒

二〇一四年十二月二十二日子夜初稿

二〇一七年十二月二十二日子夜定稿

# 《易餘》導讀

從方學漸、方大鎮到方孔炤，桐城方氏三代以《周易》傳家，至第四代方以智集大成，創作《易餘》這部精深的易學論著。「易餘」之「餘」是多餘，屬於無用之物。在方以智之前，中國哲學家鮮有人論及《周易》之「餘」，亦未將「餘」看得如此重要。在深厚的家學積澱基礎上，方以智卻將《周易》哲學凝練成一個無用之物的「餘」，不免令人費解。

如何理解這個無用之「餘」呢？據方以智所述：「舍日無歲，舍餘安有《易》乎？幾其畫後之有餘，必深其畫前之無體，幾深其後即前，則神其無前後矣。」（《易餘·易餘小引》）我們通常讀到的《周易》是六十四卦，也就是「畫後」的具體卦象，屬於《周易》之正；而常忽略「畫前」根本性的隱微之體，這個隱微之體決定了六十四卦之用，即此便是《周易》之餘。由此不免追問，既然餘這麼重要，爲什麼《周易》的創建者伏羲與文王不講餘呢？「風姬不立太極之名，豈不好此建瓴之高乎？蓋以六十四者，六十四太極也；三百八十四者，三百八十四太極也。此六十四、三百八十四者，皆一太極也。但表其入用之體，而無體之用藏其中。聖人於畫前狀之，而又明之，曰：《易》無體也。其示人也切切矣。」（《易餘》卷之上《體爲用本　用爲體本》）按照傳統觀點，伏羲與文王（風姬）創立《周易》八卦、重爲六十四卦(三百八十四爻)的基本結構，但並未言「太極」； 方以智認爲伏羲與文王創立的《周易》基本結構是畫後的具體卦象及推衍，八卦、六十四卦畫前的根本之體沒有直接講，而是將此畫前的無體藏在八卦、六十四卦中。 畫前、無體之體便是餘，也就是太極，當然，我們更熟悉「太極」的表述，以上對伏羲、文王不講太極的原因給予了一種哲學解答。「不見太極之自喪其軀，自磨其髓，以現卦爻，與人直曰乎？」(《易餘·易餘目録》)〔二〕伏羲與文王將畫前之餘寓居在卦畫中，此爲編碼，編碼之後，太極自喪其體，已成爲多餘之物； 後學者通過卦畫之用的深入學習與熟練掌握，應該追問決定卦畫推衍的根本依據，也就是探索卦畫的隱微之體，由畫後追問畫前，此爲解碼，解出《周易》之髓。《易餘》承接伏羲與文王編碼解碼的深意，揭示《周易》之髓。 因爲《周易》的餘體決定卦畫之用，解碼之前，學者僅知《周易》之用，而不知其體； 僅知其所然，而不知其所以然。 解碼之後，學者不僅能承接伏羲文王之密意，而且够深度把握餘之體，並據此體化生出諸用，這正是方以智創作

〔二〕 類似表述如：「太極自知其不可見，而化身爲二老、六子、八八卦、七七蓍。」(《藥地炮莊·德充符總炮》)又如餘與正表述爲統與辨：「太極者，統也； 六十四、七十二者，辨也。 統辨中之同異、成毁，同時不相礙也。 六子皆二老也，八八皆太極也，同也； 二老自生六子，而八卦自相因重也，異也。」「統者，公因也； 辨者，反因也。 有統與辨，反因也； 無統與辨，公因也。 公因之在反因中，更何疑乎？ 知畫前，用畫後，前在後中，有何前後？」(《易餘》卷之上《反對六象十錯綜》)在「有」的層次(畫後)，公因是統，反因是辨； 疊加「無」的層次(畫前)，公因是無統辨，反因是有統辨。 正如「公因之在反因中」，畫前之在畫後中，更進一步，既然一體，不分畫前與畫後。

《易餘》的用意：「有開必先，宜此《易餘》之微顯闡幽，合古今常變而正示之歟？正示旁通，即全藏之矣。」(《易餘・易餘目録》)得此餘體，則顯微無間，畫前與畫後自由轉化，正示與旁通各盡其用，之所以能夠達到如此的效果，其根源在於追問與把握藏密之餘。

## 一、全書結構

《易餘》接近中國現代哲學著作。由著述體例來看，《易餘》主要包括五部分：

（甲）《易餘小引》，這相當於哲學著作的引言。

（乙）《三子記》，記録著作緣起，介紹參與對話的三子。《易餘》形式上是平公、何生、當士三子問答對話，這承接了邵雍《漁樵問對》的傳統。漁樵並無具體對應的哲學概念，而平公、何生、當士分別代表了「一分爲三」辯證法的三個方面。「當士曰：平公言其簡統，何子言其初統，吾且言其詳統。」(《易餘》卷之上《時義》)平公代表簡統、顯冒，何生代表初統、密冒，當士代表詳統、統冒。三冒關係即是「一分爲三」的辯證關係，三子對話是「一分爲三」的思辨，因此，《易餘》的對話更具有哲學性。

（丙）《易餘目録》，分述全書各章要義，相當於哲學著作的各章摘要。

（丁）正文，圍繞「餘」這個核心概念，展開論述。正文分兩卷：上卷主要是形上學思辨及哲學體係，下卷主要是倫理與社會。

《易餘》上下兩卷的差異可據《三子記》，「謹石笥其上篇，而響榻其下篇，以竢知者。」（《易餘・三子記》）從字面義而言，此處可視爲方以智行文時使用對仗，「石笥」與「響榻」可以互換； 但是，結合《易餘》卷上與卷下的主題，我們可以發現其中的暗示。 笥，封存物品的器具，石笥一般放玉牒、道家秘書之物，用石笥將上篇封存起來，蓋言秘而不宣的玄妙天道，通俗而言，上篇是晦澀艱深的形而上之理，側重於哲學體係，此爲《易餘》上篇主旨； 響榻是複製的一種方法，以厚紙覆帖上，就明牖影而摹之，謂之響榻。「聖人翻譯之，流通之，或使響榻之，或使背諷之，無非文字也，無非象數也。」（《易餘》卷之下《薪火》）蓋言下篇可以廣泛流傳，或指普通的人事，側重於應用場景，此爲《易餘》下篇主旨。 具體來説，上下篇的章節題目如下：

卷之上

（一）知言發凡；（二）善巧；（三）三冒五衍；（四）資格；（五）中告；（六）如之何；（七）太極不落有無説；（八）一有無；（九）生死故；（十）反對六象十錯綜；（十一）時義；（十二）必餘；（十三）知由；（十四）充類；（十五）權衡經緯；（十六）絶待併待貫待；（十七）法能生道；（十八）二虚一實；（十九）體爲用本 用爲體本；（二十）繼善；（二十一）正身。

卷之下

（一）薪火；（二）禮樂；（三）孝覺；（四）知人；（五）世出世；（六）約藥；（七）中正寂場勸；（八）曠洗；（九）通塞；（十）無心；（十一）性命質；（十二）大常；（十三）非喻可喻。

針對《易餘》每一章的主題，如知言、善巧、三冒五衍等，三子對話，從三個方面展開該主題的思辨。

（戊）結尾《附録》，總結概括，並以「三眼」之喻點睛，標明宗旨。

綜合五部分，《易餘》是一部體例完整、論證縝密、體係健全的哲學著作。

## 二、核心概念

方以智將餘視作最重要的《周易》哲學範疇：「人適所用，以無用者爲餘。」「《易》無體而前用者，善用餘也，即餘而一其體用者也。」（《易餘·易餘小引》）由「用」考量，《周易》的無體屬於無用之物，方以智的創造性闡釋在於發掘此無用之餘，并將其作爲體，以此體而善用，以無體之餘統攝諸用，因此，餘之體不再是廢置無用之體，而是善於轉化成諸用、決定諸用之體。餘與《周易》的關係是存則俱存、亡則俱亡；換言之，如果不能準確理解餘，則無法把握《周易》的精髓。

從一個無用的概念升格爲最重要的概念，要講清楚這種化腐朽爲神奇的轉換，實屬不易。爲避免複雜的論證，《易餘小引》開篇以五喻來形象詮釋「餘」，這五喻分別是冬與三時、大一與天地、無聲與有聲、道與法、生與死。五喻各有特點，相互印證，共同烘托「餘」的深隱之義，先導讀第一喻。

據《易傳・繫辭上》「聖人以此洗心，退藏於密」，由此可發展出藏密之體。「三時以冬爲餘，冬即以三時爲餘矣。」（《易餘・易餘小引》）這包含正餘互換：其一，三時爲正，適所用，冬爲餘，無所用；其二，冬爲無用之用，是大用，爲正；其三，三時爲餘，是小用。理解「餘」從冬入門，可見冬與餘的特質最爲接近，冬喻可分解出四層意蘊：

第一層，冬是收斂退藏之象，如同植物春生、夏長、秋收、冬藏。冬藏，是將春夏秋三時所生成的果實收回，收亦是卷，卷其所舒。冬的卷藏是餘，春夏秋的發舒是正，卷涵舒，餘藏正。卷藏並非是將卷藏之物束之高閣，而是「冬煉三時」，在卷藏中沉溵熟化，以便下一次發舒的展開。從運動特徵來看，春夏秋是動，冬是靜。藏關聯著洗心，無欲主静，寒冬沉溵浮躁，將浮躁之動歸入静根。静爲躁君，不沉溵浮躁，則漫滮無根，通過收攝浮躁，能够將末歸本，正餘是本末一貫。「退藏於密」，密是隱微，正餘是顯微無間的關係。綜上，冬喻之餘的含義有：卷、藏、本、静、微，對應的正餘關係爲舒卷、用藏、末本、動静、顯微，由此關聯中國哲學的動静一體、本末一貫、顯微無間等。

第二層，至日閉關。冬天至日閉關，不是閉門在家，無所事事，而是爲遠行蓄積儲藏。閉關仍是卷藏的延伸，是以退求進，退是手段，進是目的。如《莊子・逍遥遊》：「適莽蒼者，三飡而反，腹猶果然；適百里者，宿舂糧；適千里者，三月聚糧。」鯤鵬厚積，所以能行九萬里。又如胡直所言：「適千里者三月聚糧，則大之貴積也審矣。」（胡直：《送郭相奎冬官赴任序》，《衡廬精舍藏稿》卷七）閉關如聚糧，只有儲備充足，才能滿足遥遠的路途之需。行路的遠近取決於閉關蓄積的多寡；轉到中國哲學的體用問題，用取決於體，正之用取決於餘之體儲備的資源。從宋明理學功夫論角度而言，至日閉關如同功夫的積聚，「凡言敬慎戒懼、屈蟄精入者，北冬表之」（《藥地炮莊・總論下》）。即功夫即是本體，藏密之體需要功夫積聚，至日閉關是積聚功夫以涵養本體，如同「冬煉三時」之「煉」。按照宋明理學功夫論，「敬慎戒懼」指向持敬與慎獨，這是程頤、朱熹的道德修養功夫；「屈蟄精入」指向周敦頤的無欲主静以及江右王門的收攝保聚。將功夫引入藏密之體，顯示出藏密之體處於動態發展中，體的大小取決於功夫深淺，在此意義上，藏密之體不是固定的，而是發展的；不是現成的，而是有待功夫揭示的。

第三層，冬至一陽來復，是生生之春展開之體。冬去春歸，時間的順序隱含着體用關係。冬儲蓄、隱藏生機，春發舒、展現生機；冬是春之體，春是冬之用。餘是正之生生的母體，餘在退藏中實現生意的蓄積。餘的生生動能儲備充足後，冬將春彈出，以至於將春夏秋三時彈出：「如《春秋繁露》：冬至北中産陽，得東方春分之和而生。」（《藥地炮莊・總論下》）從至日閉關來理解，關有通道、出口之意，閉是爲了開，闢口是生生之幾的發散出口，生生之春由冬闢出，如吐，反之爲吞，這是儒學仁體的基本特徵。第一喻前三層意蘊相互滲透，正向來看，斂藏、閉闢、生生，三者層層遞進，可視爲由體以達用，爲吐；反向則是由用以返體爲吞，體用爲吞吐關係。

第四層，正與餘合爲一體。四時流行形成氣化的迴圈，成爲一個環。將這個環從冬斷開，冬與春夏秋互爲正餘；將環拼合，冬與春夏秋合爲一體。第四層較前三層更進一步，不僅體用吞吐，而且體用合一，成環。

《易餘》中與冬喻藏密之體相關的重要哲學概念是「冒」，更準確而言，藏密之體指向「密冒」。據《易傳・繫辭上》：「夫《易》開物成務，冒天下之道，如斯而已者也。」「冒」是顯示、概覽、統攝之義，「泯有無而約言太極，則冒耳。」（方孔炤、方以智：《圖象幾表》卷一）用中國哲學常用概念表達，冒就是太極，它以否定有與無而立名。冒還可以從肯定來看，「方圓寂歷，是謂冒潛。」（《藥地炮莊・總論下》）潛冒的關係如寂歷：寂是寂然不動，如藏密之體，是餘，也可以説是體圓；歷是歷然，如感而遂通，是正，也可以説是用方。寂然與歷然包括兩種關係：「然必表寂歷同時之故，始免頭上安頭之病；必表歷即是寂之故，始免主僕不分之病。於是決之曰：不落有無之太極，即在無極有極中，而無極即在有極中。」（方孔炤、方以智：《圖象幾表》卷一）「寂歷同時」對應冬喻第四層意蘊，春夏秋冬並置，且成一環；「歷即是寂」可表述爲「三時即是冬」，由吞吐可反推出「冬即是三時」，如同第一喻第三層意藴，冬將三時彈出。相對於冬的寂然不動、洗心退藏，冒是三時的歷然顯現。從深潛中浮出水面，冒仍保留了藏密之義，藏密之體不是完全隱秘，而是能够由冒顯現，這種顯現又不是完全敞開，如同海面上的冰山一角，顯現爲冰帽。結合海域情況，有經驗的航海家通過冰帽能够判斷冰山的整體；通過藏密之體的顯現之冒，我們亦可以推出藏密之全體。「冒即古帽，覆首而露目也，因以目轉聲。」（《易餘》卷之上《三冒五衍》）如同不同性別、年齡、愛好的人戴不同的帽子，從帽子的顯現特徵來看，即使觀察者看不到帽子下面的部分，亦可大致判斷人的特徵。從藏密而言，帽子覆蓋頭；從顯現而言，帽子露出眼，這是藏密之體的主動敞開。從三極而言，冒是太極，既不落有極與無極，又可以説是有極、無極。有極敞開，無極藏密，冒是敞開與藏密的綜合。

如同「餘」是《易餘》最重要的概念，「均」是《東西均》最重要的概念，由這兩個概念拓展，形成《易餘》與《東西均》兩部核心哲學著作。「均」突出了道體的運動性，在運動中生成：「均者，造瓦之具，旋轉者也」。「故中土以《易》爲均，其道並包」（《東西均·東西均開章》）。「均」還具有平衡性，作爲旋轉運動的中心。以「均」爲基礎，疊加《中庸》的「君子之道費而隱」，方以智抽象出「費」與「隱」的對立概念，將「均」分爲隱均、費均、公均，這相當於融合經典的再創新。隱均與費均相當於「餘」與「正」，從而實現「餘」與「均」的相互映襯。

## 三、辯證體係

以「餘」與「正」的對立概念爲基礎，方以智構建出縝密的哲學體係，其框架主要是「正餘一體」(餘與正)與「一分爲三」(隱均、費均、公均； 密冒、顯冒、統冒)，且兩者互補： 「正餘一體」的正與餘之「二」是對立的反因，相反相因，反因是對待，超越對待是絶待，也就是公因。對待之「二」與絶待之「一」合稱爲「三」，亦可説公因之「一」與反因之「二」合稱爲「三」，「一分爲三」便是將「一」分成公因之「一」與反因之「二」，或是將「一」分成絶待之「一」與對待之「二」。「一分爲三」包含三種正餘關係： 作爲反因的正與餘、正與公因、餘與公因。「一分爲三」相當於在正餘反因關係之上疊加了一層公因，從而使得解釋力更强。從解釋效果來看，較之於「一分爲三」，「正餘一體」更爲靈活，只需要對待的雙方便可展開，而且可以深度挖掘「餘」體，將「餘」「正」對接「體」「用」，廣泛對接中國哲學的基本範疇。「一分爲三」的辯證框架略顯複雜，如三冒關係： 「此三冒者，實三而恒一、實一而恒三也。」(《易餘》卷之上《三冒五衍》)這種三即是一、一即是三的辯證關係在《東西均》中亦有充分體現。如同《東西均》與《易餘》爲姊妹篇，兩種辯證框架如一母同胞(姊妹、兄弟)，相互印證，相互發明。

在餘與正的辯證框架下，重新釐正體與用、善與惡、無善無惡與有善有惡、道與德、道與法、天道與人道、出世與入世、生與死等中國哲學重要概念之間的關係，將鬆散的中國哲學升級成縝密的哲學體係，舉例如下：

**正餘表**

| 序號 | 主題 | 餘 | 正 | 文本依據 |
|---|---|---|---|---|
| 1 | 人生實際 | 佛學之避路 | 儒學之歸路 | 《象環寤記》；《易餘·三子記》 |
| 2 | 原創概念 | 餘（密冒；隱均） | 正（顯冒；費均） | 《易餘·小引》 |
| 3 | 體用觀 | 體 | 用 | 《易餘》卷之上《體爲用本 用爲體本》 |
| 4 | 人性之善惡 | 善（惡） | 惡（善） | 《易餘》卷之上《繼善》 |
| 5 | 善惡之有無 | 無善無惡 | 有善有惡 | 《易餘》卷之上《一有無》 |
| 6 | 道法觀 | 道 | 法 | 《易餘》卷之上《法能生道》 |
| 7 | 入世與出世觀 | 出世 | 入世 | 《易餘》卷之下《世出世》 |
| 8 | 病藥觀 | 藥 | 病 | 《易餘》卷之下《約藥》 |
| 9 | 哲學精神 | 息養退藏 | 怒化生生 | 《易餘》附録 |

「體爲用之本，用又爲體之本。」（《易餘・易餘目録・體用》）由正餘的體用關係可知，上表所列正餘關係可以互換，「餘」轉化爲用，「正」轉化爲體，吞吐成環。方以智哲學的底層辯證框架體係是「正餘一體」，正、餘、一體（或者統合、貫通正餘的中介），三者構成「一分爲三」辯證框架體係。當然，兩層正餘關係嵌套即是「一分爲三」，在解釋複雜關係時，可以嵌套雙重甚至多重正餘關係。「正餘一體」繼承與發展了傳統中國哲學的體用觀，能够綜合程頤的「體用一源」與熊十力的「體用不二」：較之於「體用一源」，「正餘一體」在吸收「一源」的基礎上，更多保留了體與用各自的特色，也就是「一在二中」；較之於「體用不二」，「正餘一體」在吸收「不二」的基礎上，有更進一步的統合，也就是「二在一中」。因此，方以智的體用觀是介於程頤與熊十力之間中國哲學的典型體用觀，「正餘一體」可以在體用之間相互吞吐成環，從而呈現出多維的體用關係。這種多維的體用關係可以用於《正餘表》所列各主題，從而豐富了中國哲學的體係性。當然，《易餘》的《知言發凡》《善巧》《資格》《生死故》《充類》《權衡經緯》《二虛一實》《中正寂場勸》《通塞》《無心》《大常》等章節涉及雅言與罕言、感場與寂場等「正餘」關係，「知公因在反因中者，三教百家、造化人事畢矣。」（《易餘》卷之上《反對六象十錯綜》）「三教百家，造化人事，畢于此矣。」（《易餘・易餘目録・三冒五衍》）公因反因、三冒都是「正餘一體」關係的不同表述，由此可看出正餘體用關係應用的普遍性。

方以智對於「餘」的理解，既有正向含義，也有負向含義。由正向含義生發出「餘」的本體論，以及「餘」與「正」的體用論。由負向含義衍生出「餘」的不可消除性，因此，正餘關係普遍存在，如同矛盾的雙方，雙方一損俱損，一榮俱榮，由此將「正」與「餘」作用於人性論，善之「正」與惡之「餘」相對，惡具有不可消除性，從而在保證儒學性善論主導的情況下，爲性惡論留有獨立發展的空間，並統合中國儒學傳統的人性論。

## 四、憂患之作

《易餘》與《漁樵問對》都以《周易》爲問題域，但是書寫場景不同。《漁樵問對》的場景是悠然的、閑逸的，如樵者「乃析薪烹魚而食之，飫而論《易》」（邵雍：《漁樵問對》）。《易餘》的場景是憂患的、泣血的，「長博學，治文辭已，好考究已，好物理已，乃讀《易》，九閡八埏，無不極也。非知《易》也。中覯大難，瀕死十九，忽以嗒然，遂儻然矣」。（《易餘・三子記》）《易餘》不僅是哲學義理的深度闡發與揭示，而且繼承《周易》的憂患意識，是方以智經歷苦難所凝聚的一部生死書，是義理與生命融合的哲學著作。

「《易》非第一生死之道乎？」（《東西均・生死格》）從哲學層次來看，生與死爲正餘關係，以此揭示《周易》的生死之道：「死者，生之餘；生者，死之餘。以生知死，以死治生。無生死者，視生死爲餘。生如是生，死如是死，視無生死又爲餘矣。」(《易餘·易餘小引》)此處嵌套有四層正餘關係：一，生爲正，死爲餘；二，死爲正，生爲餘。這兩層關係互相返生。三，無生死爲正，有生死爲餘。相當於以「無」超越「有」。四，生如是生，死如是死，這是正；無生死爲餘。第三層與第四層關係是互生、返生。這四層嵌套將正餘問題層層深入：第一層是常見；第二層以正餘互生破常見，以此打開儒學死亡關懷的視域；第三層以「無」超越「有」，以無生死的精神超越前面兩層關係；第四層以「無」返回「有」，重新返回到世俗的生死觀。

方以智的人生實際與理想亦爲正餘關係。甲申國難，方以智剛正不屈，導致久經患難。「有伏下宮，經熖火者，苦心衛道，寧望人知？知我罪我，萬世猶旦暮也。」(《易餘·易餘小引》)患難没有使得方以智屈節，卻使得他更加堅韌，並擔負起類似於程嬰爲趙氏托孤、蘇武遭熖火之覆的使命，其衛道的苦心不求人知，其志向在於萬世太平。在儒學的修齊治平的「正」路受阻後，方以智訴諸於佛教出世的「餘」之别路，表現爲以「餘」求「正」，也就是「用餘」。按照冬與三時之喻，方以智「冬煉三時傳舊火」(《師誕日侍子中通請上堂》《青原愚者智禪師語録》卷二)，亦是以「餘」求「正」，以「退藏」求「生生」與「怒化」，由此帶來「生生」的厚重持久、「怒化」的奮進擔當。從現實的選擇來看，「餘」是出世的避路，「正」是入世的進路，通過以「餘」求「正」，「以祇支爲避路，即爲歸路。」「貴得其神，勿泥其跡。」(《象環寤記》)方以智棲身禪門，是爲退藏磨礪，這是手段；其真正目的是爲實現儒學的歸路。避路是跡，歸路是神，以此寄託後死托孤的使命。

## 五、關聯閱讀

在《易餘》《東西均》之外，方以智的重要哲學著作還有《象環寤記》《藥地炮莊》《一貫問答》《性故》等，《易餘》的哲學思想亦體現在這些著作中。在學習《易餘》的基礎上，可以關聯這些著作進一步閱讀，舉兩例如下：

其一，《易餘》卷之上《生死故》：

> 自炮《莊》者言之，亦養其於穆之生生耳，亦養其行生即於穆之主中主耳。彼溺於曳尾、櫟社者，豈知龍、比、肥如之大全其生乎？

對比《東西均・生死格》：

> 漢老父曰：「蘭以熏自燒，膏以明自滅。」此溺於曳尾、臃腫者，夫烏知龍、比、孤竹之大全其天乎？

據龐樸先生注釋：漢老父之事見於《漢書・龔勝傳》；「曳尾，指莊子拒楚王之聘、『寧生而曳尾塗中』故事（見《莊子・秋水》）。臃腫，指大樹臃腫得不夭於斤斧寓言（見《莊子・逍遙遊》）。此處視爲愛生避死例。」「龍，關龍逢，傳爲夏朝賢臣，以諫桀長夜之飲遭誅。比，比干，商朝賢臣，以諫紂淫亂而剖心。孤竹，伯夷叔齊，不食周粟，餓死首陽山中。此處譬爲得其善終（大全其天）例。」（龐樸：《東西均注釋》）對比可知，《生死故》之「櫟社」對應《生死格》之「臃腫」；《生死故》之「肥如」對應《生死格》之「孤竹」，肥如即始於西漢的肥如縣，現爲河北省秦皇島市盧龍縣，殷商時屬孤竹國地。《生死故》與《生死格》的「龍、比」同出。由此延伸，可進一步對比《易餘·生死故》與《東西均·生死格》對於生死問題的探討。

對比《藥地炮莊·秋水第十七》：

興畜曰：「龍無首，龜曳尾。或藏六，或乘六，畜靈自有常貴，原不作生死計也。」愚者舉拂子曰：「且看他曳尾何如？」

以禪機說曳尾泥塗，並引入佛教的生死觀，亦結合《周易》，這樣將生死說得更爲綜合，也更爲深隱。

其二，《易餘》卷之上《生死故》：

石塘子曰：記者之記齊、戰、疾也。蓋孔門空空慎獨之心法也。昵常而戲渝矣，齋明承祭，何如漆漆也，心有不空者乎？然猶有懈也。戰則輪刀突陣、肝腦塗地之時矣，心有不空者乎？然猶可逃也。疾則生死之介，終身緣飾揣摩，内鍵外韄，皆無所用之矣，心有不空者乎？

對比《一貫問答》：

「子之所慎：齋、戰、疾。」謂此三事當慎，當慎豈獨三事乎？此摹寫千聖所慎之獨，空空如也之秘旨耳。有如齋明祭祀，對越上帝，洋洋在上，敢自欺耶？然在他人或有欺怠處。戰則輪刀上陣，不顧死亡，而自念其性命，敢自欺乎？此或趂一時血氣之勇，人有能者。疾則生死關頭，非身外之法所能代，亦非血气精神知見道理所能持者；以此磨吹毛之心法，豈復挂一絲乎？

對比《藥地炮莊·大宗師第六》：

「子之所慎：齋、戰、疾。」蓋門人摹寫夫子之空空心法也。常時戲怠，齋時則誠，然猶有懈。戰則輪刀拚命，何有他心？然猶有脱者。疾則萬念皆休，一切無所用矣……杖人嘗言：貧、病、死，是三大恩人。不見曾子發嘁曰：「人之將死，其言也善。」藥地肱已三折，確然感恩刀頭，要須寂滅冷澆，始博閒居一笑。

以上三處可以相互發明，各有特點。正是方以智在桂林刑場刀頭患难等經歷，激發出其正餘生死學。「藥地肱已三折」，如「此九蒸九暴之櫟社樹」（《象環寤記》）。杖人之言當據：「極貧、多病、大苦，添上個死字，是煆煉我身心的大爐鞴，千金難買，萬劫難逢。」（《杖門隨集·天界紀聞·三大恩人》）方以智亦是以此悟道，如悟道記中方大鎮對方以智言：「汝歷此大爐鞴，當有所進。」方以智自悟：「所見既破，自不畏死，而亦不諱畏死矣。」（《象環寤記》）「死字是亘古亘今大恩人、大寶貝，切莫錯過。」(《东西均·名教》)經此三大恩人相助煆煉,方以智的易學超越學理層次,融入《周易》的憂患意識,創作出《象環寤記》《易餘》《東西均》《藥地炮莊》等展現其哲學精神的著作。

張昭煒

二〇〇三年冬至定稿於中國社會科學院世界宗教研究所

# 易餘總目

# 易餘小引〔一〕

三時以冬爲餘，冬即以三時爲餘矣。大一以天地爲餘，天以地爲餘。然天分地以立體，而天自爲餘以用之，即大一之自爲餘自用之矣。角徵羽者，商之餘；商者，宮之餘。五音爲無聲〔二〕之餘。無聲發聲，發聲不及無聲十之一也；無聲者且與之用餘矣。法者，道之餘，法立而道轉爲餘，以神其用矣。死者，生之餘；生者，死之餘。以生知死，以死治生。無生死者，視生死爲餘。生如是生，死如是死，視無生死又爲餘矣。

人適所用，以無用者爲餘。知無用之用，則有用者爲餘矣。不以有用之用廢無用之餘，豈以無用之用廢有用之餘耶？《易》無體而前用者，善用餘也，即餘而一其體用者也。知因二、圍三、旋四、中五之爲大餘乎？知三十六、四十八之盡其小餘乎？幽明萬變，縷于指掌；天道人事，措之飛躍。貞夫一，則餘皆一也；謂之無一可也，一皆餘也。舍日無歲，舍餘安有《易》乎？幾其畫後之有餘，

〔一〕此文《浮山文集後編》卷一亦收録，題名「易餘引」。
〔二〕「無聲」，原作「五聲」，《浮山文集後編》卷一作「無聲」，據改。

必深其畫前之無體；幾深其後即前，則神其無前後矣。逆數順理，三立三與，則用餘無餘，而有無之見冰消矣。或狥餘，或避餘，或並餘與無餘而棄之，皆非知《易》者也。役物刻迹，是宋人之守株也；厭歧求齊，是斷鳧而續鶴也。兩不立而踞其最巔，仍是涓蜀梁之影，而不免于黎丘之殺其子也。

大義既著，乃可微言。物物不物于物者視之，何義不大？何言不微？然善世宜民，藏通于質，貴學其切方近譬者耳。苦爲塵封情錮，如塗塗附，未能爛反顛決，不茶則膠，故別路旁通之。置之死地而後生，蓋《習坎》《困》《蒙》之存乎疢疾也。惟其病病，是以不病。厭學而侈絕學之極，則是養癰也。故以志學爲砥石，不被外轉，綸之經之，始能立本。自爲藥樹，乃能勿藥。知而從之，從其志矣。大成之苑，何往而非天游乎？其曰「是吾憂也」，是其樂以忘憂也。自憤以憤萬世，是其隨緣放曠也。精義成事，即絕義事。知其起處，即與儔侶。天下衢室，自有適得其當當，豈在長抱屠勦無民之酷案，貪溺謑髁縱脱之羽旋，藏身電激，以專門稗〔二〕販黄葉乎？詭隨旁睨，肆其殘逞，箠撻天地，鞭笞帝王，遂令風竿相沿，悍然不顧，以善爲諱，以惡爲榮，毋乃假平泯以率獸食人乎哉？無不以畏學護其短，無不以鄙夫柴其懷，而或以聖賢莊其色，或以至人逃其迹，其弊一也。以聖賢莊其色者，人猶

---

〔二〕「稗」，原作「裨」，據文意改。

得而責之。以至人逃其迹者，人誰得而糾之？此其流弊之分數，主教者不可不辨也。大泯不泯，至平不平，辨學者不可不知也。散木高乎？狂酲藏拙耳。枯木難乎？楖株受惑耳。能行異類，彼其人哉？風吹不入，固聽之矣。抱涉川之全材，而敦其高尚以治蠱者，真羽儀乎？時乘其達天行地之龍馬，而舍身作明倫繼善之蓍龜者，真球圖乎？明珠辟塵，非掃塵也；廣居喜雨，非逃雨也。寥廓之談，利于闓拓；鬼神幽暗，表于魂魄。變化之中，何奇非庸？然塤篪善于牖民，圭景在乎正告。聖人以无咎素其險易，以似是矩其毫釐，以好學燒其薪火，以因應還其蘭艾。而惟「容乃公」之幬，常古自覆，聽代錯矣。

孟子之于諸方也，先擘之而後蚓之，既塞之而乃闢之，兩不由而時任其雙風，蓋深于學《易》者乎？不能反復于一在二中，而酧酢以用餘，則動賾者執外，限夤者執內。徒炫畫前而遺落畫後者，乃執一而廢百也；徒守後即前之倏忽，漫汗無漏，而忌諱治漏，不問通志成務者，尤執一而廢百也。外也，異也，百中之一耳，況其遁邪生害乎？知其蟊賊，收爲蛭蟅，祭貓勸耕，大地皆藥。養其成用，容彼遁矣；勤食其力，自無害矣。

不知不能者，即與知與能者也；與知與能者，即不知不能者也。然全與全不之并包中，不硋乎有知有不知、有能有不能之類辨也。知即不知、能即不能之合喙中，不硋乎知而自以爲不知、不知而望其致知，能而自以爲不能、不能而望其成能也。八千歲之大椿既〔二〕不足塞蟪蛄之耳，豈畏飢噎食得之雞豕，詬厲曠代之麟鳳耶？悲夫！已矣。

厭常喜新，亦風力也，不因之，不足以鼓舞。分藝成材，皆臣職也，知有天王，盡咸若矣。地之大也，人忘之，太華、瞿塘，驚奇峭矣，然奇峭皆地所載也；天之高也，人忘之，奔雷、隕星，斯有駴者，然奔隕皆天所覆也。遂有大其地，而罪人之分九州、辨風土者矣；遂有高其天，而罪人之歷星辰、列干支者矣。源之當窮也，豈謂僑守甘朶、緬番乃爲知江河之源乎？流之當窮也，豈謂桴處沃焦、歸墟乃爲盡流于海者乎？汴漕者汴漕〔三〕、江漢者江漢耳。「道不遠人」，不知即遠。習俗將牢，直告誰信？苟非以不耻衣食自鞭其温飽，不忘溝壑自激其天淵，墻高基下，輿瓢必裂矣。

靈草護門，尚恐不勝。招苙降渠，復何望乎？聲郤雲梯，堙垣蟻穴。爲淵敺魚，宜其三星在罶矣。神武其齋戒，神明其幾深。貴知因濟，與民同患。不因不濟，何用《易》耶？責人不暇，言自責也。直道澌滅，膜視不仁，辨而不辨，豈得已哉？古之人有顯肩者，有默輓者，有兼山者，有洊至者，

〔二〕「既」，原作「即」，據《浮山文集後編》卷一改。
〔三〕「汴漕者汴漕」，原作「汴曹者汴曹」，據《浮山文集後編》卷一改。

有伏下宫、經�章火者，苦心衛道，寧望人知？知我罪我，萬世猶旦暮也。萬死一生，封刃〔一〕淬海。餓有瓢飲，樂得隨流。多劫此業緣也，不如緣其疇人之世業。萬方此一路也，何所免于遒人之孟春？三且不收，一唯自信，果有餘乎？有知《易餘》之言先者乎？可以餘消餘矣。

偶聞何生、當士、平公之問答而録之，或有問答，或無問答。如問問答、無問答之故，十二世後自有答者。

筮餘之繇曰：

爰有一人，合觀烏兔。在旁之中，不圜何住？無人相似，矢口有自。因樹無別，與天無二。章統十千，重光大淵。皇覽以降，過不惑年。

〔一〕「封刃」，《藥地炮莊·總論中》作「封刀」。

# 三子記

角丱鼓篋，即好曠覽而湛思之。長博學，治文辭已，好考究已，好物理已，乃讀《易》，九閎八埏，無不極也。非知《易》也。中覯大難，瀕死十九，忽以嗒然，遂儻然矣。雖知鬼窟獸窟之非乎？樂其無事，蓋不免也。

南遊既久，過一中原簾卜者，號曰當士，玄幍席帽，黄通裁，廣袼〔一〕緼，組算縢，韜㡩有絇。與語，異之，隨至其寓，几惟一方圓器，渾天三輪，以尺勾股，可以推移，陰陽之變，無不畢具。余故不解。

士曰：吾惜夫學者之汗漫其天地耳。

余曰：可以占乎？

爲端策，嶷然曰：

顛阿不阿，呬乃以歌。天不屑遊，如形影何？維元之午，降吾作汝。後死托孤，鐘鼓磬舞！

余復不解。

〔一〕「袼」，原作「裕」，據文意改。

士曰：吾有二友，爲汝聲之。

其北牖一人曰何生，倚勸半裾，緇假鐘而赤其足。

閣上一翁曰平公，被蒼髮，毳羽襜褕，躡蕉屩，手笙，挎越以下，半揖褋坐。

平公吹笙，何生促箏，當士歌海鶴三山之曲，擊尺于几以節之。

笙具有塤篪簫管之聲，箏具有離洒《房中》之聲，節歌有鐘鼓金玉椌楬相雅之聲。笙入箏而中歌之節，抗墜貫珠，累累若一。已激齒長嘯而罷，風雨響至，毛骨皆涼。

余尤異之，將踞鬼乘之壇，而貫無上之帝者乎？非也；將資大湊之執，而守康圭之牆者乎？非也；將執汰沃之一，而貪呿〔一〕喙之天者乎？非也。因留就宿。

三子自語，或歎或詬，或莊或諧，或深或淺，如是者七旬。余請記之。

士曰：聲之可以節人間之樂者，汝信之，天下即信之矣。聲聲之節天上之樂者，汝欲記之，無由也。與汝期乎「洪漾」「乃樺」之顛阿，汝庶可傳。

臨別握手，贈之以詩。詩曰：

無上無下，無右無左。汝潛而飛，吾因風墮。道即不聞，死無不可。烹天瀹日，善續其火。

---

〔一〕「呿」，原作「吱」，據文意改。

歸而記之，忘其四分之三，其不可解者無容記矣。

世多以爲蝮蛸，又以爲宛窳。淺者以爲擿觖，深者以爲激揚，豈得而相之乎？無所不知而無知，無所不能而無能，千絲萬絲而無一絲者，三實一也。然欲世之信此，固不易言矣。兩間日新日故，故又生新，其本無新故者，即日新而無已者也。積石之河，豈如闊闊？茂汶之江，豈如金沙？火鳥滿加之圖，豈不大勝乎甘石兩戒乎？聿斯之論命，青囊之卜兆，木棉番紙，鏤板搊扇，皆前代所未有，猶之汙尊而犧象、艸衣而錦綉也。時至事起，聖人開其端，以待後人之窮之而節之，節之而適之。各有方言，各有風氣。凡人習其方言、風氣而不知其所以爲方言、爲風氣者，則沾沾世事，固鼠黏矣。玄士鉤其所以，而反不知方言、風氣之時宜，則所謂所以者，乃雉首矣。或執流，或執源，或執流即源，而不知源中之流、流中之源自有條分縷合、奇正錯綜。方以其道争市，而巧以其法爲傭，又豈知道不變而法可變，正法不必變而奇法可變，變盡當反，是謂時變不變之故乎？羲和、洛下以至一行、守敬，歲差非不密也，今又差矣。準諸除四除一、損益體用之《易》，安得而不重變千年之變也耶？

影病形之拘，形病影之佚。有者曰：不佚亦不拘。有者曰：不佚不拘仍是佚耳。盡變者曰：無拘何佚，不變之本也；藏佚于拘，變變之門也；拘與佚錯，即以并化，變變之用也。時乎拘而不可謂之拘，時乎佚而不可謂之佚，時乎不拘不佚而寧有不拘不佚之可執乎？斯則全拘全佚而當拘當佚，形影皆許之矣。何木非火？妄鑽不發，不鑽不發。無絮苦以承之，猶妄鑽也；無薪膏以續之，猶不鑽也。雲自從龍，豈可謂雲中之皆龍？龍能致雲，豈能令其不託雲以飛乎？不容厭倦，無可厭倦，厭亦不厭，倦亦不倦，此之無所逃于記也，無所逃于變其變矣，無所逃于文詞義路之見屑矣。彼徒以市井亡俚、歇後險諢附聞道之貌，雕刻一葉，捭闔禁方，馳誑世之旛者，孰與分藝律曆之力人職哉？誠知六幕直生之爲親驗賨符也，倫物經傳之爲太極政府也。藏心用官，治教傳化，生理薪火，隨寓如然，庶幾信吾笙箏歌節之常樂矣。

形影病乎？無形影者非病乎？三子者何？謂非病病，病復何病乎？過後張弓，一狀領過。歸歟歸歟，勿失吾期。蹈海颶發，垂索自若，漂乎孤島，遇商舶而返。果有瀑壁之山，野老相傳禹篆藏焉。山怒水，水怒山，此山水之相忘於山水也。吾處此山水之中而無山水矣。禹篆何有哉？是竹林寺之影也。

臥石而夢當士至，不見二子。當士曰：即身是也。獨不聞鵝籠書生之吞吐乎？黄帝吐一廣成子，廣成子吐一中黄公。既而廣成子與黄帝吞中黄公，而黄帝復吞廣成子，黄帝一鵝籠也。堯吐一康衢之童，又吐一擊壤之老，既而並吞之，堯一鵝籠也。子思子繪乃祖之像，贊曰：裝潢于此，僑寓曾玩之乎？繪天地之形爲一覆幬持載之身，又繪天地之影爲一無聲無臭之身，又收一筆之圓光爲一於穆不已之身。其卷舒也，於穆吞形影而爲形影所吞，影亦吞形而爲形吞，藏不覩不聞於覩聞，止有一天地而已矣。是孔子世家之鵝籠也。

無知子蘧然覺曰：

一吞一吐，本無吞吐。是顛阿也，是風墮也，是掌中推移之器也。

謹石笥其上篇，而響榻其下篇，以竢知者。

# 易餘目録

聖人之道大矣，使天地聽夫婦，使鬼神聽卦爻，使陰陽守蓍龜，使歲時供制度，賢者殉其宮牆，高者窮其蟠極，智者斟其機輪，才者樂其分藝，隱者索其幽奥，放者芘其無垠，小人惑其撿著，無忌巧爲藉口，皆食於聖人之天。即有故憾聖人之天而駕聖人之天者，早已爲聖人之天所宥，而彼則知宥肆駴者也。世好迅利，曾知中和唯諾爲不可見之第一迅利乎？世好直捷，曾知安勤食力爲不可測之第一直捷乎？世好寥廓，曾知日用卑邇爲不可思議之無邊寥廓乎？亦有言造化者，曾知不厭不倦者之造其造、化其化乎？天之變物也漸，而化物也頓；人之造變也頓，而造化也漸。因漸而頓，因變而化。造頓者，頓其漸者也；造漸者，漸其頓者也。頓而張之，漸而弛之，張以變之，弛以化之。可見之張弛皆漸也，不可見之張弛皆頓也。造造化者無頓無漸，而頓激漸、漸藏頓者也。聖人知全張即全弛之變化，布一張而一弛之範圍。節其張，以張三弛一之正規；節其弛，以張一弛三之餘地，而本無張弛之於穆萬古自不已矣。萬物共一萬古，而物物其一萬古者也。人自有一萬古，偕來偕往，日新如故，不營謀而足，不扃鐍而固，刀杖不能毁，水火不能傷，百姓懵懵而聖人使善用之。物其物，則其則，時其時，事其事，莫非無體之體、因體寓體者也。不見太極之自喪其軀，自磨其髓，以現卦爻，與人直曰乎？無貴賤聚分，而貴賤聚分歷然，則無貴賤聚分者，何用曉曉耶？健順于常習、明照、思患、辨物而已矣。

人泥于二，不能見一。故掩畫後之對待，以聳畫前之絶待，借設蜃樓，奪人俗見耳。一用于二，即二是一，寧舍畫後而有畫前之洸洋可執哉？自聖人經法之身言之，則感通之《易》也，帝王鐘鼓而兆民舞蹈者也；自聖人退藏之身言之，則寂然之《易》也，塵滓不入，聲臭俱冥者也；自聖人無可無不可之身言之，則神貫深幾，道一陰陽之《易》也。闇闇者不闇，章章者不章，先天地而生，後天地而不老，行乎日月之外，而通乎淖溺之下者也。狀其内秘外應，有而不與，無悶無息，無入不得，何謂不可以羲黄之掀揭蹴鞠投壺、曇柱之逸風解巾折屮乎？

以實案之，依然此曲肱飲水、歌瑟編韋之首趾耳。造造化化之手，特鳌剔而丹青之，以醒諸佔畢優孟之場；又推并而爐竈之，以消諸傀儡推杖之妄。不則數墨尋行，以辭害志。或且惑影爲真，窟成魍魎。一者根本不立，流爲謑髁；一者縱而任之，逞其猨狖。詩謳之諷咏也，言者無罪，而聞者足以戒；高流之放言也，亦曰言者無罪，而豈知聞者之蕩風壞教乎哉？故曰：知之易，勿言難。正謂有不必言者，罕言可也。言其雅言，皆罕言之所寓也。《易》所以才三圖五，前民立經，而範圍變化，無所不備，隱言反言，皆此徵歸矣。

邵子一元觀人起巳[一]，堯當巳[二]會之末，《周禮》當午會之初，今當午會之中，《乾》《離》繼明，人法全彰。有開必先，宜此《易餘》之微顯闡幽，合古今常變而正示之歟？正示旁通，即全藏之矣。後此百二十年，道大明于此土。再歷午未之三千六百年，交未會之萬八百，則八荒皆明矣。過此智力巧持，名法刻密，民生日促，亂與之終，從而再壞再元，而於穆原不壞也。《易》乎？餘乎？既許鳶魚吞吐鵾鵬，且令芻狗自燒鷲翅。華閣任其金碧，行窩嚼破鏤丸。即參三十年，未許夢見毫端也，故爲一指其目。

易餘小引

三子記

憂世道之責，當士舍身命當之矣。何生不知何謂世、何謂道，何暇憂乎？平公爲太翁，享見成之福而碎其體，以與之同處者也。

[一][二] 「巳」，原作「已」，誤。巳、午、未三會，爲地支三會。

## 知言發凡

言即無言，此隱栝其用即體耳。拘蕩相争，人情樂便，日趨倍譎，正路榛蕪，不能明其所當、知其所遁，則巧竊謾訑之害，可以黿龔戲論，毁知言之柄乎？自造化專言，理學專言，禪橛專言，玄教專言，養生專言，象數專言，伎術專言，文章專言，遂事專言，而充類倒倉，一概屠勦。實則私不容針，而官通車馬矣。此一大黄葉之醍醐、毒藥，判在毫釐。創發此凡，以通稱謂。微言大義本一貫，而不礙互相顯藏者也。盡變知化，深造自得，何義不大？何言不微？精義即絶義事，雅言俱是罕言。六合七尺，俱無隱也；《河》《洛》卦爻，俱棘蓬也。聖人以善世爲切用，故教不厭詳。樂業安生，在海洗海；時宜通變，鼓舞盡神。其曰在聖不增、在凡不減者，豈憂缺斷而嘵嘵揠苗哉？止爲溺于安樂，膠于訓詁，故破巢奇兵以醒之耳。得意忘筌，平懷媮快，而矯枉鬥狠，掠虚賣高，偏弊更甚，將灰遵王而荒實業矣。故申明薪水，使不悖善世之正經。辨之即以容之，集之即以化之，此天地之所以大也。

## 善巧

利用也，立準也，捄弊也。教分標勝，格致離微，殺活同時，流爲急口險諢矣。故分質論與通論，分表詮與遮詮，一語、愛語、側語、倒語，任其盡變，而必以正告爲準也。然膠柱正告而不知盡變，則反受惑矣，安能化邪便降服乎？心也，《易》也，天地也，同此準也，不能分析，儱侗誤人。當知有太極之包準，有建極之統準，有無所不用其極之細準，有一在二中之交輪準，有高卑費隱之翻車準，有不定之準，有時變之準，有變即不變之準，有變即不變中知幾成事、輓回善後之準。不可不綸而彌之、彌而綸之，達士圖自受用，泯隨而已。不講是憂，發憤則樂，君子安得辭肩？

## 三冒五衍

大一分爲大二，而參兩以用中五，從此萬千皆參伍也，皆一貫也。三教百家，造化人事，畢于此矣。處處是《河》《洛》圖，處處是〇∴卍，行習而不著察耳。不悟空空即皆備之我，安能隨其會通，不爲文字所障乎？然徒執具足即本無之我，一味顢頇，不知全圍用半，千劈百折，又豈能分合自由、開物成務乎？以畏難暱便之情，睨鹵莽訶學之傲，掩陋于泥龜水牯以蝸高，而餖飣其石牛木馬之狐唾，比于工技傭書、食力效用，其皮血爲何如耶？《河》《洛》卦策，與人舞蹈，時時勘驗，不得飛詭。以此畫後即是畫前，一瞭一眊無容逃矣。

## 資格

可名可象，皆資格也。即資格中有未始資格者，皆神明也。切己篤論，所以培基；超劫談天，易于牖豁。相反相濟，出楔善因；不無方便，涉于權巧。以此核之，毫非强設。尺生于黍，還以尺正黍。準之彌綸，道自爲之，相資而相格也。故可以範世圍天，即所以揀邪辨異。開眼之人，偏〔一〕此虚空，無非象數，無非表法，無非義理，無非鳶魚，即無非綱宗矣。建考質，俟風力，心光于此乎徵焉。世累擾擾中有委化者，果然高矣，可以作清涼之藥矣。然君子病其廢世而梗教也，曾知全有即全無乎？時義之條條理理，皆自本自根之天然也。可但糞土學問，掃事掃理，以鷂過新羅，荒忽之哉？既悟自己，須明大法。好勝護痛，畫少自矜，匿此荒忽高竿，終身口强不反矣。浪死虚生，一人身牛，而反以牛身笑人，悲夫！

## 中告

不及者戀情慾，庸而不中；過者立意見，中而不庸。立意見以縱情慾，則巧消忌憚以媚萬世之小人，秘張魯之符、煉北宫黝之狠者也。君子以毋自欺而好學爲鐸，則一不住一，以學問操履爲見地之茶飯者也。明無過不及之正中，以享無中邊之圓中，而時中適得而幾矣。但中影事，雙掃猶非，况執總殺即總赦之空拳，竊穿佛魔之杖，而横口本空不受，教魔率獸者哉？反不如糟魄者、死浸者之不

〔一〕「偏」，疑作「徧」。

壞治教矣。果是本空不受之人，必不如此横口也。除病不除法，豈以知方圓而廢規矩乎？一際平等，舍存無泯，貴賤親疏，乃本不待泯者也。謂之曰非内、非外、非中，而合外内之中，猶不爽然乎？謂之曰非費、非隱、非無費隱，而即費即隱之中，猶不爽然乎？寧有刻意悍悖即費即隱之法，而自名其即費即隱之中，以獨尊駴食者乎？

## 如之何

言格物，踐形也，交格無格，交踐無踐矣。真疑真悟，志礪初剛；專直入深，用師十倍。兩不得中，逼衡絶待。虚空座側，三墮縱横。根本豁然，窮盡差别。依然舊時薪水，豈有厭乎？罔殆兩免，憤卓參衡；攻木繼聲，自有孫業。要且問寢食俱捐之無益，一回曾歷過否？

## 太極不落有無説

《河》《洛》中五爲證，則太極不落四邊，四邊無非太極，明矣。不能一口道破，總别無碍，猶屬曉烟樓閣也。

## 一有無

執有無者、執不落有無者,皆執一也。知大一、貞一之故,立宰用餘,餘忘其宰,如手足之于頭目,則有無之見謝矣。然不能縷折交蘆,格踐必不親切,豈會古人言先之旨?程子以陰陽爲道,截上下也。朱子亦言「時固未始有二」,《觀物》以一具六,六用五,五藏一,一役二以生三,又役三,而三役二也。無體之一,即大一也,有無之極也,以其不落有無,在有無中也。曰大一者,非數也,千聖不傳,千聖不然然哉?

## 生死故

所以者何?「則故而已矣。」知所以生,知所以死,隨其生死,有何生死?正謂有不負天地者,方不虛生浪死耳。不忘溝壑,生于憂患,《習坎》《困》亨,惟日切切礪此齋戒神武之劍可也。新建曰:「戒慎恐懼是本體,不覩不聞是工夫。」情封倍錮,難徹本源;不服麻黄,何能出汗?

## 反對〔一〕

一在二中，皆相反相因者也。此明《易》之五種反對，因立六象同時之説、十錯十綜之説，而萬法甚深，皆可冪積鉤鉝矣。

## 時義

道不外於時宜，知其宜而善理之，此「無適」「無莫」之「與比」也。超出二途，栖心無寄，尚曰暗痴，況執空劫而拂令時之義乎？是莊子所謂「別墨」「死人」也。

## 必餘

計報之人情，即天道也。《易》以吉凶與民同患，而不測之神在其中矣。因果猶形影也，體用也，往來也，魂魄也，卦變也，一也。權歸見在，善生即善死，不計福，亦不避福也。不落因果，爲因果依，豈矯誣之比？

〔一〕 正文題爲「反對六象十錯綜」。

## 知由

不知分合而云知至者，紗縠也。何故使由不使知乎？何故不使知而又使知之乎？最忌賒談極則，鬼語撩天。第一作得主宰，不被物轉。知生于畏，畏生于知，故以知恥、責志爲門。果然死心嚗天，一切收放自由，則飛躍即戒慎也。妙門禍門，豈容我慢？聽以斷截知解，作大黄湯，何非望梅止渴耶？偏枯之物亦有偏枯之用，古人不盡説壞，留以爲藥也。

## 充類

以充類致知，不以充類病法，此乃充類致盡之盡而又盡者也。燈下弄影，示小兒乎？伸在縮中，運之掌矣。嚴鐪劌誅，則暗痴死浸；解脱放禁，則潢洪瀑流。然後知窮盡而返，因事適節，思患預防者，乃合萬古善享現成範圍之福者也。然又如皮厚而瞘庯何？君子知其不免，而又知其利弊之分數，故不以彼易此。

## 經緯權衡〔一〕

權因于衡，經妙于緯。權者，因物作則而無我者也；經者，貫餘成用而錯綜者也。不知中五之無中無邊，豈能縱横自在乎？不知無中無邊之皇極帝則，又豈能使萬世自在乎？

## 絶待〔二〕

掩對待之二，所以巧于逼見至體之一也。究竟絶待在對待中，即用是體，豈有離二之一乎？所謂絶者，因世俗之相待而進一層耳。絶之與待也，亦相對也。中統邊，邊皆中，即曰無中邊而已矣。故以貫待併待醒之，不須棄足下之土石，乘千里馬，尋遠山之青又青也。

## 法能生道

法非道，而法即道也。知主用宰，則於穆即在暗天明日之中矣。天性二句，歸責末句，以全賴教

〔一〕 正文題爲「權衡經緯」。
〔二〕 正文題爲「絶待併待貫待」。

也。天豈憂增損乎?

## 二虚一實

至理本然,妙用因之,究歸資生治世之合相一乘而已。然不如此專綴,形容不出。

## 體用〔二〕

體爲用之本,用又爲體之本。枝葉與根柢並生,全樹與核仁變化。邵子曰:「體用之間,有變存焉,旲天生萬物之謂也;　心迹之間,有權存焉,聖人生萬民之物也。」可以知本無體用之故矣。盡古今是用,盡古今是體,更何分合?何妨分合?

## 繼善

善與惡相錯,而以無善惡之名象者綜而泯之,善之至矣。又以有善惡與無善惡相錯,而以一善綜而統之。强以無體謂之至體,而至體實在大用中。此無子午而必明子午之夜氣,無卯酉而必

〔二〕　正文題爲「體爲用本　用爲體本」。

用卯酉之平旦也，層樓而一屋也。故曰：無者泯善惡，善者統有無。泯以化執，統以貫用。善統惡之無善惡，猶首統足之無首足也。希夷曰：「惡者善之餘。」惡豈敢對善哉？天無此名，聖人不得不名之以示民，稱本體而善，猶稱本色爲素也。稱天性之德，不以人間之純美稱之，而何稱乎？是錮天矣。天地之政在日，君民之綱賴法，此才三之主宰，即不二之本也。以至善、一善、擇善爲成德成法之定宗，則民志畫一，萬古相續，而治心治世不作首鼠矣。二老以《坎》《離》之中繼《易》，聖人以君子之學繼天。文字道理，無廻避處。寧讓專科之激呵，而語必不離此規矩。規矩適中乎民用，而所以爲規矩者與善用之無窮者，皆洋洋優優于其中，而豈必擂鼓單提哉？恕也，誠也，皆皆備也；脩也，率也，無非天也。繼善成性，所以一其陰陽之道也，三不須臾離也。君子曰：方生于圓，而規生於矩，用半即全圍矣，明主則化餘矣。天而無地，是死天也。故知方即是圓，廢方以求圓者，盲圓耳。果是造造化化之人，不妨隨其立論。

## 正身

以心治身，即以身治心。爲身累而言舍身，即所以重其載道表化之身者也。聖人不徇身，亦不惡身。人情偏溺，故用雪上加霜之漚泡語耳。

## 薪火

火附于薪，道游于藝。即博是約，一多相貫。知起爲佀，識祟無災。轉得文字，豈爲文字轉乎？稗〔一〕販詭隨，要爲糊口而已。聖人各予以盌灶，自然食力安生。才能道德，總見薪火，各費其智，以隱其智。《圖》《書》經傳，乃格古今之風輪寂器也。聖人之文字道理，即未有天地前之文字道理也。安心爲天地聖人之葛藤所障，是真無障。棘手鴂舌，畏落數家，故作鄙俚，藏其狡獪，以希聞道之聲，其于杜撰粉蒨一也。因何如才人之襟懷洒落、學者之攷究古今耶？況開全眼、續慧命者乎？要非懸崖鳥道，擊石燒空，自難知鏡肖谷應、雲行雨施之妙。

## 禮樂

無處非天地之表法，無處非大一之洋溢。禮樂明備，天地官矣。此《乾》《離》顯仁之君臣道合也。生死鬼神，聖人皆以禮樂藏之。知其故，玉帛鐘鼓皆本也；不知其故，則忠信莊愨皆末也。

〔一〕「稗」，原作「碑」，據文意改。

## 孝覺

肢官奉心，草木反根。孝之爲教、學也，以天覺也。天其親者，孝其心即孝其天矣。故曰：「孝無終始，通于鬼神。」

## 知人

情識之世，讒、嫉、蔽、護而已。許有巧讒、巧嫉、巧蔽、巧護以自命知人者，而知人之衡愈亂矣。聖人因民之好惡以明天之是非，所謂奉三無私以勞天下者，即神一于二者也。「志在《春秋》，行在《孝經》」。知此者，可許無我、無無我。

## 世出世

入世重在立一切法，以通德類情，正用二中之一也，而日用不知者多矣；出世重在泯一切法，以隳掃古今，乃離二之一也，所謂偏真但空者也。超越世出世間，止有世即出世之一真法界，而餘皆呼碌輒爲古鏡者矣。不知藏正因于了因、緣因者，執向上一位，乃死法身也。或藉鬼播以擅愚，而潤無上之游戲耳。歸大成薪水者，乃乘時主法也。珉玉並出，而天不能賤玉；萬古一日，而不能廢日之午；天下一家，而不能使家爲中堂也。幬覆代錯，原自不相壞矣。沸鑊恩深，逼衝六氣之表，碎空洒血，別寓冥權，袴祝掖爐，塞乎天地，並不望青蠅而解胡蝶也，豈世出世人之所知哉？

## 約藥

全能用偏，惟此尊親洋溢，邪嚴似是，説法必歸正人。道同法異，各別溪山；理學宗教，激揚攻玉。闕里職分，自有宰天鼓舞之權，何必刻葉引啼，自荒經義，以泥附淖，共鑿狂泉，將守於穆而廢日星耶？耕鑿受享，黎明子夜，何勞升殿？黄屋存其廓落，要在政府用人。君師之責，安頓三根；芻狗青黄，無非神化。當前碧落，一鄉約所也。講各安生理之生即無生，則佛魔掩泥砥礪矣，貴圖天下太平。

## 中正寂場勸

廉纖之病，有藥可調；莽蕩之病，禍不可捄。偏炫峻峭，惡水擅場，詆學訶脩，必至恣情滅理。黠者竊逞以惑亂天下，不盡變蟲鳥爲猰貐不止矣。古德云：「大事已明，如喪考妣。」識法者懼，須盡今時。將聽禍世之寂場耶？當安善世之寂場耶？

## 曠洗

華荏鉤鎖，煩苛賣酟，故當洗之，此急流之受用直門也。果是吹光割水之人，則莫慎于曠，莫曠於慎。如或未爾，聽其比較髑髏。

## 通塞

消息變化，一通塞之間耳。揔此實無而成之藴蒸，專氣專柔，何志而不就乎？蜣生蟦白，葭管飛灰，聖人以此洗精神，不以此畫鬼魅也。邵子曰：「彌理天地，出入造化，進退古今，表理時事。」〔二〕莫非其鄉，萬世爲土，誰知之乎？彼以化微塵爲雷拂者，權澆一杓冰水耳，非真知者也。《肇論》曰：用無所得而入空入有之方便。將執此以鳴得道耶？

## 無心

無心即是直心，安心即是無心。功成不處，混宇嘔吟；雲物太虛，風吹不動，則心自本無之天

〔二〕據《漁樵問對》：「彌理」當作「彌綸」，「表理時事」當作「表裏人物」。

酒原普飲也。

## 性命質

泥于質言，故當通之；　真通至言，依然用質。從天地未分前穿萬元會而自質之，必不免于世，言善世而可矣；　必不免于心，言安心而可矣。推論所以始，以一卵蒼蒼爲太極殼，充虛貫實，皆氣也。所以爲氣者，不得已而呼之。因其爲造化之原，非强造者，而曰自然；　因爲天地人物之公心，而呼之爲心；　因其生之所本，呼之爲性；　無所不禀，呼之爲命；　無所不主，呼之爲天；　共由曰道；　謂與事别而可密察曰理。若據質論，則有公性、獨性、習性，大心、緣心，至理、宰理之分。此分合合分、分即是合者也。聖人曰：　泝源節流，由我安名，鐸世誠明，豈落雲霧？生死鬼神，皆此心也。安心無心，尚何有哉？權在各安生理之直下而盡心，乃能知之。其生死之魂魄、鬼神之情狀，以形知影，皆可實徵。聖人以深言，則民惑而廢事，故不暇言耳。明孟子之兩不謂、《中庸》之三謂，而莊之有謂、無謂藏之矣。太酷太放，反成暴棄，依然窮盡，歸于平常。但曰知即無知，猶急口也。標宗乃是因俗轉風之巧誘，護宗遂有隱劣顯勝之權奇，究竟不爲善世宜民，何故饒舌？今合而質之曰：　不二不一之存泯同時，固萬世之日用飲食也。

## 大常

諸家辨難，不出常變、無常變之説。聖人以民視爲天視，誠常爲其所當爲乎？謂之曰「爲即無爲」之統常變，可矣。三際俱斷，形容誠體，非以一條解免作蜉蝣戲論也。然法法皆收，而無一法。溲浡可以蕩瑕，糞壤可以肥稼，則解免，蜉蝣何嘗不可以化人之湛澧乎？

## 非喻可喻

言者得其似而已，非憤竭深造，不自得也。苟非善悟其言先言後，豈能善用其無言之言下耶？「天何言哉」？時行物生。「逝者如斯」，何遠之有？

# 卷之上

## 知言發凡

何生曰：欲療教而平人心，必先平言。言至今日，膠葛極矣。何以知之？

當士三歎三已，已而發凡曰：無分別之天，任分別之天爲政，此固「有開必先」之雷雨出雲也。七萬年間，幾明道者？門庭所傳，尊其餼羊，浮心耳食，習貌粉本。以言遁者，販賈其言。柯爛者，沉死水；曝杖者，墮無事。非錮鬼窟，即驕獸窟。露布汗方，奉爲秘要；有昊萬口，反不相信。或執諓諓，或執墨墨，或執不説説，或執無所得，淺之深之，自狃已耳。天交地而人受中，先交後而無先後；教學者，交心以傳者也。《説命》曰：「斅學半。」知遜志於半者，中乎？果何以不暴棄於天地乎？知所以受中交傳者，可以不待而興，即可以守待矣。誰其反聞虚受，直荷無爲而爲之薪，燼空無息，疏明萬法，攻木繼聲者乎？語格，語踐，則曰：吾方掃古今，而何有是塵塵者？語精，語入，則曰：吾方糞道理，而何有是蕤蕤者？一問碧落，叩革囊，則芒然無以應。君何不斷手足、割耳目以獨處？既已不能，則盈天地間皆塵塵也、蕤蕤也。必欲避之，安往可避？赤子乎？大人乎？口能一日避乳乎?身能一日避繃乎?煖赤子、大人之繃,吸赤子、大人之乳,又何求哉?天下國家,常繃也;　詩書禮樂,常乳也。既已不避,常明其潔領垂袖之公道寂場,以普安其知味知足之太平薪火,豈徒高張其辭,聊自解免而已哉?《魯論》三知,終於知言。言固格人我、格古今之橐籥也。言爲心苗,志以帥氣。或演一音,或在聽語。貫者何往不貫,專者不禁其專。尋源者、隨流者、通達者、守理者、開成者、攷究者、分藝者、訓詁者,言人人殊。在海洗海,特不聽膠柱者鼓瑟,而又不欲儱侗者廢世也。大成之幬大矣。物之,皆物也;　心之,皆心也;　道之,皆道也。從而理之,皆理也;　事之,皆事也;　性之,皆性也。夫之婦之,皆夫婦也;　鳶之魚之,皆鳶魚也;　鬼之神之,皆鬼神也。卦之爻之,皆卦爻也;　文之字之,皆文字也。無稱謂中,由我稱謂之耳。物物無物,心心無心,道道無道,交格交踐,即無格踐。可以如此,何以如此,即知所以如此。而三如此,即三未始如此,三不得不如此。知此則知彼,即彼即此,即無彼此;　真無彼此,即隨其彼彼而此此矣。然聖人必物其道以物其心,必理其事以理其性者,節用人官之能,收役物曲之利,捴不厭别,約不厭詳,何故繹騷萬世乃爾乎?正以儱侗之弊甚於膠柱,而容其過矯,原無可逃,適可逼人折中耳。切而會之,反復盡之,不通稱謂,詎可語乎?

戴履矣,直生矣,儼然人於萬國之中土,適逢一元之午會,無子午者用於子午,而子用於午。此一元之午即萬萬元之午也,豈可執方便敵心之杓水,而荒忽時中之嘉合乎?生當此時,即統前後,代錯變化，以正收餘。諸所翻譯，皆此土之方言也，何所忌而不集之，顧自隘其大成之幬哉？隨隱其犀角蛇黄之天地，隨費其牛耕蠶絲之天地，别傳一吞龍乾海之天地。無息者，皆容其遁而轉之；無隱者，皆因其幾而應之。要無忝於「時行」「物生」之天地而已矣。曾凡之乎？搗穴奇兵，手握飛影，專伏歊暴，號咷用師，守其土凷，如灰覆火，家親作祟，識不爲灾。曾凡之乎？臺諫憲章，必争是非，猶之法也；宰相則是非燎然，而休容大體，猶之德也；大君垂拱無爲而藏其不測，猶之天道也。曾凡之乎？然君亦藉宰相、臺諫以自治，而天下之視宰相、臺諫皆君也，則體天乘時者貴矣。曾凡之乎？噫！苟非塞天塞地，自會言先，詎可以通稱謂而稱之謂之乎？不如依憑天地之準，且爲發凡。

平公逌爾曰：士當發凡，吾獨笑其不凡。

## 善巧

何生曰：何不實言，而必以巧説耶？

當士曰：天地巧以聖人爲口，聖人巧以天地爲手，因利生而有前用之言，因前用而有立準之言，因立準而有捄弊之言。至於捄弊，則有不可直言，言愈不信，智譬則巧，故善巧出焉。有實法，有巧法。有生成之實法，有生成之巧法。有方便之實法，有方便之巧法。天地既分，大實寓於大巧。巧易不善，支巧必歸善巧。周鼎鑄垂，使銜其指；俎以巧極，不疑鋤色。此與雕刻衆形而不爲巧者毫釐千里之介哉！故有顯權之善巧，有冥權之善巧，有巧之巧，有巧巧之巧。至於巧巧之巧，而言愈支，實愈不知所歸矣。或闡提，或藏提，或費約，或隱斷，或連稱，或孤舉，或正或反，或平或激，此是非之所以交網，而各便其喙之所以淆訛也。故以例凡之，曰宗，曰説，曰質，如山是山，水是水。曰通，所以爲山即所以爲水。曰遮，如曰不是心，不是物，不是佛。曰表，如曰即心是佛。《肇論》曰：無所得爲方便。有出格之顛倒遮表，有當前之對覈質通，或以表爲遮，或以遮爲表。表即隱遮，即隱雙遮；遮即隱表，即隱雙表。大要明體則暗用，明用則暗體，雙明即雙暗，遂有三表、三遮。别行捴攝，全奪全予，聲下旁通。有時露布，亦電逝也；有時葛藟，亦洞喝也。人生世間，逐逐碌碌，先爲習事所蔽，已爲習理所縛，已爲無事無理所疢，貿貿何之？故先正告，正告不入，乃側示之。至於憒使之疑，誤使之迷，獻鵠祝蛉，陷虎脱兔，不過使自得之，使自化之。過荆棘林，依舊坦道翔步而已。望羊之視，上綏歸平，莫良於眸，天開其目。肉者，俗之也；醯者，三之也。必矐其肉而迸其醯，又矐其醯而還其故，乃名大良，乃名天燎。此瞳不重，青白自醫，鮮不爲文字所帳幔，而又爲遮表所謾詑，故老宿不能自解免，黠者乃匿影以爲得計。將謂知言，言何容易？

何生曰：問蜜，曰甜。問甜，曰不知也。無舌人聞之，愈不知也，而聽此以言蜜，後之言者相承以爲實然，而實皆不知以相欺也。好言不可言之學，好言無理之理，何以異耶？往往匿形以備變，設械以待敵，有急則推隨滉洋不可知之中，如是而已矣。張魯以符水教病人，曰：「飲此則愈，不得言不愈。若言不愈，則終身病矣。」今教聽滉洋之言，而不許其致辨也，即此法也。坡老摹言禪之弊，可謂切中矣，然天下正不碍有此一弊法也。

有病目者，赤腫昏眵，見日如刺，哭而躁。藥以散之，火上炎，則躁益甚。醫者百，不能治。一人入，診之曰：治目易耳！察脉中，旬日當左足上生疽，疽發必危，有性命之憂。其人匡懼，伏祈再三。診者曰：有一禁方，能聽我乎？款然曰：唯。曰：静坐。盂水，置左手其上，注目視之，如此一月，救矣。其人從之而目愈。診者笑曰：足何嘗有疽哉？嬰兒踰户切而廢於地，不勝其咺。父責之，不止；諭之以理，號益甚。其母以箠箠地，詬之曰：汝何以捽吾兒？兒泣乃輟。何母之箠善而父之理不善耶？宋文摯怒登牀而齊主痊，皇子告敖敘澤鬼而桓公霸，即以錯捄錯之巧也。

當士曰：由此觀之，凡世所爲潑杓滅燭，彪吼反擿，顛倒以激之，多方以誤之者，已生已成，已具生成之法矣。因循頑鈍，習靦其顔，欲以出格度刃，别路引錐，捷行其生成之法耳。吹毛矯枉，何有軌則？故曰無實法也。必有實法之質，乃可以運無實法之斤；善藏無實法之刀，捴以中實法之理。輪扁之斵不傳，子春受琴於海，此其水縣國工操見頎然之候歟？後乃市鬻不傳之斵，肆標彈海之指，遂壞日星之輪蓋，推龍門之琴徽。獨以脂轂專門，臨岳高價，其爲畫墁之惡巧，難以免矣。行生何言之經，非時乘六龍之圖乎？龍與睛皆備矣，習久不察，而點睛者擅奇壇焉。專欲擅點睛之奇，而以毀壁掣肘、禁革三停爲謀，則天下畫龍者皆空手塗泥亂颭而已。故發善世之願者，必明生成當當之實法，而無實法之法寓之。鶼鶼比目，不異鳶魚；金翅飯龍，待人而許。原不許佪德荒學之人藉口無實法，以生心害政也。故必明盡止止剥剥、縛芻鍼虎諸無實法之法，而後能容之制之，服之用之，使後世不受其所惑，而化邪歸正。三停點睛之筆，有不托此雲天者乎？生成之方便，所以爲善巧方便之都方便也。非方不法，非法不便。萬物遊乎方，而即用其圓；卦以其方，而神蓍之圓。近取之方，即無方之方。今而知方即是圓，爲第一方；善即是巧，爲第一巧矣。

何生曰：「多言數窮」，止其所不知已矣。

當士曰：此一端之説也。聖人以平旦之象魏，即夜氣之紫微，學者不知明善之正告即露布之無心，而自欲以至言擅高，已又欲以不言匿陋，聖人豈許之哉？道之不明，猶可言也。以不明苟安，而又立一苟安之意見，以廢天下不可言矣。甚矣！夫明善之人之難遇也。言之惑衆如此矣，皆藉太甚之奇秘，以便其苟安之意見耳。至言忽而爲恒言，恒言變而爲巧言矣。巧言者以譎圓而任誕，不言者以藏拙而掩人。巧言固巧，不言尤巧。巧言既侮聖人之言，而不言者亦侮聖人之言。不知聖人之詳約言先而洸洋露布者，既侮聖人之言；不明聖人之圓三超四而誤注膠引者，亦侮聖人之言。故曰：不明，則至言、恒言、巧言、不言皆非；苟明也，則至言、恒言、巧言、不言皆善。烏乎知之？於善巧而知之，於明道明善明法而知之。

有顯道，有密道，有大道；有擇善，有一善，有至善；有因法，有遍法，有統法。惟正乃能用奇，惟全乃能用偏。拱而擿礮，不如獨臂之遠；雕察秋毫，不如斜睨之審。轅駛旁疾，飄力側受。全而偏者，鋒其專，利其幾，激以爲捄，過而合中也。上下二《經》，以二《過》收水火，與《養》〔二〕《孚》對。《大過》送死，獨立不懼，所以養生也；《小過》宜下，過恭，過哀，過儉，所以《中孚》上達也。顛《夬》〔三〕以《大過》爲權，《咸》《恒》以《小過》爲權。人生過偏於此，則過偏於彼以捄之。《離》繼《坎》而《未》續，《既》則交用矣。以平求平，烏能平乎？是故捄弊之言必知其人，知其時，知其事。證之以天地，觴之以造次，歷之以常變大常而無逃矣。吾所望天下士者，好毋欺之學也。不知是知也，不欺矣。不以不知爲不知自諉，乃真能不欺者矣。劌目充耳，邴邴乎守一影事以足勝人者，此不能明善明法，而樂於受別徑之欺者也。無所得者消其私耳，乃嘻嘻然矜此爲雺淞；不可執者豁其泥耳，乃推推然恃此爲飃飀。藉口無奈何，大不必以甘放其狙愚，自高其陋智，竟崩天地勤學好問之風，改從頹敗詭越之論，此不能明善明法而巧於雄欺世之諉者也。

惟琉璃瓶，能貯獅乳。載道之器，豈徒瓦注云爾乎？既登峯頂，必歷岬峴。差別不明，可言道乎？椎鍛寶鏡，鎔而自鑄；傾銷之後，聽其鑑用。然何忌白旃玄錫乎？風本不動，在空燒空；心

---

〔二〕「《養》」，當是「《頤》」，蓋方氏避母吴令儀、姑方維儀「儀」字諱。

〔三〕「《夬》」，原作「决」，據文意改。

自本無，非硋用心。彼諱學者何其蔽乎？以凝德凝命之人握經緯權衡之法，巧必善巧矣。寧工亂德之惡巧，卓鷙鵠滑，以競射君之策耶？通乎變化，措其時宜，酬酢佑神，類情轉物。故明法而不倚於委瑣以自矜，明道而不倚於大定以自蕩，明善而不倚於繩尺以自畫。因口而粒之，因耳而鏗之。善因非倚，善隨非依。大徹者之脱體無依，即至誠之固達無倚也。藏嗒然於秩然，舍身命以善萬世，豈迴避一切，迴避當當，而衒無上之旛哉？

工詞章，函雅故，小家也。即單提向上，亦專門小家也。吹影擊石之法語，與穴紙雕蟲同迷於畊織，何異乎？必禁畊織，又非道矣。聖人教人，初貴乎專，繼貴乎通。專乃所以通之，大通乃成大專。倫人而物性同盡，非倚平掃古今而後媮快其一際襟懷之斷也？洗内廓外，有何内外？非倚緒餘治世，而徒私計玄牝之嗇也。使夫婦刻尊親於於〔二〕胚胎，君子掌闢邪之骨印，集古今之專門通門，容天下之各專各通。《雲門》既奏，率獸來儀；漁唱樵歌，皆哺壤矣。

有致真知、致周知者乎？知之次也，知而好樂也，皆無知之知也。《寧澹語》曰：言物，則人物一也；言良知，則人貴於禽獸矣；言致良知，則聖人所以異於凡民也。表一致，而乳萬世於立法窮理矣；表一良，而寂萬世於尊德盡性矣；表一知，而養萬世於至命統天矣。知忘其知，又何言

〔二〕「於於」：疑衍一「於」字。

乎？固達而無倚者，知此本知、本良、本致，而必灌灌此格踐者，正恐侈談從心之拔宅飛升，而誤志學之始基卜築也。盡古今是體，盡古今是用。聖人隨天下，科分其學，縷析其修，不論高卑深淺，皆尊親憤竭之用也，皆洋溢彌綸之體也。毋自欺而好學，則不問其善巧不巧矣。故爲天下發明善之大凡，即天下之大凡，乃可與言發中未發之凡。

何生曰：發凡亦善巧矣，其如蚩蚩者可愚而不可告何？訩訩者口强而不可化何？

當士曰：正惟可愚，而愚之者太甚，因而决藩之太甚者，鹵莽之報，每變益甚。太甚之益甚，崩角擿齒，其可言乎？吾惟以天地之凡告夫婦，以卦爻之凡告夢寐，彼受愚者朗然於善不善之凡，則造愚術者漸駭人而不動，勢必歸吾天地卦爻之凡矣。即使駭者善托，既已托善，則愈於向之明托不善者，豈可同年語耶？正信之士畜其《旡妄》之日新，省爲狐涎所汩，得以專力於天地卦爻之凡，即使卑之爲律曆，爲醫工，不猶滅於畫鬼魅者誑入上坐之厚顔哉？彼此有口，口安，必其不强，獨以不能强天地、强夫婦耳。强而顧其清凉，强而安其鉏钁，斯亦幸矣！留此已甚之芒硝，而不爲已甚之蔬精，愈知味焉。自食其力，則各安生理；實學相勉，而世賴其用。四聖人所以發天地卦爻之凡者，不過此尊親有别之凡也。以此安生，以此無生，《坎》《離》既正，則三十六盤惟其善巧矣。曾子見飴，可以養老；穿窬見飴，可沃户樞；生即無生之飴，可令中下者羣見而攫之乎？何如各安生理之無生，足加飱耶？大一曰：我以天地卦爻爲我，久舍身以充周之世，有談道而言行不合吾天地卦爻之凡者，顧乃高榜於天地卦爻之外，妄曰知我，我豈受之？

平公曰：本不必知，亦不必受。

## 三冒五衍 冒即古帽，覆首而露目也，因以目轉聲。

何生舉《易》贊曰：三五全圍，旋四用二，無非大一，建中如是，何爲乎先言數也？

當士曰：不覩聞而覩聞，覩聞中皆不覩聞者，誰信之乎？示人者必以覩聞表不覩聞，而約言其要，則不一不二之一二云云已矣。舉一舉二，不謂之數，將安避乎？一奇爲《乾》，二偶爲《坤》，不謂之象，將安避乎？《乾》爲天，《坤》爲地，不謂之器，將安避乎？自此而五倫六藝、萬物庶事，皆可覩聞之數象器也。器生於象，象生於數，數何生乎？神氣動用，無始無息，不得不然，即其本然。謂有自生乎？不能狀也。謂無自生乎？亦不能狀也。姑謂之生，可矣。虛無不塞，實無不充者，氣也，而神貫之。神用無體，風之濟虛也，孰爲之耶？故邈其生成無體之體曰性，此不可覩聞者也。程子曰：「人生而靜以上不容説，纔説性時，便已不是性矣。」此猶别真心于緣心外，剔法身于色身外也。究竟色身即法身，緣心即真心，則人生而靜以上之性少不得在人生以後之性中，明矣。理氣終不可分，而不得不分之，以明統治之宰。其以總不分爲大統者，太上皇不與政事者也。氣，篆从≋，用三而動，象之也。神言不測，申言其用，故諧聲也。體者，骨理也。邵子以天爲用，地爲體。體生于用，體亦生用。故《易》無體，因謂之無體之體耳。捴之，即用是體，而逼人親見至體之方便，原不可少。統覩聞與不可覩聞者，不落有無矣。周之，徧〔一〕之、咸之，無外無間，無古無今，無不冒也，謂之太極。有从⿱又月，用先右，而月具有無也。無从三，[古文]象之。〔二〕後人借蕃橆之無，取茂密耳。欲褻稱其於穆不已之所以然，與人陳之，將口呿而舌橋乎？不得已而命之曰至理。身其天地而親之，則命之曰大心。推論寥廓心量，表法也。泝源窮流，充類致盡，設教鼓詞，由我安名已耳。因其生之所本曰性，無所不稟曰命，無所不主曰天，共由曰道，自得曰德，與事別而示民以密察之故曰理，親切醒人則呼之曰心。據質核之，則有大心、緣心、治心之別，有至理、物理、宰理之別，有公性、獨性、習性之別，有凝質之氣、虛空之氣、浩然之氣。若通論之，隨立一名，皆可徧推，皆可同際。聖人開口，揔爲善世，則因各土各時已稱已謂之稱謂而告之已矣。以實言之：太極，大心之至理，豈離六者之中乎？性、神、氣之三者，豈離數、象、器之三者乎？象數以器表神，性以氣表極，理以心表心也。《易》也，天地也，一也。一不可示，故不得不準也。

生此一元之午會，當偏訛巧竊之紛繷，欲明即感是寂、開物成務之《易》，可但藉口曰「委化」也而聽之哉？不能離，不當離，而曰不可離者，正謂可離以理之，乃合以道之。拔其中而聳諸外，消其外而汁此中，然後一不住于一、二不岐于二，而離合、合離之不可離，始能前用耳。遂事即無所事，順

〔一〕「徧」，底本作「偏」，據文意改。

〔二〕參考《東西均·譯諸名》：「無者，天垂氣之象也；無即生有，用先右手，因以爲諧旁死哉。生變化莫如月，故曰月以爲量，是則有也者，有而無者也。」

理即忘其理，真不可思議者也。執事者固矣，執理者不能充類格致，至於無類可充，返而適用，則理猶紗縠也；執玄者痛厭槎枒，凡遇名字，一切芟夷，以自媮快，則匿於僞默而已矣；簾窺影事者則匿於電拂而已矣。故無理無事之病較執理執事者之病，悍格更甚。即吞一昆侖之如如太極，乃髑髏耳。豈惟無用？將使天下後世不敢以正論折生心害政之詖遁，且曰不作世諦，正以疑人。彼畏學好高之人情，樂得互相慫恿以自爲地；而元元本本之實學，既爲放曠者所鄙，又爲守禮之拘科所麾。豈知「精義入神」之「何思何慮」，即「時行」「物生」之「天何言哉」？

世俗之士，沿習其常事膚理，誰能死心研極以《剥》爛《復》反者乎？必語温凊，始以爲孝弟；必語良知，始以爲理學；必語經史，始以爲學問；必語韓蘇，始以爲文章；必語藥性，始以爲物理；必語屬纊，始以爲死生；必語龍虎，始以爲玄門；必語趺坐，始以爲止觀；必語作怪，始以爲鬼神；必語石牛木馬，始以爲禪。何訝乎必以一二三四五爲象數哉？

學者荏苒質論，不能開寤通論，忽遇邪異旁竊之通論，必張皇而爲所惑矣。穎者巧取通論，遂爾鄙屑質論。及舉天地本然之質論，反矜茫而欲逃之矣。於是乎貫混沌開闢之至理，宰天地人物之道德法，遂無能知其偏全分合者。愚忽以三冒五衍盡三教百家，宜其不信也。

平公曰：果自信乎？奚問人信？

何生曰：三冒，何冒也？

曰：聖人以天視，視虚空皆象數，象數即虚空。信如斯耶，斯可語矣。無名字而名字，則名而未始名，字而未始字，以故辨當名字，隨其名字。民視猶天視也，理何嫌於理？數何嫌於數？何嫌理數之合，又何嫌理數之分乎？信如斯耶，斯可語矣。孔子善巧，而名字之曰：「《易》有太極，是生兩儀。」《禮運》善巧，而理數之曰：「禮本於大一，分而爲天地。」天地之數，止有一二而畢矣。三仍位一，四仍位二，五仍位一，六仍位二。自三以下，至乎姟秭正載，皆一奇一偶也。奇一而偶二，已成參矣。無奇無偶，爲不落四邊，洋溢四邊之太極，而姑以一奇示之；萬奇萬偶，爲交輪太極、摩盪萬象之兩儀，而姑以一偶示之。《禮運》之大一分天地，而轉爲陰陽，變爲四時，列爲五行，倫之藝之，動之植之，皆大二也。猶兩儀而八，以至六十四，而藏其十五、三十六、四十九，皆所謂太儀也。四聖韋編，《河》《洛》全圖，皆大二太儀之約本印版也。逆見天地未分前，如斯也；順推天地已分後，如斯也；逆泝人之未分前，如斯也；順用人之已生後，如斯也。未畫前，如斯也；已畫後，如斯也。畫後即畫前，則人生後即未生前，天地之分後即未分前也。冒天下之道者，大二即大一而已矣。

世學櫂[一]推盌脱，左枝右梧，脊脊名稱，孰何故事？知畫前之《易》者難乎哉？然不知畫後即畫前，則所謂畫前者蘿甕耳。然不能錯綜其三冒五衍，中理旁通，引觸皆是，則所謂畫後即畫前，猶冪

[一]「櫂」，原作「櫂」，據文意改。

羅耳。大一分爲大二，而一以參之，如弄丸然，如播鼗然。一參乎兩之中，而兩旋爲四，猶二至旋二分，南北旋東西也。春夏秋冬之於歲也，東西南北之於中也，皇極之五表之矣。上下直立，而前後左右環之，此六合之矩，即五方之三輪也。拱架其子午，腰轉其卯酉，水臬其平盤，三輪八觚，而中五彌綸，馭四幕六，陽藏其一，使陰足十支以二六奉干之二五，而八卦、十二宫、七十二候、三百六十之旁羅具矣。

痺而列之，割而飣之，立而繩之，平而衡之，規而圍之，矩而曲之，狹而擠之，半而橋之，象而限之，品而推之，衍而長之，褾而褙之，枝而叢之，絲而棼之，桔槔而漏刻之，籩午而衝旋之，經絡而營衛之，水米而麯蘖之，無非一在二中之三五交輪也。

交液虛實，則無虛實；輪銜首尾，則無首尾。動静之間，幾在中焉。詳則言五，約則言參；質則舉兩，盤則舉四。四用其半，三用全圍。故一不可言，言則言參兩耳。此豈執欒欒之脉望與馬毛龜甲之算器乎？會心之士，全舉固然，雙舉亦然，偏舉亦然，不舉亦然，此一滴一[illegible]一切皆然者也，何堪與白駮談夢哉？

「一生二，二生三」，非老子之教父乎？印〔二〕度之伊帝目胸表一卍五葉，或綱六相，或立三玄三

〔二〕「印」，原作「即」，據文意改。

要，或立五位君臣，或指首羅而掃之。雖非實法，然何所逃於大一之分天地、天地之爲大一乎？彼衍專門，重在遮二顯一，迸遮一而使自得之耳。子華曰：「天地大數，出三入一，一之謂專，二之謂偶，三之謂化。才也，幹也，神也。凡精氣以三成，羲、軒之柄也，出於一，立於兩，成於三。《連山》《歸藏》《大易》」〔一〕愚所謂一天用二地者也。言不頓彰，非三不顯，顯如斯者，安得不冒？冒安得而不三乎？兼三爲六，各三爲九，四分用三，以三用一，以一用三，十二用九，六十四用四十八，皆所以藏無體之一，即用無體之一也。《易》之示也，隨處可股較而掌指矣。費中自具三冒，隱中亦具三冒。費法詳明，以費知隱，本無費隱，而有費隱，隱汁乎費，有何費隱？然非先分費隱，辨其結角，則遮舍膠，易於巧竊，安能解數千年之惑，開轉此時之風，申明天地托《易》之思，以宜民正路、各安生理耶？

直下是一開闢之費天地，標後天妙有之極，人所共覩聞者也，命曰顯冒；因推一混沌之隱天地，標先天妙無之極，人所不可覩聞者也，命曰密冒；因剔出一貫混闢、無混闢之天地，標中天不落有無之太極，即覩聞非覩聞，非即非離者也，命曰統冒。天地之三冒，即人身之三冒、物物之三冒也。如言三五

〔一〕據《子華子·執中》：「《連山》《歸藏》《大易》」指「《連山》以之而呈形，《歸藏》以之而御氣，《大易》以之而立數也。」

達之身，又言無聲臭之身，又剔出一於穆不已之大身。究竟於穆不已之大身即在三五達、無聲臭之身中，而無聲臭之身即在三五達之身中。不可執有極、無極、太極爲三處也。教亦多術，應病予藥，不妨偏言。惟其統之，故不厭別；惟其冒之，故不厭析。何惜眉毛不明支離之易簡，以表兩間言道法者之變概乎？因費天地而立法相實宗，言爲善去惡者是也。此宰天之經權也。因事物而正名，告民節適者也，一用于二者也。辟言屋漏則當補，穢則當拂，而受用屋中之虛空原自在也。執此但膠法迹，不能幾深入神，則不知大原，不得變化，非全眼矣。因隱天地而立破相空宗，言無善無惡者是也。此反天之逆幾也，空事物，破名象，而反言甚深，全泯者也，離二見一者也。辟言屋中之虛空與屋外之虛空，原無分別者也。以此方便，捷於遺落一切，而執此破相，則死人矣。若執總殺即總赦，竊冥應以藏身，與獸何異？豈全眼乎？因貫天地而明不空空之直空、無相相之實相，謂之中道性宗。爲善去惡與無善無惡，皆不礙者是也。此任天統天而平懷因應者也。隨事物名相而不爲所累，破立皆可者也，無二無一者也。辟言六相同時，屋即虛空。因應其治屋之當然，則謂之屋本自治可也。果是其人，自凝其道，而時乘六龍，平等不住平等矣。困學死忝，有解悟證悟之分，即知有即無之太極，猶屬儱侗。必須重歷差別，中節時宜，官天明法，家常薪水。若執此宗，仍爲影事。或得公容之量，或成委順之高，而不能制天持世，徒以際斷倏忽迴避學問功能，其流必廢教而梗治矣。自以爲全眼，實不全之甚者也。性宗空宗，揔以妙其善世之實宗，大似頭上安頭，而非此不能變。誰少至人之體，而難者聖人之用。用之最大者，以君子宰萬世，安頓鼓舞，使萬世受用，乃學《易》者之受用也。彼晝少而圖自受用者，仍是自私自利耳。出世聽其孤僻，散人聽其縱脱。有君子以繼宰，傳《易》於夫婦鬼神，而天地拱手，收一切藥，治一切病，以爲籠矣。《易》是醫籠，即能補籠，三根隨才，必須好學。

故有覩聞之費隱，有不可覩聞之費隱，有隱一費二之槩，有二隱一費之槩，有三費攝隱之槩，有三隱供費之槩。大則廣漠充周，溢其不可窮之藴；至則華實縷結，藏其無不備之資。苟非倫其灌輪，經其條理，𢀶性於相，養破於立，圻瓜榨汁，鬱兰升薰，奚取乎不用之器蛀[一]而腐穢、久閉之氣荒而天閼耶？《易》故微其動静之顯，而闡其交輪之幽，則莫顯於元會鬼神，莫幽於《圖》《書》錯綜矣。燈也，光也，影也，皆薪火也；花也，香也，色也，皆歲之春也。此可覩聞之三即一、一即三也。不可覩聞之所以然者，其三即一、一即三，有何殊乎？入世存法，出世泯法，其權自相齟齬。超越世出世間，則慈力悲仰同矣。然其實也，止有不壞世相即出世間之一際一乘，歸於治世資生不相違悖之法住法位，則宥其黄葉止啼，而言先一句可知矣。三諦者，中諦統一切法，真諦泯一切法，世諦立一切法也。三因者，正因、了因、緣因也。三身者，法、報、化也。大慧以《中庸》首三句指之，畢矣。曰理、行、教，曰空、假、中，曰真智、内智、外智，曰本覺、始覺、究竟覺，皆圓∴也。宗門三綱三句，舉一明三，只露些子氣急𧬊人。揔之，執有則爲權别菩薩，執無則爲聲聞緣覺二乘。羅漢執法身，亦是死佛，所謂但中是也。長沙曰：「眼根返源名文殊，耳根返源名觀音，從心返源名普賢。三聖是佛妙用，佛是三聖之體。」體在用中，佛即在菩薩中。印度因俗，權教歸實，久已訶之。收一切法，現一切身，行布不碍圓融，圓融不碍行布。毘盧佛像，有髪有冠，《圓覺》《維摩》，何分真俗？東流倡藉福田，達摩入而全剷。然凡夫貪著其事，信此尚難，仍不得不借二乘之壇，懸無上之旛耳。故曰：超出二途，栖心無寄，猶是暗痴。洞祖以法身爲大病源，曹山立三墮而類不齊，混不得，乃可取正命食，始不作兩橛矣。惟其奪下情見，權立頓宗，婾快吹毛迅利，何有軌則。永明作《宗鏡》時，已歎人廢學訶修，只要門風

〔一〕「蛀」，據文意，疑作「蛀」。

緊峭，但重遮遣，不達圓常。何況今日以爲專門名家耶？《肇論》曰：以無所得爲方便。今貪此無事人，仍是出世半邊，仍是執一護痛。既悟自己，須明大法。悟同未悟，正好學問羹蘁。夫真如來發大願力，豈有不明天以日治、歲合時宜之故，而恃泯壞存，但傲虫豸者哉？官天鐸學之君子，爲克家之督，亦欲藉此見地以偷懶，不能隨時轉風，擴充神化，豈不惜耶？

老子以混成爲統冒，以常無爲密冒，以常有爲顯冒。「知白守黑」，當知白即是黑，則本無黑白，而隨黑白。故觀其早服勝牡，而言先一句可知矣。旨偏重內，而用則隨時，聖人合外內者也。重內流而爲我，則苟且尚矣，一發則慘刻矣。據老莊之皮毛，乃偏真者也；今之死浸者，乃苦揔殺之藥語者也；縱蕩者，乃誤恃揔赦之快語者也；真橛者，亦偏真者也。聖人知而彌綸之，惟從日用飲食一節適之而已。藏其揔殺揔赦之利器，故民鼓舞奉教，初無已甚之苦，後又何待赦乎？無奈暱庸皮厚，安得不畜已甚之藥？但有鐸中和之實學者，一切皆可善用矣。聖人信寓處爲不落天人之人，知直日爲不落有無之有，故寓罕於雅，惟以親民前用爲經。民所不能爲、不必爲者，言何益乎？人人食力安生，而不可能之中庸原自飛躍洋溢也。以無依之依，容述遵之依，神用中之權於執兩之竭：天凝日，而讓日以治天；日即天，而天若分餘以養之。正治隨時，成歲不居，遂謂之無天無日，而實則宰法見成，兩層同體，彌綸一用。偏門太甚，不過巧言激説，以瞑眩見奇，以直捷陰遁耳。裁成輔相之功，蓋乾乾乎日夕之德業焉。彼曰在聖不增、在凡不減者，曾何憂其缺少，而故荒其倫類人情之田，巧揠其學修不及之苗哉？此大成始終條理，所以萬世無弊也，言先一句全寓之矣。

澹園焦氏曰：「余晚學《易》，知二氏所長，乃《易》所有；而絕類離倫、不可爲天下國家者，則《易》所無也。」愚曰：《隨》、

《蠱》、《革》、《鼎》，爲上下十八之中，上爲閏位，故盡變之旨寓焉。拘維之亨，所以治萬世之《隨》；高尚其事，所以治萬世之《蠱》。《鼎》之玉冷于金，《革》之豹能制虎。益歎夷、許、伊、周皆潛亢之異藥，雪山心字尤爲亢其潛耳。富貴根深，清涼之散正急。泰伯棄温清葬祭而逃蠻，孔子稱爲至德。詎謂出世之幢不當懸天半之峩眉哉？京山郝氏曰：二乘其本色也，鬼窟其本權也。後遂竊《中庸》《大易》，以繪心量表法；尊於穆爲法身，以抑天地。以德業爲菩薩，而以《易》之無體爲真體。儒者割而讓之，惟恐同其稱謂，而徒守糟粕，甚無謂也。愚曰：天地大矣，心同理同，人人自得，竊亦竊天地者耳。《大易》存泯同時，《華嚴》卦爻法界，至今奉其教者，未全悟也。聖人知無上下，而藏上于下，明備宜民。故攝下于上者，偏以一門深入。知得本來，隨汝用此，明備其實，即明備者，皆本來也。苦獲縱脱，莊子已言之。今日偏高道流，多此二者，總以狂狷充類致盡，人未達其説火即熱之旨，能免世諦流布耶？所歎鄙夫田也，千里黄茆。常醫止用陳皮，故刼藥得價耳。果開全眼，無煩掩諱。自歸大成薪水，適措時宜。至如李源五十年紫芝終其身，何辭堅僻之嫌？然各有至性深心，不望人知，彼又何暇避人之詆其異也？格外論心，自有萬世之旦暮在。不知言先一句，又豈知一三、三一之所以乎？此三冒者，實三而恒一、實一而恒三也。自有至者而言之，尚非其一，何是於三？不三之三而言三，不一之一而言一。一三非三尚不三，三一之一亦何一？一不一自非三，三不三自非一。非一之一，非三不留；非三之三，非一不立。不立之一本無三，不留之三本無一。是一三本無，而無亦無矣。凡以執一執三，皆不明三一之理。不明，則三者皆病；明，則無三無一，而三一同時，五十同時，千萬亦同時。即執三落一，皆非病也。

既假以言，即有成言；既稱其德，即有成德。相因立法，即有成法。何妨隨其成言，明此成德成法之分合委悉。豈假以至言之玄，護其稜痕際斷之旗，驕其閃爍而先避之耶？脱者方笑其潦倒，而拘者方以爲溟涬，孰知自然而然，毫無所强？以通、以定、以斷，惟深、惟幾、惟神，與《中庸》首之三謂，《論語》尾之三知，《閒居》之時生神，《孟子》之備樂近，皆是也。南倏北忽，食乎中央；玄水白水，會於黃帝。龍女轉男，童詢開閤；潛飛冬夏，嬰姹背庭。嘗試觀子午道之影本乎？嘗試咏天淵詩之造至乎？誰無初中後之三停乎？誰無首脊尻之貫索乎？凡言交者，謂其互此中，而兩旁之綸皆彌也；凡言理者，謂其行乎中，而兩旁之餘奉命也。雖曰統邊無邊、統餘無餘，然不因此以劈析之，豈得親見其縵縵之歷歷哉？

隱老曰：伏羲一畫亦三節也。以偶缺其中，而奇之位以三分之一當之。又横劈爲二，則一畫而具六相矣。圜徑一而圍三，則一圍而三節明矣。實則圓用觚而成，圓成即用半之方矣。果蓏之理，自蔕至臍，猶子午南北也。二至二分，而三五即一，以天地之器知之，則官骸之器如斯，此心之器亦如斯，則理此器者其理亦如斯。愚嘗以三後天、三先天、三中天衍三《乾》用三《坤》之極，豈敢爲此纖纖耶？信其如斯而已者也。《震》爲隱出費之《乾》，《艮》爲費息隱之《乾》，《坎》習費隱之《乾》；《巽》爲費入隱之《坤》，《兑》爲隱和費之《坤》，《離》明費隱之《坤》。以《坎》《離》得中，故《易》貴之。《震》本配《巽》，《艮》本配《兑》，而有無交互，猶報化也。八卦本六卦，六爻本三爻，爻爻皆有三後天、三先天、三中天，而中藏先後，先在後中，究統於《乾》《坤》。《坤》俱是《乾》，流行之《乾》《坤》俱是無對之《乾》。陽尊而神，尊故役物，神故藏用。陽來則生，陽去則死。天地萬物生死主於陽。自寅至戌，惟畫侵夜，而人居地上以用之。《河圖》易金火爲《洛書》，陽至陰偶以維之，豈非無對待之陽分餘入待以自用哉？使陰立體布基，即使效法終勞，而知始倡之享其成焉。陰之一，皆陽之一也。此愚所嘗言真陽統陰陽、太無統有無、大一統萬一、至善統善惡者也。

何生曰：隱哉費乎？費哉隱乎？何隱何費？莫可誰何？

平公曰：《易》無隱乎爾！

五衍，何衍也？曰：萬法，一《圖》《書》也；《圖》《書》，一中五也。即中五之旋一毛，而四邊之太少已全具矣。則未有一毛，而一之四、四之五已全具矣。文王隱表其春夏秋冬之《乾》，而費行乎西南東北之《坤》。四無四也，五無五也，一亦無一也。中交邊輪，皆邊皆中，已燎然矣。環無始終，而終始大明；萬古太古，而歲應節候。三四而二六之，六六而八九之，此衍之因天治天，而用中之範圍乃可告矣。《堯典》曰：「平在朔易。」三秩而一在焉。此堯「欽若」伏羲之心關也。二至加分，而四立輔雙支矣；中五四正，而四偶皆交維矣。羲以木王出《震》建寅，後與先皆羲衍也。舜禹用之，文王明之。二月東巡，五月南巡，八月西巡，十一月北巡，舜所以大法天而學《易》也。疇重一五九，五行根本萬事，皇極居中，福極應上，東以兩天夾人，《坤》順事而《乾》健德，《震》布政而《兑》決疑，《艮》徵《恒》而《巽》治歷，豈無謂哉？禹之治水，治地規九，其一端也。《圖》變《書》而生克互用，《易》全用之。諸聖皆用《易》，即皆用《圖》《書》也。向定以《書》專錫疇，膠矣；後又辨疇數偶合而非《書》道，亦膠矣。

《圖》體《書》用，《圖》用于《書》者也。

孔子曰：「陽始於亥，形於丑，《乾》祖微據始也；　陰始於巳，形於未，君道倡始，臣道終正也。」《參同契》曰：《坎》《離》，天地之中氣也。水火專於一宮，金木以相之，天地之和氣也。晦朔弦望而虛其《坎》《離》，爲其會朔方而從朔也。仲舒中和四配之，明春秋之用南北也。內外八《握奇》轉而收發應黃，此聲音之用五七於四而重其端也。四正四奇，而《握奇》必嚴後也，《陰符》《遁甲》之白其三北也，《鑿度》之智中央而信《坎》也，皆得幾於天門而握亢於貞元也。衆妙之門，衆⿰冋旡之門。尼山舉四德，而以貞易信，以智奉《乾》，則衰德即盛德矣。「將寐在脾，熟寐在腎；將寤在胆，正寤在心。」知「天之大寤在夏」，日一南而萬物生，則禮之末皆本矣。是故物內外而格踐之，則嘗言禮；　尊帝出而發育之，則嘗言仁；　裁成西收而起勇，鼓舞由天而寓樂，即鄒縣之擴充四端而藏其信也。

五行皆土，而所寄各五其行；　五事徵風，而所風各五其事；　五倫皆交，而隨交各五其倫；　五志皆思，而從心各五其志。此五五者，智則全智，仁則全仁，禮則全禮，義則全義，信則全信者也。五何非萬？萬何非一？而博約通徵，莫奇賅於五者；　倚言參兩，皆伍之用也。規矩繩衡權既備，而周天亘古之度皆伍之用也。造端有別，建國立政，因物而則之，時出而宜之，舉其生平之固有耳。行布攝入，存不待泯，豈必扱箕加帚、影射偏空，乃爲不落陰陽、不墮諸數哉？此《時論》所謂太極蒞皇極之任，而裕無所不用之極者也。

五方如來，十六金剛，顧四步七，瑜珈布輪，何非同讀此玄黃之書，而猶目皮相耶？康節獨贊《養生主》之提刀四顧，人猶不悟《天下篇》一二三四之藏中五耶？無動無靜者，不必言也。惟於動靜之間，明陰陽剛柔之交。日月星辰，水火土石，以太少知之；璿璣周髀，以日爲政，以辰收之；五行之徒，以地用水火，而金木附之。暑寒晝夜也，雨風露雷也，性情形體也，走飛草木也，目耳口鼻也，味氣聲色也，皇帝王霸也，道德功力也，化教率勸也，《易》《書》《詩》《春秋》也，皆以其交定之。四皆以三餘一，以一攝三，一各有其三一之四焉。吾於其言《易》《書》《詩》《春秋》，而以禮樂升降之，則知教化勸率要以中和洋溢之。撮其指曰： 心即太極也。一非數也，一無體也，「一役二以生三，又役三，而三役二也。」以二生數，二其天三爲六，而六止用五，五藏於用半之四。常維四者，地載上天以爲用也。無非一也，無非中也，而寓其建極於中五者也。天辰不見，地火潛藏，常用三於四中，故三其四爲十二，五其六爲三十，而萬元會之交輪具此矣，物物元會之交輪亦具此矣。 分體數、用數、交數以窮之，立三才之器以明物理，以形知影，以近知遠，而至理寓之，皆對本不差者也。詳見《圖説》，語多不載。 益歎根本易得，差别難明。聖人不過使民由之，各安生理已耳； 而耻爲凡民者，欲不致知而鹵莽以愚民耶？開物成務之神聖，曠代一出，而明法官天，責在君子。 苦爲外累，充類摠殺，死不如律，勢許脱逃。 善服單方者，浮雲敝屣，雪上加霜耳。末流習便，死執無所得之半邊，一切荒忽。果爲委化之士，固高流也。 得意方便，足以掩陋傲人，公然詬掃天下之研極實學，逼奪其業，使倣掠虛之口給，暴棄河沙，豈不哀哉？悟明自己，男兒本分；痴守影事，俱屬魔光。正當明盡萬法，乃可謂之無一法。必荷天地之薪，種此大成之田，不得以一句畫前唐塞三五錯綜之變化也。六合七尺，處處確徵，不則幽明之故盡是拳影，成住壞空真誑語矣。百原之功大矣哉！《經世》不及半者，以第四爲紀，猶夫奇之去五、策之去十也。

道生天地萬物而不自見也，藏用之謂也，藏一之謂也，孔子不世之謂也，無名公之謂也。顛望反對，中即藏一；四時八卦，二卦藏一。二十四氣即三十六氣，二氣藏一。皆布其一陰一陽之資格，而以蓍圓之，蓍亦以四十九藏一，又以四十八藏一；掛之象三，所以藏一。《圖》以餘五藏五位之一，《書》以虛五藏五交之一，大衍以十一藏一，小衍以中衍藏一，揔是全陰全陽之資格也。造造化化，體用互因，人自日新其故，而神不測矣。

蓍獨占也乎哉？占獨卦也乎哉？又何妨以占藏幽贊也乎哉？皆資格也，皆空空也，皆卦蓍也，皆穆穆也。不離陰陽，即不落陰陽者也；不墮諸數，即旋轉諸數者也。惟其藏一，惟其無體，故不必聒聒其太極，而隨處可以物其太極矣；不必仳仳其心，而隨處可以物其心矣。賾至易簡，何故惡之？動上不動，何亂之有？然藏密於天下而與民同患，安得不患其殉頤惡頤、亂動錮動之無據乎？幽贊之道德性命，聖人逆知而數之，順和而理之，仁物而義之。義者，儀之宜也；理者，禮之體也；數者，形與無形之交幾而推行化裁之空節也。隨時隨人，以事理合之，可以出入，而過、不及立竿無逃者也。是中五四破之資格，乃格物之管灰絃紐也，乃踐形之銅盤錞芒也，乃無事有事之圓鑑王會也。天予人以革囊之資格，而聖人以理予人蓍之；天下以倫常爲資格，而以君師之權蓍之。人誠蓍乎？古今屏於一息矣。蓍卦相泯，惟神與明。神明之故，在乎幾深。有深志而賤務者，專明攝用之體，則散殊之陳迹安得不屑越耶？自抑君子，以尊至人。有研幾而成務者，專用攝體之用，則渾侖之贅旒所必高閣也。寧放至人，必從君子。聖人潛至人於君子，統天垂拱，集之化之，任其代錯而幬自覆矣。故親見天地未分前之三冒五衍以作《易》，《易》即以此三冒五衍寂定萬世之夫婦鬼神，以奉聖人之主宰，則天地毁，而此三冒五衍原不動也。雖有畸談瑰術，豈得以邪外洸洋紊之哉？

何生曰：紊即不得，不得不紊。

平公畫一畫曰：一。

## 資格

何生曰：高門鄙言資格久矣，何乃津津不諱耶？

當士曰：豈惟出言善世，必因其時，以轉風力，暇計門之高與平、言之迅與鈍，以取世之尸祝簇擁乎？莫變化於森羅，莫太無於太有。臭腐者，大神奇也；糟魄者，大秘密也。而故鄙日星之數目，諱玄黄之文章，非井蛙耶？教欺者不利於君子之資格，必多方以自慰解，故托高門玄語以蕩掃之，遂有悍然不覆以爲無欺者，是獸資格也，更不如小人閒居之資格矣。俗難强化，因以資格化之；

勢難强忍，因以資格忍之；心難强安，因以資格安之；理難驟通，因以資格通之。此君子之卑資格，即天地之資格也。全掃全放，依然不能免目前之當爲，故君子就倫類事物可見者使萬世勤學食力，而不見者自中節焉。此爲即無爲之天資地格也。

玄者曰：卦爻蓍策，皆死法也。曾知此死法之神變不測耶？避此死法，惟恐其語之不玄，而死守其玄語者，不更死於鬼火耶？便就高玄爲約資格，言先不得言矣，言即資格也，言與無言與無言之言，非費隱之資格耶？曾聞知有即得、用免則那之資格耶？必不免此天地間，必不免當天地之此土，必不免當天地之此時也，則必不免此天地、此土、此時之資格，明矣。必不免於申資格者，必不免於滯資格者，必不免於畏忌資格之人情，而今又何免於推明其資格乎哉？

元會，一資格也；七尺，一資格也。官必五，骸必百，手必不蹈，足必不持，何異乎赤黄之三百六十、物候之七十二，夏必不沍冰、冬必不焦爍乎？故知卦蓍者，太極之資格也。以適用之天地視之，太極一無用之資格耳。用則用其資格之太極，而無資格之太極自穆其中，豈待聱牙申飭耶？申飭者，惟有中飭歲時之資格而已矣。

三代後之長行牓，庸距不抑競進之膴仕？唐宋後之經義，庸距不帖帖於鄉舉里選乎？賈生慨然於小民，知大臣之一旦以爲廉遠堂高，次序上接，尊乃巍然，而民始安其分藝以效能而食力，烏有樅金建鼓，逼天下之爲君，而姗禁其爲臣者哉？亂如蔞苴矣，君猶待宰之資格以自治也。治心者不貴其宰，安能享君臣道合之樂乎？本無頓漸，藏頓於漸。四時布序，而太歲自成，此宰之大資格也。華榦必孝其核仁，而根本必慈其枝葉，則父子之資格定矣； 四肢必忠其頭目，而經絡必禮其毛竅，則君臣之資格定矣； 璿璣奉文明之政，而玄昊藏沆漭之中，則思官之資格定矣； 八風以吹，甲坼以雷，則鐘鐸之資格定矣。錯綜以存泯同時之格，近樂其萬物皆備之資； 取生即無生之資，節發即未發之格。因定好學明倫之格，以發其資深格踐之資。彼非常之破資格者，究是格其大格、資其新資者也。格大格者，本不壞世間之細格； 資新資者，本不遺世間之舊資也。讓一側陋，破資格矣，而不破文思精一之資格； 革命巢、牧，破資格矣，而不破執競日躋之資格。葵丘踐土，猶引仁義以就功利。至於七雄不能即吞，此周公之資格在也。嬴政、李斯破資格，而不知破資格之資格，故禍發自殄，止成沛公、留侯，一破資格之資格，而喑噁叱咤者依然，七國之資格未破也。許下猶隔人存，其後不能顧矣； 離石猶藉漢甥，其後旁午自命矣，則閏資格侵正資格之故也。大成安得不鰓鰓然破韋布之資格，以《六經》定資格乎？鳳皇早定陽一陰二之資格矣，徽公以糟魄之傳註，使紫色䵷〔二〕聲不改尼山之日月，豈非資格之功乎？邪法嘗勝正法，而終不能勝正法之理； 小人嘗勝君子，而終不能勝君子之理，以陽統陰之資格定也。夫所謂一切現成者，一有萬有，有即是無，則貴賤親疏自分別矣，必以賢治愚矣，此一切現成之資格也。彼

〔二〕「䵷」，原作「黽」，誤。「䵷」同「蛙」。「紫色蛙聲」，典出《漢書·王莽傳下》：「紫色蛙聲，餘分閏位。」喻以假亂真。

云：「正則總正，邪則總邪。」此自充類急口。或以際斷倏忽作敵心之方便，豈執此以壞資格耶？君子恐邪外托圓通以簧巧，故專以方正砥之。開全眼者，正賴人守之隄防，而後可以逍遙拍掌。不爲善世，何必治心？凡言治心，總爲善世。專作不惜世道以快心之言者，野鹿山木之隱居放言則可耳。逼見無體之體，推入杳冥，一不住一，寧作實諦耶？出世偏專，自有抑揚，近年理學家乃亦與賢者爲仇耶？他人理折，辨者固也。邵子從天地未分前立此全資格，以定堯孔爲元會之亭午，爲天地之主宰，功何如耶？

鬼神以慊不慊爲照膽之寶鏡，王法以服不服爲枕上之金科，聖人以許不許爲對簿之鐵丸，五宗以肯不肯爲陷坑之毒劍，賴資格也。有分定之資格，則窮達自安；有靡常之資格，則保艾自慎；有具足之資格，則策荷自勇；有無窮之資格，則滿假潛消；有專塞之資格，則易於奮迸；有旁通之資格，則善合時宜；有鐘鼓之資格，可宣其鬱；有分藝之資格，可游其天；有離微之資格，易使人深；有寥廓之資格，易使人豁；有本無之資格，捷於冥化；有實徵之資格，知本天然。象數者，義理之資格也；義理者，虛空之資格也。又定一破資格之資格曰：「苟非其人，道不虛行。」此寂寂芸芸之虛空，無非一在二中之資，無非參五縱横之格，特人不能死心深極，故不能專綴之耳。

柳州譏月令之政，存論以夏時非建寅。汝以何者爲月，何者爲寅乎？五常、五色、五行之配五位，皆附會矣，曾知混沌天地之自附會之耶？五音時旋，八十四調皆宮，而不碍於位子之宮、不碍於出喉之宮也。破世間之資格，而知無資格者，已難遇矣；又破世間之無資格，而資格任之者，更難遇矣。遂能洞然資即未始資、格即未始格，總是資格。但言資格，竟可隨舉世間之瓦礫而資格其浩淵，誰見信乎？不見聖人之龍之、馬之、魚之、虎之、山之、陵之、郊之、石之，惟以資格類之，而萬物之情，莖草皆可知矣；動之、宜之、賾之、會之、類之、反之、變之、互之，惟以資格通之，而神明之德，薌蕭皆可命矣。以覩聞之迹資格，徵不覩聞之心資格；以覩聞即不覩聞之心資迹格，徵無資格中之彌資綸格。因心彌迹，迹因綸心；以迹格迹，以心格心。惟其交格，是以交資。交而忘矣，忘則心迹本彌，而不妨其綸。絫黍乎？汪洋乎？不能黑白犂然，而猥云一晌石火，豈容借逃迹以逃心耶？故蓍與卦互爲太極，定體用、一多、魂魄、鬼神之資格，太極亦自定不離爲不落之資格，以隨蓍與卦用之，而神其幾深者，乃可無先無後而先後其間。

何生曰：我不入格，亦不出格。

平公正坐，展手足曰：格。

## 中告

何生曰：中何物，而可告也？

平公曰：阿阿而吾之，中五而口之，吾問吾，吾喪吾，吾乃知吾，曾疑吾之所以爲吾乎？先何以而可矣。何以爲皆備之吾，即本無之吾；何以爲無性三斷之吾，即振古常存之吾。吾苟先乎天地，後乎天地，破其天地而枘鑿之，末其天地而吞吐之，空劫當前，皆所以矣。披之啖之，皆所以矣。人受天地之中以生，而還天地之中以死；人生死乎天地之中，而天地之中無生死。天地萬壞，而中至今不壞。疑乎信歟？大疑大信，又何迷悟頓漸之膠膠擾擾乎哉？

當士曰：此總冒耳，必明三中而中乃明，世乃可用也。一曰圓中，一曰正中，一曰時中。中之名，借有無之邊而生；中之實，不依有無之間而立。虛空無中邊，喻道法者如之，此平等渾天之圓中也。過、不及因中而起，中又因過、不及而起。不求中節於發之未發，而求中節於過、不及之間，是鼠朴矣；然執此發之未發，而定不許徵中節於過、不及之間，又燕石矣。踐迹者膠無過不及之正中，則未見圓中；玄勝者執無中邊之圓中，則必鄙正中，皆盤燭以爲日者也。

草木之節而茂也，聚則善生，旁枝㔾，而正枝益㔾，皆根之㔾也。肢骨之節而動也，虛則善轉，左右宜，前後宜，皆心之宜也。七十二之節其候也，先時不名節，後時亦不名節。七調之節其奏也，太疾不合節，太徐亦不合節。候亦有或先或後者，奏亦有宜疾宜徐者，以此明其虛聚，則未發之不離發者，其適當之宜不可不知也。

無中邊之中，以正中之中統流徙之中與即邊之中，而上覆下植，中乃慶太平焉。向以無過不及焉，淺者淺乎哉！今知無過不及者，又甚深後之甚深矣！兩端之中又兩端焉，若陽燧之腰鼓，紙緒中之，則火無不然，精之至矣，此平等不住平等之皇極中也。

人之居室中也，牖可也，奧可也，非執棟下定爲中也，屋中之虛空皆屋中也。然不硋虛空之在屋中，亦不硋牖奧之爲屋中，又何硋棟下之爲屋中乎？《子華子》曰：「寓中六指，中存乎其間，兩端之建而中不廢也，中則不既矣。小人恣睢，好盡物之情而極其執，禍必酷矣。朱明長嬴，不盡其溫，隨之以揫斂而爲秋；玄武沍陰，不盡其寒，隨之以敷榮而爲春。天且不可盡，而况人乎？誠由中矣：一左一右，雖過中也，而在中之庭；一前一却，雖不及中也，而在中之皇。」此其適得而幾之正中歟？說未盡也。

中不能充塞而無用，故自分其中爲兩邊，而交輪之爲一環。「於穆」者，「穆」在「不已」之中者也；「不已」者，「穆」「於」交輪之環者也。

因言時中：時者，變變不變；中者，不變而隨變者也。劫之代之，歲之日之，其爲時也一也。說時者，有體位之時焉，有翻車之時焉。地在天中，如豆在脬，混則無豆，闢則豆凝其中。人所以受氣，自受圓中之所以，而不能不居天中央之豆上。此時乎闢地生身之體位時也。絜四天下之六矩者，若瓜然，有蒂有臍，日月帶其腰。蒂臍遠於日月，故以南爲中土，當天地之胸。肢官之身，必棲大心於膻中之包，豈可强哉？此時乎中土陽面之體位時也。細按：地形如蓏，有蒂有臍，乃應二極者也。四包稜理，乃應春夏秋冬之黃赤道，此三輪六合者也。泰西雖知地毬，而未明與天之樞極相應。果核雞卵之圓物，亦有上下，水浮卵伏，頭必自轉。故知蓏蒂爲日光不没之國，蓏臍爲日少夜多之國。六合論之，下微平陷，乃沃焦歸墟之處，如人會陰，故泰西亦不詳墨丸臘泥加，而愚以理推之，自然如此。莫中於赤黄道之下，而中華居心胸之間，腰輪在南，甌邏巴則近背。此南非上下之南北，而四方之南北也。故中國確然爲中，而印度則左乳也。人受天地之中，而中華更中，故其人更靈，文章禮樂之全道，得天地之花心，爲萬國所不及，即是一大證據。佛亦言南閻浮提最上，蓋天以南爲用，地夏火爲居位。此乃至理，豈强説乎？

請言翻車，請以元會與冬夏、日夜、呼吸同符之故，橋起拱架，而刻晝喻之。天上地下，而《乾》南《坤》北，此翻車也；首上足下，而陰火之《離》心在上，陽水之《坎》腎在下，此翻車也。天無則陽無，地有則陰有。然既闢之後，屬無之天陽，反爲實有之陽；屬有之地陰，反爲虚無之陰。天爲體而體不可見，地爲用則用可見。今則體翻車而可見，用翻車而不可見。諸如此類，不可悉數。大抵三才既分，以陽用爲主，而藏其體於陰輪。生即無生之乘，正居南午藏子之位。是知貫混闢之天，以天地用天爲正，而離闢言混者偏矣。以混勝闢，以黑勝白，名爲無敵之禁方，實則倒倉之蠻治也。真瞭然於貫混闢者，居午藏子，而謂之無子午，即無晝夜也；無晝夜者，即夜而奄卧、晝而行坐之無晝夜也。夜就榻於奥，晝取明於牖，涖事則正坐堂之棟下，何嘗不用空虚？而豈廢就榻、取明、涖事之時宜乎？故曰：聖人遡亥巳之晝夜，以明子午之晝夜，遂通無晝夜之晝夜。雖毓析之爲六晝夜，然依然與百姓用卯酉之晝夜而已。

何生曰：《陰符》「三反晝夜，用師萬倍」，謂此乎？

當士曰：無非三反也。晝反夜，夜又反晝，三反也；晝夜反乎夜晝，有晝夜反乎無晝夜，無晝夜仍還晝自晝，夜自夜，此三反也； 生死反乎死生，有生死反乎無生死，無生死反乎善生即善死，此三反也； 有極反無極，有無反太極，太極反乎有極即無極，此三反也； 正中反乎時中，時中反乎圓中，圓中大反乎鐸正中、用時中之圓中，此三反也。

平公曰： 反者，翻也。 總此問者，喪吾、知吾之師，但請一用。

當士曰： 言正中者，裁成表法之景圭也； 言時中者，合調適節之均鐘也； 言圓中者，無體不動之天球也。 知景圭、均鐘之在天球中矣，知天球之在均鐘、景圭中乎？

何生曰： 源必入流，流何非源？「胥易技係」，流即失源，分而失之耳。

當士曰： 程子曰：「天人本無〔一〕二，不必言合也。」旨哉！天順時而有節，人順時而下流，不惜分之，乃所以合之也。子知護合而失之耶？同在圓中，雖流徙未嘗無中，即邊未嘗非中乎？然不以球畢施行而廢天街，不以草木自茁而廢風雨。 無春無秋，不可爲典要也； 春先秋後，則既有典常矣。 故必立正中以節之，合時中以宜之，此混天闢地一定之理也，勢也。 單言圓中，即暴棄其天，而無忌憚者竊之矣。 惟以正中統流中、邊中，而措其時中，則身心治世，不煩首施兩端，責人猨臂，豈不閭閻通知，庶少偷張，而受享圓中之光華旦旦乎？天地爲萬物之主，而聖人爲天地主中之主，俞俞栖

〔一〕「無」，原作「不」。《河南程氏遺書》卷六：「天人無二，不必言合。」據改。

栖，果何能哉？獨此許不許之權，以教夫婦、教鬼神而已矣。天交地而牝牡，即造物之至理也。遊房，時中也；摟東家，時中乎？知母不知父，荒古之時中也，以荒古爲人生之初，而罪今日之知父者，可謂時中乎？四民食力，禄在學中。雖田宅，時中也，市上攫金，時中乎？充其類曰：起心即淫，慕聖即貪。如其律也，鬼且不免。勢窮而反，泯其即離，則曰：貪淫無礙，緇本不染。此但巧舉其極致之幾，而不能公曉其適中宜民之用。急盤蟻封，求馬不已，窮於見長，豈顧佚乎？聖人知此已甚矯枉之説，毒藥也，留以治偶然之病，而不可以此廢飲食苓橘也。然拘者迹正中，而不知流中、邊中，豈悟圓中而得時中之變化乎？明三中者，知中矣。專誇見地而廢學問操履者，亂世之教也。亂世，汝不惜矣。汝誇見地，汝知學問操履爲見見不見之地乎？見未過此，是曰盲梟。

平公曰：中充而時乎？用成而庸乎？時變歲而時即歲，故無歲時；奇變庸而庸統奇，故無奇庸。化其庸有於中無，而攝其中無於庸有者，指縱語也。中庸與時爲環，而即物見則，豈有强哉？因而已。效嬴閉户，蚩尾踞屋，命雞司晨，蒙頌執鼠，螫如蛇虺，賤如溲涬，無不師之，無不用之，所以安其代錯而使自相捄之道也。

當士曰：善捄者早捄其借捄、害捄之捄矣。釋論曰：愚不肖，庸而不及中，嗜慾而已；賢智過，中而不庸，意見而已。然兩皆不合中庸之道，皆不足壞中庸之道。以縱嗜慾，則不敢立意見；立意見，則不敢縱嗜慾，忌憚故也。以意見縱嗜慾，則無忌憚之小人矣。蓋似是而非者二：一曰鄉願，一曰無憚。鄉願以苟可之意見竊彌縫之嗜慾，然護名附教，坊表猶相安也。無非無刺，何害於鄉？然語大任，則縮懦巧避；語好學，則畏難耳剽。徒以閹媚，闒茸喪骨，殘膏染脂，葬此温柔，故聖人鄙而惡之。然口誅之，而心痛之。使今日而十有五願，亦太平矣。以其亂堯舜之德，而不亂堯舜之法也。無憚之小人，則公然亂堯舜之法矣。高人達士，推夷古今，糠粃帝王，實以泊然無欲遺世獨立。其和光同塵者，則又不臧否人物者也。小人嗜慾深重，惟恐戒慎恐懼之不利於己，又恐倒行逆施之不足服衆，乃竊聖人盜首之説，平山淵，壞畛域，專詆隄防之賢者，姍笑考覈之實業，詬盡世人好名，以疾得名，顛倒黑白，以誠天下。冒公非而不顧，曰：我無我也；殺人以快意，曰：我淮海也。又料天下後世無不溺情，無奈理何，垢穢自赧，孤陋自汗，乃爲之駕其庇于天道本然。何苦好學爲？市語即文章矣。何苦好修爲？徑情即鳶魚矣。蕩滅理法，極言無理，以爲垢穢者除其鄉里之赧，孤陋者拭其夢寐之汗。後雖有正士斥我，而翹明小才，慮無不多方惜護，别尊出格孤行之路。即横死法網，猶解之曰：彼視死去毛耳。誠得計哉？往謂鄉願爲媚世之巧盜跖，今乃知無忌憚者固媚萬世之巧鄉願也。於是遂有滅意見、絶嗜慾之法，千剞百刮，心果死乎？乃别墨死人之行也，頗能惑衆，枉累髑髏。適成一髑髏之意見，成其鬼路之嗜慾。其不然而翻身者，又蟲豸之意見嗜慾也。起而嘆曰：以爲嗜慾，皆嗜慾也；以爲意見，皆意見也。以道道之，以理理之，以無道理塞之。道與理與無道理，又何嘗不在意見嗜慾中耶？天地是大欲鈎，天地是大理障。障不可出，即有「不出出之」之理；欲不可脱，即有「不脱脱之」之欲。聖人知天欲其人之理，而以天理其人之欲。各理其欲，即無理欲。依然以意見時中其意見，以嗜慾時中其嗜慾而已矣。故以無即是有之道德仁義消意見之火，以有即是無之詩書禮樂供嗜慾之薪。疏飲琴歌，皆深山被袗，易地則然之陽燧當空也。轍環删述，皆乘雲御氣，不罣寸絲之叩門至足者也。

聖人曰：鄉願與無忌憚，吾必能誅之乎？榜曰：毋自欺而好學。則彼皆無可逃也。彼不及者好學，則適其嗜慾，而保其嗜慾，弓冶箕裘，各樂其業，耕鑿俯仰之性命可毋欺矣；使過者好學，食其意見，以泄其意見，雞跖牛毛，各灌其畦，成德達材之性命可毋欺矣。使鄉願而好學，則現舌而礪齒，信古而扶進，方聞澡浴，虛受他山，願固道也；使無忌憚而好學，則斬蛟射虎，直任龍淵，白貘可圖，何煩九首？無忌憚亦道也。

主以宰用，神以明成；大其赤子，乃以不失。達天絶學，必不諱學；高言掃迹，乃逃心耳。一入好學之林，水清石見，齒齒實徵，十之八九，不可以隱占白著矣。但曰毋自欺，則彼且以犯稼蹊田之牯牛，罪開物成務之龍馬。不知天地之皆文字，而祝感秦火，曰：我羲皇以上也；不知啼乳之知足，而滅理任情，曰：我不蓋覆也。迭迭逃逃然曰：假之至者，即真之至。何假非真，何真非假？將并毋自欺而竊之矣。或所師法如此，窟蟠如此，雖不自欺，而道非其道，猶田不欺種，而所種乃菉葹，非稼穡也。聖人依而無依，而不硋當依；能而無能，而不硋當能；執而無執，而不硋允執。依乎無不中、無不庸，而示人以依中、依庸。非曰不可能，而惡人成能，禁人之均辭蹈也。是故教人立本，必曰志學；教人致知，必曰明善。尚不得以螬李譏犢飲、終南徑釣臺、軹里律湘水，況以子莫之執例勳華之執、許行之教病稷契之教乎？鴆堇葴粟，各有其用則同，而品不容不異也。猥以一端之用，而褋然不分良暴，則小民之視聽亂，而神奸得志矣。毫釐萬里，勿謂千生，奈此生何？可不慎哉！《荀子》曰：「呥呥而噍，鄉鄉而飽已矣。無師無法，則其心正其口腹也。」「無法則倀倀，無志則渠渠」，「無師無法，而知則必爲盗，勇則必爲賊云。能則必爲亂，察則必爲怪，辨則必爲誕。」心非不自具，而師法不可不嚴。毋自欺而好學，所以嚴師法而辨志也。

平公曰：藏悟於學之無悟學，猶藏天於地之無天地，而天與地、悟與學，原不壞其代錯也。公用反激，歷歷皆然。中與庸亦相激爲代錯也，狂與狷亦相激爲代錯也，鄉愿與無忌憚亦相激爲代錯也。至人與君子分立破之專門，聖人亦集之，聽相激爲代錯也。天道自順，人道貴逆，亦相激爲代錯也。聖人以君子治小人，天特生小人以治君子，亦相激爲代錯也。知代錯之原，則知可以無知、言可以無言矣。可以矗立，可以恒服，可以詮諷天下，皆聖人之徒也。然非聖人，烏能畜之？有小儒，有雅儒，有大儒；有曠達，有慎達，有貫達；有楖禪，有間禪，有通禪。恨無激者，激則愈精，此一幬中，可以不倦。

何生嚏，曰：倦。

當士曰：　子之鼻息自不倦也。

平公紐其鬜，曰：　知息於二孔者之代錯不倦乎？

當士張口，曰：　知息於一孔者代錯二孔以不倦乎？

何生曰：　張者倦，息者不倦。

當士曰：　止息耶？消息耶？張者倦，天地亦倦矣。

平公欷欲，曰：　中庸無聲息，天地通消息。

## 如之何

「不曰『如之何如之何』者，吾末如之何也已矣。」聖人不理之，不事之，不心之，一則曰如之何，再則曰如之何，果何如乎？此已閉塞古今、燒絶棧道矣。呼言語之徒而告之曰：「予欲無言。」此已滅其紙燭矣。喜其「私」「發」而歎「非助我」，此可知温伯雪子之不容聲矣。誠知以無言，則知言即無言矣。世出世之存泯同時，可以隨其如之何矣。松柏有心，當如之何？竹箭有筠，當如之何？無非無隱也。然欲與未格致者踐此無隱之形，欲與不志學者格此費隱之物，是使堯牽羊、舜助之，惜矣！大凡綸之、經之之如何，皆存而立之者也；　其所以綸之、所以經之之如何，則泯而寓之者也。一存一泯，即無費無隱者也。如之何其二而一、一而二乎？存憒其泯，泯憒其存。悱其存，則即費是隱；悱其泯，則隱行於費。此道之所以一其陰陽，即無息之貫《艮》《震》者也。自非上根，罕能引觸。聞一知十，乃耳中無一無十者也。先當離之，後乃合之。不離不切，不合不親。如之何爲合中之離？如之何爲離中之合？合乃可以離合合離，而應病施藥，予奪惟所用矣。

「天何言哉？四時行焉，百物生焉，天何言哉？」此其存非泯、泯非存之離耶？此其存即泯、泯即存之合耶？此其以存爲泯之存泯同時耶？此其同存同泯之即離是合耶？泯於「天何言哉」，而存於「時行」「物生」矣。離「時行」「物生」之存，又安有「天何言哉」之泯？則莫泯於行生，莫存於天矣。有世、有出世之説，此離而格之也；何世可出之説，此泯而格之也。究則世其世，猶之天其天也；天其天，猶之物其物也。見消情謝，又何存泯之可如何乎？

《大學》包舉其中曰心，以發端而傳送也曰意，溥其照用而一其智識曰知，斯已畢矣；又畢之曰「致知在格物」。何内之而顧外之歟？「在」之云者，無先無後之謂也。蓋謂虚言其三影，而不徵之以實象，則二不得一，即使得一，一又滤於一矣；内外不得合，即使得合，合又灃於合矣。始莫謀於自訟，嗑莫明於折獄。誰其懷明允之刑，畏古今之志，讞天人之律，燒巧詆之辭，聽於無訟，以不慚知至者乎？

心，一物也；天下國家，一物也；天下，一物也。以道器爲結角之羅紋，則器物也。道，一物也；費，物也；隱，一物也。以道格物，以物格物而已，安有我哉？此非專言「既得本，莫愁末」

也，未嘗不可曰「既得本，莫愁末」也；　此非專言窮盡事物之理而一旦貫通也，未嘗不可曰窮盡事物之理而一旦貫通也。似乎内外夾攻，而非夾攻可執也。外皆是内，一破即通，而非有破可執也。善乎聖人之告淵曰：「一日克己復禮，天下歸仁焉。」莫先於智，何不曰復智？莫尚於信，何不曰復信？貇貇然先標一日之禮，後言四事之禮，禮何物乎？此與「既竭」而知「博」「約」之「誘」者，曾一如之何否？禮者，淪南渾北之洋洋優優也。用其無南北之天，而顯其大一之體，理者也；　己盡而仁出，核爛而生機通矣。克其皮相之己，復其大一之己，即由其天下之己矣。不落曰而四無非一也，「無所事」而「必有事」也。孔子對哀公曰：「不過乎物。」禮殆所以物其仁義智信，而使三根踐其形即無形者也。離心無物，格物即無心矣；　離物無心，物格即無物矣。四代之禮樂，簞瓢之浥注蔬水耳；　放淫遠佞，四勿之神武齋戒也。聖生王成，卷舒同際，農山參立，豈非萬世一日哉？

執矩折者，但以氣禀目心，道義目理，事類目物者，固一端之管庫也。執昆侖者，但許人目縣寓爲大心，而不許人質論分之以徵其合者，亦一端之貫索也。示人無隱，本貴通也，而通始於專，以專得直，以塞得專，專乃能熟，熟乃能破，破乃能爛，爛乃能化，化乃能空，空乃能實。物物而不物於物者，踐形即真空也，文章即性道也。苟非劈之析之，如白日之數一二；　則其合之膏之，必如紗幔之窺烟雲，安能語踐形而享其從心之神化乎？

人猶不知天命其軀之表法也，則不識其心也，亡慮然矣。五官之應，藏於五臟，各狀其志，各司其氣，宣用肺，謀用肝，斷用膽，巧用腎，思用脾。膽爲幽像，故切小心而通水火，爲土決氣者也；心則不用而用小心，故曰「亶中者，心主之宫城」，「臣使之官，喜樂出焉」。皆視七節，猶前視亶中也。心官則思，思主風，聖時風若。風即氣，所以爲氣者天。天用二土以分合水火，而肺肝之魂魄附之。精藏命，神藏性，去殼則精存，憑物則神見。《四符》《六匕》，蓋其渺哉，皆五而三、三而二、二而一者也。丙火藏於壬水而用丁火。艮背者，天北之樞，以北水洗南火而弗獲者，庭皆敦矣。以此參徵，緣之所遺，表六合爲亶中，不嗒然歟？煉望氣者，閟户牖而縣五縷，初入闇不見手，久而白可步矣。迨乎七日，而壁上之縷可青黄也。由是視人五臟，若飲上池而見垣外然，此《蒙》《困》之塞通也，可以知親格、親踐之方矣。

大一者，踐《圖》《書》卦象之形者也；於穆者，踐五行七曜之形者也；火冰者，踐衣服飲食之形者也；大中者，踐五倫六藝之形者也。顛而决之，《圖》《書》卦象，踐大一之形者也；五行七曜，踐於穆之形者也；衣服飲食，踐火冰之形者也；五倫六藝，踐大中之形者也。以能格之物格所格之物，而忘其格矣；以所踐之形踐能踐之形，而忘其形矣。反復縱横，交踐破之，則無物可格；錯綜繩衡，交格破之，則無形可踐。以生格死，以死格生。以無生死踐生死，即以生死踐無生死。心而三之，物而四之，以四之一合三之一，實兩已耳，格踐則一矣。

知以心爲體，心以知爲體；心知以意爲體，意以心知爲體。心與意、意與知，亦猶是也。從而九之、十二之，亦猶是也。三心一心，以物爲相；一物三物，即相生心。格而無之，又何妨聽其踐而有之乎？勿正勿忘勿助，又何妨有其事而必之乎？事事無事，形形無形。始於無我，而用於無無我，如何其大我，則可不問我之有無矣。不破小我，豈知我之如何皆備耶？究也小我即是大我，大我必用小我。已無能所之我，又何有無能所之我哉？

所先難者，深通天下之志而幾神矣。凡民見身見世而不見志，學者見志見身見世，專者不見身不見世而止見志，果其忘之，又何分乎？最忌奢譚極則，鬼語撩天；貴在主宰，不受移轉。潛其器世於糞土之下，亢其身土於雲霄之上。今而以語格踐，非論列之格踐矣。蟄屈一生之蠖，磁養偏丙之鋼，閉千古於至日矣；鵁鶄相視，介日受影，精無人而神無我矣。禦寇伏地，晝瞑奓户，竭而卓矣；禽制在氣，鳥道連雲，充而塞矣。果甲之坼，蕉竹之長，風霆流形矣；泰岱可拔，虛空立碎，若决河海矣；月命潮汐，斗命星次，參贊指掌矣。故曰：「萬物皆備於我。」萬物皆備於我，町畦無崖，任其彼，與極天蟠地縮一嬰兒。不立一塵之天球，即在不舍一法之大幕。則謂天球不舍一塵，大幕不立一法，可也。十目十手，化而爲千目千手，又化爲一毫一毛矣。尚何問其無我無無我、無物無無物哉？

心如墻壁，可以入道，將以心如墻壁爲道乎？「不思善，不思惡」，有誰面目，將以「不思善、不思惡」爲道乎？後之旁牖左右不得入，此无門巧於格物，乃驕驣之栈耳。向外馳求，病矣；向内馳求，非病耶？外内馳求，病矣；　内外不馳求，非病耶？「憧憧」「朋從」，「列夤」「危熏」，誰可格，誰不可格耶？唯心方便，强近反樂之神樓引也。筮之告香，三古俱斷，祭之如在，僾乎聞聲，念茲在茲，則天地覆壓而參前不磨矣。「念」也者，「今」「心」也。《爾雅》曰：「勿念，勿忘也。」郭氏曰：「勿念，念也。」此可以知勿念之念，此可以知念之勿念矣。此可以知今心之即古心，即知古心之即今心矣。無古無今，古今格矣。古今格者，在今踐今而已矣。回視從上之龍戰狐濡、馬行牛畜、龜頤虎視、鶴和翰音，有何非鬼車類物、立圭命景、指南爲北，使人格通者乎？

《襍華》者，閻立本金碧之爻象也；《阿含》者，吴道子設色之《春秋》也。眸眊於眩，則色受夸嚴；量以表法，則撥無中拒。幸有蔡裔之呼，加帖桓康於壁。聊鞭石火，爆落徒然。李長者不惜水月其孔顏，以嚮榻其童子，苦心乎！攸攸塵勞，未開天目，尚蹉過漆園之鵾鵬即伏羲之龜馬，如之何以海龍金翅即飛躍之《坎》《離》耶？

蕩蕩無名，已傳法身之頰上三毛矣。莊子嫗嫗，恐人不解，而又廢其旦暮，故以三身醒夢，曾有夢否？堯、孔，報身也；　禹、湯、許由、顏、貢，化身也；　藐姑射、壺子，法身也。胡蝶也，鷽蜩也，皆互相爲形影無形影、待罔兩之問者乎？大慧之告于憲也，亦胡蝶之答罔兩者乎？如之何漁父鼓枻而遂去，不復與言也？其登天激水之法身乎？如之何三旬九食之東方士而我往觀之，留共歲寒也？其南山北窻之法身乎？如之何貫四時而不改柯易葉也？其松柏之法身乎？如之何瞻淇澳？如之何思棣棄？同乎别乎？如之何其後凋？如之何操猗蘭？同乎别乎？一莖藥草，皆法身矣，皆有貫四時者在也。《復》，其見天地之心乎？可以心之，即可以身之。以日月爲耳目，以山河爲鼻口，以水火爲井腧，通晝夜而息之，則固已蹴元會而脬之矣。峻極洋溢之身，賴有親孫題其像贊，而人猶不知八眉所在耶？將匿於不可使知耶？將諉於不知爲不知耶？果當知耶？果不當知耶？無知之知，無所不知，知之猶無知也，前言戲之耳。不能如之何如之何，致知即無知之知，盡聞言語矣。

平公曰：安用法身？卮出也可。

## 太極不落有無説

何生曰：朱陸門之無極太極也，穀幔乎？

當士曰：知參伍之渾天周髀，則太極爲琉璃寶鉔矣。百原山以蓍藏一、卦藏四表之，餘者闔合，各爲有也。《觀物篇》曰：「四者有體也，而其一者無體也，是謂有無之極也。」「用之者三，不用者一」，而總爲「無體之一」。蓋不落有無者不離有無，故曰有無之極也。十二會會三其宫，初曰無極，中曰道極，後曰《乾》《坤》。弄丸之平列也，鼎列也，疊列也，首尾列也，一也。其傳太極稱無名公，一切當前，皆成四破，則不落有無四邊之太極莫較然於此矣。它滯有，或慕無，或贅旒一無，則居太極於有；以卦爻爲有，則居太極於無，太極毋乃嫌乎？推之曰：以不落爲尊者，外域之樓上樓耳。獨不見《河》《洛》彰彰一中五之位，而不許有此不落之所以然，太極毋乃冤乎？

極奇而儀偶：萬物皆地成，則皆天也；人皆母〔一〕育，則皆父也；卦爻皆儀布，則皆極也。圍四用半，即圓一圍三之因二也；卦一象二，即兩端用中、左右逢原之前用也。《易》貫寂感，道貫費隱，無息貫《艮》《震》。惟其不落有無，有在無中，無在有中。中無中邊，無不可以中邊。一向未顯，樂守户牖，猶勾股求璿儀者，未明開方、開立、冪〔二〕積、綴專之法，猥笑之云句股和較，何多事乎？《太玄》之罔直蒙酋冥、管董之規矩繩衡權，皆環四中五也。初生之指顧也，桑弧蓬矢，射天地四方，有以異乎？生而絜六矩、同六相矣。分表驗决之説數也，四問而四不知，五在其中矣。地文天壤，猶賓介主僎之尊嚴氣也。太沖三淵參之，而虛委蛇以化之，是以一藏三者也，藏賓於天子之位也。用半柴立，激北遊南，而冥乎中黄矣。龜馬之文，四方兩重，而可九可十，則無實無虛者也。四端遺信，何一非信？立人一，與用其《春秋》，常五先三；所以者一，兩行三連，則常舉二中之一而已。皇極環四八十二，而一舉三反寓之，則一三五七九寓之。此尊天用地之道，而議者病其不若《太玄》，豈親見者哉？

〔一〕「母」，原作「毋」，據文意改。
〔二〕「冪」，原作「幕」，據文意改。

倱伅藴之，而天地示之，聖人渾渾噩噩發其端，俟人自悟。文熟化演，悟者寥寥，故轉風氣者開之。開復不悟，而反云：此象數耳，可鄙也。此名言耳，可摒也。苦矣！

伏羲一連二判而重三，天下之故，猶有遺乎？羑里絶後重甦，而詞之旡首之首五字焉，天下之故，猶有遺乎？《乾》元亨利貞，《坤》西南東北，孔子不惜潦倒而注破之，德其四時，中其五方，而旋其旁羅，以天用地，先天翻入後天，《乾》乘《坤》行，此後得主之有常也，此厚載所以不息也，天下之故，猶有遺乎？

言春秋即冬夏，以東西屬南北，則五而三也。三用二，二即一，不容造作，不容迴避，不容經營，一然俱然，不知其然而然。時輪乎方，支盤其干，從此立冬夏二至之地平輪，縱南北二極之中限輪，横東西七曜之順軌輪，三旋而乂，則八稜六合矣。物立則中其四方，太剛、少剛、太柔、少柔，無非是也；旋過則時其四候，少來、太來、少去、太去，無非是也。三際俱斷者，即萬古而常者也；不可爲典要者，即既有典常者也。天地以權奉人之直下，而人自不知，故以常準不常，以不常知要。律其天時，即襲水土。水土者，終始羽宫智信之一也。此徵無始之終始，不得已於子前扼之。實則十二會皆子時，謂之無子午可也。無子午者，統離即斷常，而本不動絲毫之極至也。

《通書》謂何？曰：《通書》因直下之有，推太始之無，以爲自無生有，故曰「無極而太極」，而動静陰陽，而五行四時矣。非欲表兩極也，其曰「陰陽，一太極也；太極，本無極也」，愚即此闡之而明矣。一不住一之陰陽，即《禮運》所云「本於大一，分而爲天地」者也。五行四時，從此萬有，皆一有俱有者也。直謂陰陽爲有極可也。有極與無極相待輪浸而貫其中者，謂之落有，不可也，謂之落無，不可也，故號之曰太極。知堯之三極乎？巍巍文功，有極也；蕩蕩無名，無極也；不落巍蕩之則天，太極也。知孝弟之三極乎？可見之孝弟，有極也；不可見之孝弟，無極也；見即不可見之孝弟，太極也。知筆墨之三極乎？曹霸之榻上玉花，筆墨之有極也；意匠之慘淡經營，筆墨之無極也；一洗萬古，即筆墨中無筆墨氣，此畫中之太極也。以實言也，巍巍即蕩蕩之堯，即文章成功無名之堯，則直謂文章成功爲不落有無之文章成功矣。知此可覩聞之五倫《六經》，即聲臭之五倫《六經》乎？知此可覩聞無聲臭者，總爲彌綸無息之五倫《六經》乎？直謂五倫《六經》爲不落費隱之五倫《六經》矣。所謂舉一明三而無三無一者也。設爲三形，畫作圖象，無已而形出之耳。豈真有屹然不壞之圖相、規規顓顓於兩畫〔一〕之上哉？況又從而三之乎？然不如此形畫，則不落有無之一貫圓中終不昭豁，而直下卦爻中之太極必汩汩日用不知矣。取「無極而太極」一語示之，但言無而有之輪耳。有之前爲無，無之前爲有，則太極與卦爻爲《復》〔二〕道，無極與太極爭綴旒。當云卦爻之前爲

〔一〕「畫」原作「晝」，據文意改。
〔二〕「復」原作「複」，據文意改。

無極，無極之前又爲卦爻，猶之乎天地之前爲混沌，混沌之前又爲天地也。彼貫混沌天地爲一者，將何以明之乎？

凡表無而有、有而無之旋輪，當明無即有、有即無之交合，而統有無不動者，即可謂之無有無矣。無有無者，本不壞有無交輪之相也。隨言後天，泯言先天，貫言中天，中無先後，而先在後中。則今時即空劫，而舍卦爻無太極，明矣。清涼太洪外之者，因舊解爲落無落有之太極，而未明相即之存泯同時也，抑亦護宗之權耳。

偏此縣宇，不曾掩覆也，隨指之而是也，偏指之而是也，不指未嘗不是也。以何爲太極，以何爲心，以何爲《易》，以何爲天地，以何爲陰陽，而謂此以説《易》，此是説氣運乎？電影之空拳乎？皎日之指掌乎？隱劣乎？顯勝乎？夫豈不知貫泯之無逃於隨哉？

東多言日，日即統夜，即無日夜；　西多言夜，夜即用日，即無日夜。彼專尊無日夜者，依然此合日夜爲一日者也。日夜之中無分日夜，無日夜之用止有日夜，切於民用，但宜言日而已矣。全示之曰：　日統夜之無日夜而已矣。

藴唯心之《易》，覆大定之幬，絜六相同時之神矩，反萬物皆備之大我。太極即萬鏤不毁之法身，卦爻即立處皆真之杖履。善長帝出，以時乘統天；　宜民不息，以黄中通理。大哉！大成誠金聲而玉振矣。至於門庭之異即是同，本此不動寂然之環中，何礙相遮相易，以神其晦望寒暑乎？太極不落四邊，四邊無非太極。惜自不能指掌，而以邊見之緑字爲邊見之黄葉所抑耳。玄湛虚無，本交網旋毛也；摹據界畫，猶雲母屏風也。鳶魚龜馬，觸處會通，而今猶二之，烏能免事障、理障與無事無理之障？

平公曰：全障全免，無障亦障，何生其激當士以障天下耶？

當士曰：全障全免之中，自有當障、不當障之甲乙，此吾職也。

何生曰：吾以朱陸涼洪皆爲藥樹葉所障耳。平公欲護天下之障，而先障爾我，我姑以太翁封之。障人之權，彼何與焉？

當士曰：人當藥籠中之藥，何暇問籠？執太極之空籠，真第一障也！豈知藥爛太極而用之爲太權乎？

平公曰：我用二子，是我無我而天下皆我之權也，天下何得不爲我障？

## 一有無

何生曰：有無紛然，而不落又紛然，何以一之？

當士曰：一則不一矣，大成統天而用之，原不以一爲一也。以不落紛然者，仍執無而加幘耳；真知不落而不紛者，即真知落而不紛者也。有無者，旋四用半之反因也；邊不落者，明中之爲公因也。中不落邊，邊無非中，而但謰謱不落者，舉一以攝多也。自天視之，不落兩者與落兩者，乃大反因也。充周洋溢，無間無外，兩即不兩，而貫其中者，乃反因之公因也。千萬其無言之言，駁之容之，析之淪之，縛之解之，被服通裁，要不過受用其直下耳。直下者，有即是無之傳舍，一在二中之家具也。然必涫涫推之曰非二非三非一，噩噩切之曰空諸所有，唐唐提之曰不落有無。末法專殘，陶誕突盗，人心不盡，能自信乎？故從而僩僩翻之曰：無也而致有之，是蠶即絲而金即刃也；有也而致無之，是縠不腐而礦不金也。並執之，曰亦有亦無，是火可寒而冰〔一〕可熱也；並遣之，曰非有非無，是鵠不白而烏不黑也。見有爲有，則物我之形如衆沙之不能和羹；見無爲無，則物我之情如羣影之不能應節。於是通之曰：費而隱者，即有即無，非有之外獨立一無而敦有之化也；微之顯者，常無常有，非無之外競起衆有而發無之藏也。天地之大也，民物之賾也，以有詮之而不得也；鬼神之幽也，名言之假也，以無詮之而不得也。重交駁之曰：非有非非有，有不見以爲有；非無非非無，無不見以爲無。輪推折之曰：天地未分，無無不有；天地已分，有無非無。據實而要斷之曰：有非定有，無非定無。其言有也，非刻舟守株之有也；其言無也，非龜毛兔角之無也。有無相錯，而提一不落者，則成參矣。

〔一〕「冰」，原作「水」，據文意改。

説在乎糜。其説曰：米非水也，水非米也。熬而汁之，米之外求水，不可得；水之外求米，不可得矣。於是稱之曰：糜無水米矣。糜之無水米也，豈水米之外更有水米哉？又從而玄之曰非米非水非糜，焉可也。此借有質之參，以格獨影之參耳。

説又在乎歲。其説曰：太極不落陰陽，而陰陽即太極。猶太歲不落冬夏，而冬夏即太歲也。人不知歲，則駭人之言冬即夏、夏即冬者；既知之矣，又掃人之言冬夏者。今釋之曰：自太歲視之，謂無冬夏；自冬夏視之，謂無太歲，此可相奪而相忘也。當知冬即夏、夏即冬之故，即在冬而夏、夏而冬之中。則人之輪直冬夏者，固無碍於冬即夏、夏即冬之通覽，尤無碍於冬自冬、夏自夏之質歷也。

故曰：小中見大，大中見小，則大小相即矣，是則本無大小矣。本無大小，則隨其大小矣。是大大小小之中皆有此無大小者在也。一多也，虚實也，短長也，彼此也，晝夜也，生死也，皆然者也。平待既然，統待亦然。特日用不知者，鳥飛準繩，有所不必詳耳。當其用，則用時五色丹朱亂於前，而黄中白理不失絫黍，所謂《易》無體，而惟有前用者也。會通言先，非喻可及，然未嘗不可以喻像之，而心自如之者也。

人必希天，至於天，而天無其天，則天又希人矣；從凡入聖，至於聖不自聖，而聖又入凡矣。如聲呼谷，如谷答聲；如日舒光，如光照日。豆籩無目，見人植竿，而宛以上之，是天之希人也；

《易》入蓍龜,以輸其天於夫婦,是聖之入凡也。即人是天,謂之無天人矣,非謂無人澆天漓、人盡天全之別也;即凡是聖,謂之無聖凡矣,非謂無聖自統凡、凡本慕聖之別也。

「資之深」,「居之安」,原之逢也,如肢官之效焉。信之至矣,忘之至矣,詎容思議?何分何別?然教者分之,極其林林然;別之,極其穆穆然,乃能舞蹈其無分別之穆穆然。種其核,灌其根,護其枝榦,而全樹全仁之無分別在其中矣。世知根爲本,枝爲末耳,不知東君視之,枝末也,根亦末也,核之仁乃本也。芽出仁爛,而枝葉皆仁,則全樹皆本也。矜高者聞此全末全本之説,喜匿於恢譎濛澒,偏而執之,則忌諱分別名實之昭蘇比比然矣。不知既明全本之仁,統全本之樹,又何妨令天下人知根本而枝末乎?況有伐者,伐根乎?伐枝乎?何得不問?有灌者,灌根乎?灌枝乎?何得不勸?有蠹生焉,在榦乎?在根乎?何得不察?彼知人之厭苛細而樂易直,故專以偏上爲引藥,爲激藥,即爲平藥而已矣。根山澤,薈蔚參天,是以穴爪牙而裂焚之,固一時之快哉!所以然者,貴知無即有之仁,便信有即無之樹。信此有即無之樹,當信種之、灌之、護之,乃所以善用其有即無之生者也。不栽培其生以使民安生,而徒以「生即無生」雄其簧巧,奪五民之常膳,以供挂樹之神錢乎?民不能以「有即無」之儵忽平其心,而先以「有即無」之宕佚肆其祆矣。聖人未嘗不以此幾致知,而未嘗急口也。豈非有急口粥高,反足亂善世之教耶?

中和氏曰:不離有無而不落有無者,貫古今之於穆太極也。貫古今者,不能逃古而今、今而古之輪，猶之無生死者，不能逃生而死、死而生之輪。輪直未生前，爲不落有無之無，猶輪直核中，爲不落仁樹之仁；輪直既生後，爲不落有無之有，猶輪直芽時，爲不落仁樹之樹。聖人知之，通知一不落有無之洋溢太極，惟適用其「有極即無極」之貞一卦爻。所謂亘古此陽之一，亘古此陰之一，亘古此不落動静之一，亘古此動静之一者也。一顛其《剥》《復》，而貞夫一《剥》一《復》之一矣；一反其《復》《姤》〔一〕，而貞夫一《復》一《姤》〔二〕之一矣。與知不知之體，以自知爲用，自知以周知爲用，皆與知不知之大用也。庸藏中和，而中在和中。嘗知發之中有未發者，則頣雷顛實，不嫌聲色，西紘東洗，莫非淵泉。大中以節致和，達道以和致中。惟貞則一，常一則貞。能治其有無者，即一其有無者也；貫其有無者，即忘其有無者也。豈必夷岳塞江，絶其廢哉？

逆順以窮之，順逆以理之，本先天之芬苾以繼人心之贊蓍，「其要無咎」，以畜其《旡妄》而已矣。我而彼，成而毁，充類皆妄也。舍此求誠，非撥波求水耶？謂之皆波皆水，皆妄皆誠，而不可訓矣。誠之，而後知誠者之自成也。又病誠之之有我，是終於横流爲無我也。思勉，我也；謂思本無思、勉本無勉者，亦我也。我，我也；無我，亦我也，我必不能以無我。以湯沃冰，冰化，而尋湯之水、别冰之水，有可尋乎？可别乎？然不可廢湯與冰之名以譬方也。自克、自復、自由者，善用其思勉，即

〔一〕〔二〕「姤」，原作「垢」，據文意改。

善用其不思而中、不勉而得者矣。〔二〕

聖人體天，蠶粉其大一，而禮以節之，學以畜之，事以理之，理以事之。手之有臂，屈則自伸；虫必善蟄，鵲必善巢。飽，天也；饑，天也；食，天也。時食者，所以善享其天也。非可執無飽則無饑、無食則無飽之説，而謂教人勤耕節食爲多事也。言則言治，治則自忘，言其本忘，又何言乎？彼權立頓宗、奪人情見者，偏用不落之無，以爲神弓鬼矢耳，以巧於悱三竭兩而擊，「瀆則不告」之《蒙》者也。惟其敓鹵莽之已甚，賢者受吹索之詆，則向善灰心而回鴆鴟張矣。故《易》以無咎爲符，而奉君子以宰之。君子者，天子不得勢其尊，至人不得恃其天，暗室魂魄之所不敢不汗、神示異物之所不敢不讋者也。時當今日之業緣，無所規避，故通畫前之無，會畫後之有，中和前用，貞一貫之，不落其不落矣，何論有無而紛紛爲？

金以聲之，玉以振之。聖在智中以始之，智在聖中以終之。簫吹不已，則自能聲，此用力之即巧也；有節奏以爲樂句，而簫乃可曲，衆音乃諧，此條理之能巧其力也。非智，則聖學何從入？非聖，則道法何從成？知命順於從心，不惑立於志學。此不惜製器附石以講人希天、天希人之節奏者，所以爲不落天人之大人，而享其不落大小之中天也。世溺俗天，不知雅天；又好奇天，不安正天；

〔二〕「不思而中」，《中庸》作「不思而得」；「不勉而得」，《中庸》作「不勉而中」。

反執大天，成一影天，遂罪奉天而逞惡天，豈非蔽於天之遺禍乎？

平公曰：紛本不紛，蔽安能免？蔽於無用之天耶？蔽於節用之天耶？必待其人，不妨緇素。

## 生死故

天以生死迷人乎？以生死養人乎？即以生死煉人乎？聖人因以萬世之所迷者，養萬世之生死，即以萬世之生死自煉其天，以養萬世之天。有知此者乎？無生死矣。無生死而大生死之事者，怜華腴之蓼蟲图蛆而度之，實以自盡其龍飛處變而用之。火中之冰，風中之體，近也，樂也，備也，必有行水無事、千歲坐致之故矣。一貫二中之往來，因有呼吸，因有晝夜，因有冬夏，因有古今；二用其一之動静，因有好惡，因有取舍，因有是非，因有得失。凡屬對待之兩相望者，皆生死也。

要以魂魄離合之生死，緣督以爲倫脊，因即以護首滋根之生死，物則以爲條理。由畏而盡心焉，由達而定志焉，如所嚾嚾之四懼四勝，謂非屬世之纖纊乎？懼其屋漏，以聖賢之衮鉞；懼其行事，以邦家之應違，愚不肖過耳而已。故陽懼之以帝王之刑賞，而陰懼之以鬼神之禍福，六道毗沙自繪變像而毛豰矣，賢智則以理勝之。存亦樂，亡亦樂，是縱之以齊生死也；聚則有，散則無，是以氣而憑生死也。立而不朽，没則愈光，是以名而輕生死也；安時俟命，力不可爲，是以數而任生死也。知其莫可誰何，而爲此以自廣，非真知生死者也。漢人以莊子嗷嗷生死乃畏死之甚者，夫安知其即以畏死誘人之養生乎？安知其即以養生誘人養其生之主乎？迹其神，將守形。形乃長生之狀，本爲我也，特爲此逃生死之言，敵生死之勢，以平其養生之懷耳。自炮《莊》者言之，亦養其於穆之生生耳，亦養其行生即於穆之主中主耳。彼溺於曳尾、櫟社者，豈知龍、比、肥如之大全其生乎？

一陰一陽之互根也，生死爲之門，終始爲之幾。原始者，原其無始而有始，非止原其氣聚而生也；反終者，反其有終而無終，非止反其氣散而死也。死有所以死，生有所以生；生生於不生，死死於不死。知知而知其不知，不知而知其知知，非心圍乎萬物之表裏，而智範乎萬世之上下者，烏能知乎？

敬也者，有所以敬者也；遠也者，有所以遠者也。不知所以敬，而見像始敬；不知所以遠，而耳食當遠，是蠢蠢耳，可謂智乎？無非生死、無非鬼神者，智不足以知之，而曰「務民之義」，將務泥車瓦狗之義耶？無非生死，而且與民言咽喉痛切之生死；無非鬼神，而必明洋洋成能之鬼神。智不足以知之，則民之義直爲巫販罔兩之義矣。

「朝聞道，夕死可矣。」聞知生即知死者乎？聞所以爲生死者乎？以何聞乎？以何知乎？不知生而可以生乎？不知死而可以死乎？不知生，則生而不可以生；不知死，則死而不可以死。不可以生而生者，妄生也；不可以死而死者，妄死也。妄生妄死，而自以爲知生死，以知生死壓天下、駴天下者，妄知也。

且以幾言，衍百原之故者，曰：生死莫微於倏忽之幾。三十幾爲一忽，十二忽爲一儵，三十儵爲一昆。昆者，念也，十二昆爲一侖。侖者，一呼吸也，一呼吸則十二萬九千六百幾矣。三十年爲一世，十二世爲一運，三十運爲一會，十二會爲一元。則呼吸之幾即一元之年、一世之時也。年月日時，以爲公徵，更元其元，猶時其時，大而爲天地之生死，小而爲呼吸之生死。天地至小，呼吸至大，神示莫能窺，黔羸烏能遁乎？不得已抗其吭，刻其漏，握其無首尾之首尾。故以冬至圖之，以《乾》《坎》《艮》主之，以亥先子而丑輔子者狀之，則人生百年之生死，可以蜉蝣之午暮卯冥靈之春秋矣。《太玄》曰：「廣也包畛，纖也入薉。」橐籥者，往來生死之門也；《易》者，日月魂魄之率也。所以冬即其所以夏，如是而無冬夏矣。冬冬夏夏，皆有此無冬夏者貫其中而幾其間焉。然無冬夏者，終不能廢此冬夏夏冬之幾貫也。所以生即其所以死，如是而無生死矣。生生死死，皆有此無生死者貫其中而緣其間焉。然而無生死者，終不能廢此生死死生之緣貫也。不知幾，安能知緣？不知緣，安能知貫？彼曰：舍之則勝，空之則舍，險之則空。此自一誘生死之術耳。長屭尋丈，高絙切肩，履危如平，殊無難色。采絶巘之薄，堭九級之垔，謳笑如故，若盤闌楯，此豈不足降列子汗流百仞之罔、昌黎别家石筍之顛哉？無它也，習險而熟，熟則固有之矣。聖人豈欲人人試百仞、登石筍乎？造次一百仞也，直道一石梯也。人有白刃可蹈，而富貴貧賤之關不能過者；人有富貴貧賤可輕，而愛憎之關不能過者，可謂知生死歟？然因有等至親如路人、視世事盡遺落者，可謂無生死歟？孰無生死，猶之半塞矣。凡莽期直遂而不顧其宜者，皆殘逞縣筋之鼓里也；苟謝冰淵而任縱自適者，皆劫商致禍之金谷也。

自今而質之，生死者，心而已矣。心心無心，並無無心可得之心，又有何處爲容受生死之地乎？此神於儵忽者，巧示焉云爾。必欲出生死者，生死本也；謂生死不可出者，生死本也；專言生死即無生死，亦生死本也。不知者，生死本也；知之，亦生死本也。非無此故而聖人罕言，「吉凶與民同患」，惟正告履素之坦焉。人其人，物其物，當其當，安其安，自心無咎，而貞夫生死愛憎之一矣。「善吾生所以善吾死」，語此者，聽民化之可也，聽民執之可也。生死本即天地本矣，有知民之義即鬼神之義者乎？有知生還其生、死還其死之義，即所謂生即不生、死即不死之義乎？

世也者，天地所以煉生死之輻也；爻也者，聖人所以畢生死之轅也。與其妄知，固何如日用不知者，猶存其本知也。洞乎貞悔之旋輪而轉之，熟乎反對之中系而忘之，入火不焦，蹈淵若陵，風御電車，鯨呑鷗没，雲氣可得而乘矣，金石可得而入矣。造次之駒景，直道之膳啗，如燭如鏡，生死毫不可揜。寧在困錮鉗鈦、煆一靈之升皋哉？坐脱立亡，修之一徵，非可持此爲聞道也；火熛風卷，臨終不暇，而故留詩咏以粥瀟洒。舍利青蓮，識者笑爲蛇足。若此者，獨不令神荼鬱律歔廞續貂耶？然入德之士，清明在躬，澹然不競，逝能逍遥，固其常也，安能久成？北凹死亡，多半忌諱，高匿虚憍，鏤影自飭，果自廣乎？果自習乎？即曰土龍致雨，亦有莖之叢所愓若於人位矣。

石塘子曰：記者之記齊、戰、疾也，蓋孔門空空慎獨之心法也。昵常而戲渝矣，齋明承祭，何如漆漆也？心有不空者乎？然猶有懈也。戰則輪刀突陣、肝腦塗地之時矣，心有不空者乎？然猶可逃也。疾則生死之介，終身緣飾揣摩，内鍵外韄，皆無所用之矣，心有不空者乎？《旡妄》之疾喜也，空室之榻卧也，老子之「病病」也，皆乘此「日乾乾」而「夕惕若」之人龍者也。夕乃所以終其日也。「夕可」者，知人生之皆此惕海也，飛躍於惕海矣。

## 反對六象十錯綜

嘗曰：知公因在反因中者，三教百家、造化人事畢矣。然語及相因者相反、相反者相因，何其駴人哉？一分以自偶，偶本同出，而還以相交。交則立體，因以象名。象無不對，對無不反，反無不克，克無不生，生無不代，代無不錯，錯無不綜，綜無不彌，彌無不綸。有一必有二，二皆本乎一。天下之至相反者，豈非同處於一原乎哉？可以豁然於二即一矣。蓋常一常二，而一以二用者也。請言其槩：陰陽縣判，而汁液不解；水火燥溼，而用不相離。生克制化，無不顛倒；吉凶禍福，皆相倚伏。能死者生，狥生者死，有無動静，交入如膠。子思之代明錯行，蚤刻畫矣，人不督耳。並育不相害，而因知害乃並育之幾焉；並行不相悖，而因知悖乃並行之幾焉。危之乃安，亡之乃存，勞之乃逸，屈之乃伸。怨怒可致中和，奮迅本於伏忍。小人者，君子之礪石也；刀兵者，有道之鉗鎚也。

溢河少喜者老忌，行跬進前則舍後。犀利之機，惟用翻駁。反其所常，痛從骨徹。由虛生實，由實知虛。有虛有實，歸於無虛無實；無虛無實，歸於虛虛實實。豁然二即一者，「夜半正明，天曉不露」。生即不生，有即無有矣。

義文之摩盪以示人也，神哉！《橫圖》，連而反對者也；《圓圖》，望而反對者也；《方圖》，迆而反對者也。貞悔，顛而反對者也；卦爻，推而反對者也；策數，損益而反對者也。人事之於造化，誠難言矣，而以此指掌，何其捷乎！雖有化對、平對、統對之分，皆借對以徵用其幾者也，即無對矣。無對與有對，亦一相對之借徵者也。倫之常之，理之事之，皆是物也。凡反對而貫綜其中，非參乎？三在中而兩破爲四，非五乎？從此千萬皆以中五無五之一，用一切之反對也。舉其端而用其餘，用餘之半皆其半，則所以貫者明矣。東西、南北、中邊之名無處不立，則前後、左右、上下之矩無處不成，吾於是精六象同時之義焉；此六象者，實三對也，吾於是精十錯十綜之義焉。此十錯者，實五對也；此十綜者，實參與兩之五對也。

何謂六象？曰統曰辨，曰同曰異，曰成曰毀是也。辟之宅然，合門牖堂室而號之曰宅，此統天之總也，統象也；分宅之中所曰堂，堂之内可入者曰室，堂室之簾可出入者曰門，開壁納光者曰牖，此辨名之別也，辨象也。門牖，宅之門牖也，堂室，宅之堂室也，同象也；堂自堂，室自室，門自門，牖自牖，異象也。堂兼室，室兼堂，門兼牖，牖兼門，此宅之成象也；棟梁不可爲階壁，階壁不可爲棟梁，此宅之毁象也。毁宅之中，具有成象；成象之中，具有毁象。同不毁異，異不毁同；統不廢辨，辨不廢統。即一宅而六者，同時森然，同時穆然也。軀之備肢體也，天之備日星也，心之於事物也，一也。冬與夏，生與死，顯與幽，本與末，内與外，一與多，皆可以斷之常之、離之即之，同時錯綜、森然穆然者也。

請問十錯。曰：一不是多，多不是一，此對舍也。一舍多，而未嘗不望多待多；多舍一，而未嘗不望一待一也。攝多於一，攝一於多，此對攝也，攝則相統相歸矣；一入多而始爲一，多入一而始爲多，此對入也，入則相沁相親矣。奪多然後顯一，奪一然後顯多，此對奪也。奪之云者：相侵相逼，使之易於攝入云爾。一是多中之一，多是一中之多，一外無多，多外無一，此一即多、多即一之對即也，即之而無多、無一矣。然不硋於外多而内一、本一而末多也。惟其不硋，故皆外也，皆内也，皆末也，皆本也，皆顯也，皆幽也。不見冬夏之錯消息乎？生死之錯，原反可知矣；卦爻之錯，魂魄、夫婦之錯，鬼神可知矣。如〔一〕綗之織，如蘆之交，如水之合，如火之分，雙明雙晦，互泯互存，交物之而交理之，交破之而交格之，即交踐之矣。

請問十綜。曰：衡平則有左右，繩垂則有上下，衡左與右之相錯也，而繩之上綜之，則左右合

〔一〕「如」，原作「知」，據文意改。

爲一列而在下矣，復以左右之下綜繩直之上，是亦參兩綜也。太極爲上，則陰陽爲下，陰陽相錯，而太極綜之，陰陽即綜太極，究何分乎？善惡相錯，而泯善惡者綜之；又以有善惡與無善惡相錯，而以一善綜之，故知明善、一善、止至善乃三才之主宰也。六合之邊爲旁，旁自相錯，而以中綜旁，旁又錯中。或以無象之中錯有象之旁，即以無象之旁綜有象之中，又不礙有各綜有、無各綜無，而有無繩衡無非參兩綜也。合中旁繩衡，而有衡有旋以綜之。虛實氣幾，衡旋纏密，不可名狀，即以無衡旋者綜衡旋，是亦參兩綜也。往來相錯，而以見在者綜之，又以往來綜見在，是亦參兩綜也。錯兩綜三，而十乂成五，則交輪而錯也。以包錯綜交輪者綜之，即以錯綜交輪者綜其包錯綜交輪者，是亦兩無兩、參無參、伍無伍之大綜也。

聖人視天地間，神之與迹、道之與法，一條一理，一默一影，皆具此同時之六象焉，皆具此同時之離即斷常焉，皆具此同時之十錯十綜焉。天地之父請聖人爲之師，以教其世世，故逆知順布，因列此式而盤之，因濟此輪而轉之，因隨其神而明之。至於求捷誘人，一槩露布，異方便耳。然不能使六合七尺之不行行布布也，强以露布綜行布，即以行布綜露布，何所逃乎行布即露布也？不斷何以知常？不離何以知即？故先揭兩端，所以明一貫也。參伍錯綜，反隅圍半，而左右逢原矣。

太極者，統也；六十四、七十二者，辨也。統辨中之同異、成毁，同時不相廢也。六子皆二老也，八八皆太極也，同也；二老自生六子，而八卦自相因重也，異也。毁《坎》成《離》，而《坎》未嘗毁；毁《離》成《坎》，而《離》未嘗毁。毁後天成先天，而後天未嘗毁也；毁先天成後天，而先天未嘗毁也。統者，公因也；辨者，反因也。有統與辨，反因也；無統與辨，公因也。公因之在反因中，更何疑乎？知畫前，用畫後，前在後中，有何前後？此以信順理開成之爲即無爲矣。

人泥於人事，而不知其皆造化也。即有尊造化者，而不知所以造其化、化其造也。枘鑿犬牙，言或冰炭，説理騐物，百舛千差。而今欲以同時徵其代錯，人豈信乎？故指羲文之象數所藴如此，明示如此，吾特舉而寘諸天下人之掌，使易信耳。然非深造之士，愈易而愈不信，愈不能自得矣。深以通志，始能幾以成務，而明以神默，神以明成。既知其主，即任其官。故不避潦倒，一申微顯闡幽之器。樂之鏗然者，中本寂然，所謂無聲之聲也。五聲、六律、七調、八音，是其器也。然盡廢此器，而專守寂然，又安知聲聲者即無聲之聲乎？正樂者依然用此五聲、六律、七調、八音，而樂觀其深矣。故曰：未有天地，而天地之法本立，聖人取而表之耳。愚者由而不知，賢者循而有守，智者通而不越，玄者微而有徵。彼巧竊者何患其遁，而横辯者何患不折哉？苦於拘膚理者，厭此研極，而目爲艱深；言無理者，便其放蕩，而恨不去其籍矣。《易》神於準，明此者，行窩之後，何人乎？

## 時義

當士繹然曰：《禮》時爲大，《易》言時義，時哉時哉！

何生曰：義言宜也，宜則中矣。

當士曰：此於無所非中、無所非宜，謂何？夫宜而謂之義者，豈非無所非宜之中有宜、有不宜，而必中此義乃爲宜乎？無所非中、無所非宜者，自不必憂，又何言哉？言則言其當當之用，用變而當當不變，當當不變而用亦不變。蓋以時時變而義不變也。子必不痡父，臣必不瘨君，踵必不撲首，孥必不剜目，此當當不變之義也。當當不變之義，即本本不變之義也。浚其説者〔一〕，忠孝皆變，而所以爲忠孝者，萬古不變者也。溥其説曰：一艸一毛，皆萬古不變也者，非無此皆變皆常、皆宜皆不宜之理。然聖人明察其適中者以告兆民，大義宜播，餘則宜藏，不藏則民反惑矣。惑民者必歸犓迹，而吾且以犓迹宜之。子拜父乎？痡父乎？臣拜君乎？瘨君乎？其宜、不宜也孰甚？即謂溺則捽父，祝則名君，而吾必以拜君父爲大宜也。此大宜之犓迹，即天地未分前之皇極，非徒藉經權久暫以禦輕君忽父之偏説也。

君知用半即全、用二即一、用一即三五之義矣。全神全迹，而迹與神自不妨各半也。或三言其神，一言其迹；或三言其迹，一言其神。或正言其迹而神寓焉，則時宜也。迹有當重不當重，神有當顯不當顯，此宰天地之時義也。聖人知所以，而惟言可以；不浚其所以，而所以者自在也。知不

〔一〕據下文「溥其説曰」，此處可補「曰」。

可全殺而惟言當殺，不溥其全赦而本不待赦者自在也。不浚其所以，而所以者自在；不溥其全赦，而本不待赦者自在，此即宰天地之時義也。豈專護無所以不宜之莽高，而荒此有宜有不宜之切義乎？

何生曰：有開必先，雖天地不能與之争。聖人因其開而逆順之。及其既開，則人視夏秋之於冬春乃冰炭矣，而所以爲時義者未嘗變也。吾恃此不争而無不宜耳。

當士曰：恃則最不宜矣，此隱怪自受用之大病根也。所以爲時者之未嘗變也，獨不曰所以爲時之條條理理各有其宜，而以宜安其不宜者未嘗變乎？知時則順不争，逆亦不争；知義則逆當争，順亦當争。冰炭本不争，義所在，即聽冰炭争之可也；不變與變原不争也，義所在，即更變其所變而争之可也。

平公曰：天自生地，而讓之以爲配，又争之，以至於戰。因仇其恩、恩其仇，好日生萬物而殺之，殺之不已，混沌於是乎殺天地而更生之，是果争讓乎？争殺乎？老人破老氏之頂門，曰：混沌其以天地爲芻狗乎？聖人無故割剖混沌之腸腹而卦畫之，聖人其以混沌爲芻狗乎？嘗試山其芥，毛其海，獨立而觀之，何寥寥耶！然後知貫混沌天地者本無生殺，而以生統殺；本無治亂，而以治統亂，猶至今無争無讓如故也。

何生曰：後生之夏秋，猶上古之冬春也，吾將以時義爲芻狗乎？何治何亂？寧從上古之先進耳。

當士曰：平公言其簡統，何子言其初統，吾且言其詳統。人但目後世之亂，而羨上古之治，果然乎哉？有欲必争，上古之争而殺戮也，史無書之者耳。知母不知父，雌雄合乎前，比於今日，何如乎？所云外户之至治，亦有道在上之一倏也，特其剟材近朴，略易治耳。《管子》曰：上古之世，牛馬之牧不相及，民老死不相往來。此其人稀地荒，所欲易給也。地初生人，虮之出膚也。誰當乳之？乳蚓壤耳。蚓壤可活，則甯封、赤將之教杵臼釜甑，炎帝、后稷之教耒耜粒食，毋乃多事乎？民茸茸如此矣，世攘攘如此矣，使聖人不明切近之倫理，以身范之，民之智巧與嗜慾俱生，君好偝阿，下相觝觸，其能一日免貪淫相殺戮耶？無懷、葛天，操其法以治周公之天下，聽亂而已矣。况欲徙最初睢盱之木以立信，况且毁勸善禁非之榜以大赦，况且衒冤賢賞詐之門以闗佷？謂可以安漢唐後之生民，而愚衣裳後之黥首，豈不貊其華、獸其人耶？足下以時義爲芻狗之説，獨非芻狗耶？獨不悟青黄之文乃萬古之青黄耶？中乎時義，芻狗亦金翅也；不中時義，金翅亦芻狗矣。

嗣宗曰：《六經》者，處分之語也；《莊子》者，致意之詞也。今之别傳，出格致意者也。聖人立象盡意，以處分藏致意者也。人不能致致意之意，則致意之詞徒足以亂處分耳。讀處分之經，當精義而入神，雖過河捨舟，而舟則常存渡人之萬古時宜也；玩致意之詞，當棄詞而味旨，所謂説火欲熱，而實畫餅不可以充饑者也。尚不執日用不能離之時宜，廢偶然一用之時宜，豈反執可以不用、偶然一用之時宜，而廢日用不能離之時宜哉？

隨時比義者曰：欲者，生生之幾也。生必不免，欲又安免？心無天游，六鑿相攘。當當其游，乃天其游。故以天而理其欲，即以理而天其人，即以理其欲之理而人其天，即以人其天、天其人之理而條達其夫婦鬼神之天欲。人人耻不食力，食忘其力；人人愧不勤生，勤忘其生。以故因赤子貪嗔乳中之愛敬不昧，而旌表太混氏之中堂，顔以仁義之閥閲，而五路之衢以常統變，以宰此統常變之大常。勞之乃安，安乃肯勞，各費其智，以隱其智，學鼓其地，耻舞其天，聲非出枹而枹勇於聲，節何關容而容自應節，何徹而非機乎？何迹而非神乎？

以生死制其得失，即以得失制其生死，此耻學之籥也。至曰無生死、無得失，足以化其生死得失，此寒燠之皆歲，不必寥廓其呿吁者也。以生知死，以得慎失，即以運其無生死得失，此星斗之皆天，所必列布其杓指者也。

練材任能，乃所以實天下之道德，使不匿於虛高；講學論道，乃所以養天下之材能，使不病於鄙瑣。幽明一心，而不必標心以蕩漾其巧説；今古不易，而不必唾廢今古以騁忽其憑陵。因蒸立則，時至事起。法寧詳下，勿令假逃迹以逃心；道塞高深，自然踐形而游物。君無爲，臣有爲，此所貴乎君臣之道合也。爲即無爲，衹言當爲，此所貴乎會極無偏陂也。

《易》神於凖，禮運於器。莫可覩可聞於虛空卦畫，莫不覩不聞於倫物鳶魚。藏其彌綸，但立中道，無過不及，猶斥堠也。孰路輕車，信步愈坦，而不及中之中與過中之中，又何必彌山偏嶺捷捷幡幡乎？此顯南藏北之位，傳以北洗南之心，而共享其無南北之萬古法身者也。教既已名，名且景附，苦蒙反言痛激，故言知南守北，以寓其遊而已矣。聖人知學者不知大密大宥而畏難好新也，或以苟全爲冥應，不如以規矩藏方圓，故以《易》《春秋》終始之，《詩》《書》緯之，《禮》《樂》經之，文理乃於穆也，《大畜》即《无妄》也，此祖述憲章、上律下襲之覆幬時也。西竺以北爲毒，而塗其無南無北之鼓，究歸治世資生之常住，惟有面南著北之一乘，而因俗表法，侈其指輪，時也；嵩少特爲福田之陋，蕲經綸之鏤影，以壁雪掃之，時也；五宗設險以守其法，日卓月犖，標無門之專科，時也。然而譎權已甚，必待其人，僶僸有差，醍醐成毒，豈可以化痞之礝而焚《素問》乎？宋之理堂建門築室，朱陸互濟，凝德足正人心。而又有行窩之無名公，爲大輪作刻漏，視象數即虛無，知規矩繩衡之用大權，而圓其天用於方地，時哉時哉！

《泰鴻》曰：「物之始也傾傾，至其有也録録，至其成形端端王王。」復初慎終，貴其貫初終之中者也。形藏無形，貫不廢輪，豈謂鉏割其端端王王，乃以限僿其傾傾之始哉？一日一夜，必以亭午〔一〕爲日中；萬國之禮樂，必以中土爲日中。南方三會，堯果則天，而大成條理，集於孔里。此一元之

〔一〕「午」，原作「干」，據文意改。

日中，即元其元之日中也。大其説，所以治小；小其説，所以治大。本無大小，適以小大必歸，見必小小大大。目法紀爲陳迹，而貪「從心」之便捷，此惡日午而匿駒隙者耳。翹肖滋芽，皆以形制其命；氣感事遂，即以踐消其情。唯俞勺象，蟠極崇卑，蒸化六連，一真不二。自非舍身精入，安能豁然行生乎？

天用日以治天，日分光與月星以代錯，而於穆自不已矣。豈得空執一句於穆之渾噩，而令人不辨黄赤，反冬葛而夏裘哉？何不長裸裎乎？淺膚苟溺，宜用波翻。互五兩帆檣，長年主政。可以出世之寶筏，爲倚天之風旌。要必以《圖》《書》之指南，定倫物之安宅。壁龍飛去之語，重在言先；護教出奇之兵，以此鬻藥。處天日之中者，不達其故，而效步邯鄲。日出多僞，安取不僞？飲人狂藥，責人正禮，此利器之不可以示人者也。

有所以爲道德功力者焉，有道之道德功力焉，有德之道德功力焉，有功之道德功力焉，有力之道德功力焉，五各一法，而實一法也。化先教，教先治，三者各致其因，而實一因也。密此因也，顯此因也，與民約法其密因，安得不與民約法其顯因乎？《大傳》曰：「徽號器械，可與民變革者也；親親尊尊，造端有别，此不得與民變革者也。」人不知舍存無泯之同時，不知不落有無之用有，剽襲泡影之半示，勢必榿樞其君親尊卑，易世無以相賤然矣。流遁決絶之行，覆墜不反，靦面賤其所尊，則世何賴焉？豈知萬古不動寂場，萬古不動此尊親有别之寂場耶？今以天日爲確徵，明聖教爲主宰，不惜破口，正告回瀾。以六遊之寓庸，爲八陣之握奇；温迂腐之舊本，新善巧於言外。辟如數千年誤解祝歌，啞其琴瑟，今可以合奏矣。補開闢之象緯，攷其贏縮，亦一時也。羲文何苦六六七七八八乎哉？正恐人藉口渾噩，而不分皂白耳。

生即無生畢矣，正欲疑激上根，不顧夭札中下，相傳護高齕食，何知道在時宜？逃影息蔭，專自聽之，遂乃推山填壑，伐木折屋，安得不爲吾父老一剖白免誤也？將謂各食其力、各勤其生之生即無生乎？抑聽其蠢然食人、恣險害政之生即無生乎？若專夸全殺全赦之圍，而怒人明殺三赦一、赦一殺三之範，則生即無生之夷蹠平等，必至有蹠無夷。即使真泯者自受用其空心，而旁睨者之横行，徒雕悍於敗俗傷化，是治心治世反作二斷株矣。將講禍世之生即無生乎？抑講善世之生即無生乎？擅傳成市，達惡自在，鷲嶺久涕，闕里毁垣，而從之，更爲之巧辭曰：「生即無生，已不容分別矣。」嗟乎！寧許死水，猶免狐號；荷薪家常，必鐸好學。止爲情識鈎瑣，不肯沉痛返聞，故淬齋戒神武之劍，恨不迎躍如星耳。曾知死盡偷心之濺血，即心自本無之出汗耶？得意作賊出棘之謬呼，盡徹還鄉遊國之廛舍耶？父祖之田，依舊耒耜，免葵燕麥，固不暇分吾美種之力也。

何生曰：一者苦護己齒，一者木石鯇斷，一者蟲鳥謑髁，三皆足風冷汰。雖太觳不通，然黄墨精謹、素積矩步、別喤占拜、理義芻豢者，幾及此輩堅定萬分之一二乎？苟晬然於本無增減，則一切之説不受角觿鍥貐荒塊等也。雖太放不訓，然䭡比攻苦、刻骨樹節、脛脛物禁、危立不容者，曾不能一曠此覽。況鄉里躕躕、馬策自封，實無卓見，而自謂不屑者，詎能望其涯涘耶？

當士曰：太觳不通者，道非其道，而爲已甚之酷命所惑者也。聽其小成，吾亦敬之。大放不順者，多方迸出而貪其受用，遂爾不顧帝王、不顧後世，此以無所得之麻沸爲常飡者也。原於厭學，不知時義，故執一耳。子將爲死人乎？爲別墨乎？甚則爲禽獸乎？即免三者，而不知學即絶學，猶執一也。盡則必反，已甚必有迅報。苟悖王法，君子所惡，故以中和養之，寧容識不卓而不敢放者？寧容命根未斷而畏理義者？寧使夫婦執君子之一？執君子之一，而百家已半理矣，況有一不執一之時中君子乎？故斷之曰：逆知無始之玄通，順安兩間之黄理，既以統天，依然用日。是故勸絶甦之放曠，當以莖虀道器浴大成之薪水。若乃素王之徒，世受達巷天恩，自當考旋麗明，崇禮成樂。國賴經術，俗景羽儀，乃反習護宗之訶刺，借吹毛以反戈，而六合七尺虚空之《圖》《書》，喑聾巧遁。實不明此畫後，乃曰吾惟知畫前耳；實不能明倫物，乃曰吾惟質鬼神耳。暴棄已矣，詈古今之勸人勿暴棄者，不惜獸天下以自便耶！何以見天⿰嘼孝？《贊寧志》曰：天⿰嘼孝有父子君臣之別，見獸必教，曉則鳴於高峯之上。⿰嘼孝音異。

何生曰：彼不以自便爲耻矣，⿰嘼孝奈之何？

當士曰：彼必爲之説以自便，則其皮下之耻已爲吾卦畫鬼神所奈何矣。邵子曰：「盜跖言天下之不可强，雖聖人亦不能强也。」愚曰：聞此説而喜者，萬世之塵沙盜跖也，莊子早爲之痛耻肺肝矣。聖人雖不能强盜跖之口，早已强過萬世左袒盜跖之夢魂矣。「六言」「六蔽」，如照妖鏡，千古巧説以自高者，夢魂寒不寒耶？景逸先生曰：「今論患執，執善則拘，執無則蕩。蕩之於拘，倍蓰無筭。」有迴蕩者、宜蕩者、孤蕩者、豺蕩者，皆時義之不彰，而偏高似是之尊門授以利器也。先禁鄙天下之學問，以易受其所愚；徐激天下之詐諼，以與闢邪者仇詰。佯藉熄理，以爲燈影之諧談；陰縱距善，以爲奪幟之上賞。鄉狂墮業，探此醉心；未歷縣崖，襲其藐肆。美禽獸爲率性，責聖賢爲教假。一切皆赦，惟步趨理學者不赦。天下聞之，未嘗不嘻曰：甚矣！而心竊喜之，以其便己而足慰也。淫湎免於色，而且色乎繕身者，以爲矯僞矣；婪穢免於嗤，而且可以嗤〔二〕高潔者，爲枉受黥劓矣。逞其大雄，黠能鉗衆，訶修訕學，足以巧媚世人。誰不羶附此偏奇曠達之幢，而密護此寂樂大定之秘耶？猶且誑人曰：洿流不染，不可思議者也。猶且誑人曰：此援人之生死，以大報君父者也。將誑天乎？楊墨未嘗無君父也，幾伏此勢矣。《詩》曰：「爲鬼爲蜮，則不可得。」以鬼迷愚氓，以蜮射君子，乃天其跖，乃跖其天，誰得其情乎？以出生死爲囮，而以煉人亡耻爲術者也。周末至今，邪異之浸淫，要未有甚於此時之此幾者矣。會萬元之日午，而不明此時義，以存幾希之耻，謂能坐視而忍之耶？

〔二〕「嗤」，原作「⿰口虽」，同「嗤」。

何生曰：不有天之鄉愿乎？不有天之無忌憚乎？天坐視之矣。

當士曰：天之坐視萬物也，以托聖人爲至也；聖人之坐視萬世也，以君子宰其職也；心之坐視萬物也，以慎思教學者得其官也。正名正詞，職之首務。豺虎雖恃天之容，而亂民之職，其如時義君臣磨照妖之鏡哉？天之鄉愿，吾目之曰「稱物平施」；天之無忌憚，吾目之曰「不憂不懼」。「稱物平施」，謂其忌憚乎斯民三代之天可也；「不憂不懼」，謂其善媚乎戒慎危微之天可也。且知聖人爲主、君子爲宰之天，即不知其主、不知其宰之天乎？且知聖人爲主、君子爲宰之天，爲時乘六龍之真天，而空執一汗漫鬼域無實不祥之天，爲井蛙泥蝗之死天乎？以天爲名，何物非天？又不如天其跖、跖其天之滑稽矣。必將曰：人死天死，究竟如何？磨鏡者曰：君嘗謂世本自治，則鬼本自治，天本自治，究竟本自治。夫既不喜有治世之麟鳳，又何獨喜有治鬼、治究意之果□乎？如曰不得已而治鬼，何不曰不得已而治世，何不可曰不得已而治天乎？究也何竟？今時即竟。人死天死之竟，即生天生人之竟。爲此譏譏炙轂者，無入不自得之風紋水痕刻畫寫意耳。豈其縱今時之亂，以諂固陋任放者本自如此滅理禁學之簧舌哉？故曰：聽一教之攻玉，分即是合；明天日之正法，則邪亦正經。深幾自神，風力自轉。時時務事人之義，即時時務事鬼之義；時時教成治世之人，即時時享此自治之世。是謂時時補萬世之天，以養萬世之天。曰參曰贊，猶强名也已。

何生笑，當士哭，平公哭笑同時，曰：蒼天之漏，何以補之？然謂漏不必補者，是鑿天而漏矣。

言天漏者此時，言補漏者此時，而相望於無漏者，全賴有此争時義者補漏之言在也。老人隨時，樂得省力。

## 必餘

問曰：盧充生子以鬼，胡母班乞父於神。再生之女哭狗魏后，伏棺之婢嫁人生子。《搜神》《乘異》，豈盡迂語？蔣濟記死兒於士孫阿，羊祜取金環於李氏，劉聰爲死爲王而喜，韓擒虎知爲閻羅而自足。王氓子練，乃是胡僧託生；王鄑弟鄂，仍知百堂經卷。房綰前身爲永上人，崔慎由子掌握衲字。希夷知南菴，東坡爲戒演。白雲端相見一笑，栽松寄宿浣水。慧寬存龍懷之聲，圓觀三生即圓澤。近代此類，殊復比比，因果信否？

曰：一分爲陰陽，而因必有果，猶形必有影也。寂與感，往與來，仁與樹，初與終，凡兩端者皆是也。《老子指歸》曰：「人之生死也同形。」莊子曰：「滅而有實，鬼之一也。」「其形化，其心與之然，可不謂大哀耶？」月者日之影，夢者寤之影，死者生之影。聖人以卦爻圖魂魄，其視魂魄之儴變，猶奇耦飛伏也；以吁噏收元會，其視元會之輪轉，猶鼩息吐納也。彌綸虛空，無非此「一在二中」者，豈可離哉？是以動静之間知其幾，而慶殃之來必其餘。餘者，自可見以必其不可見也，自可定以必其不定者也。《觀物篇》曰：「人畏鬼，鬼畏人。人積善而陽多，鬼益畏之矣；積惡而陰多，鬼不畏之矣。大人與鬼神合其吉凶，何畏之有？」惠從影響，質而無疑，果何疑乎？宰我問鬼神之義。子曰：「氣者，神之盛也；魄者，鬼之盛也。合鬼與神，教之至也。」陽主氣，陰主魄，祭以陰從陽，以氣攝魄。「燔燎」「羶光」「以報氣」，「鬱鬯」湯爓「以報魄」，合鬼與神者也，果示民有知無知而疑乎？曾子曰：「古之人胡爲而死其親乎？」延陵之言「無不之也」，子産之言「精」「物」也，昭明者言乎與天爲徒也，焄蒿〔一〕者言乎與陽爲徒也，悽愴者言乎與陰爲徒也，皆示民有知者也。神道設教者，「因物之精，致爲之極，明命鬼神，以爲黔首〔二〕則」。豈臆設乎？

京氏引孔子曰：「一世二世爲地《易》，三世四世爲人《易》，五世六世爲天《易》，遊魂歸魂爲鬼《易》。」有不變之世焉。魂去魄則游，游也者，變象也，散而不常者也。不滅者不常，故鬼神之知不同於生人之知；不常不滅者，故鬼神之知可以爲生人之知。兩者鬼神之情狀，而君子之所以反終也。反其終，不以終而遂無；則原其始，不以始而後有。始卒若環，莫得其倫。所謂「出於機」，「入於機」，而以爲春夏秋冬也。豈惟申生見夢，伯有爲厲，乃謂之物；崇伯爲黄熊，實沈爲參星，乃謂之變，而始信有鬼神哉？必以《易》論卦爻之情狀，非謂幽闇之鬼神，則喪之升屋而號也，祭之

〔一〕〔二〕「焄蒿」，底本作「焄萬」；「黔首」，底本作「黯首」。《禮記·祭義》：「其氣發揚於上，爲昭明，焄蒿悽愴，此百物之精也，神之著也。因物之精，制爲之極，明命鬼神，以爲黔首則，百衆以畏，萬民以服。」據改。

有闔門也，祝之有噫歆也，不幾塵飯土羹，戲其來格，而隱怪首僞耶？張子曰：「鬼神者，二氣之良能也。」朱子曰：「神者陽之靈，鬼者陰之靈。」靈之能之矣，且得謂之無知乎哉？

乾竺以黑白異熟論報十七中有，乃爲原始反終、精氣游魂之情狀丹青一注疏耳。儒者不計獲報，但必以理，所以祛妄，知鬼神之惑也。處乎今日，豈得不一詳論之乎？本一氣也，所以爲氣者，心也。氣幾旋轉，消息不已，變變化化，大小一致。《法句經》曰：「陰中無色，但緣氣耳。」〔一〕凡爲理所不至，皆思之所可至；凡爲思之所可至，即理之所必有。精入窮盡，即能知之，六通豈欺人哉？《七釜篇》所云「召風雨，騎鳳鶴〔二〕，席蛟鯨，成龍虎，死尸行，枯木華，豆中攝鬼，杯中釣魚，畫門可開，土鬼可語，皆純氣所爲也」。「耕習牛則獷，獵習虎則酨，漁習水則泅，戰習馬則健，萬物可爲我。我之一身，內變蟯蛔，外蒸蝨蚤，瘕則龜魚，瘻則鼠螘，我可爲萬物〔三〕。」《化書》曰：「動靜相和化火，燥濕相蒸化水，水火相勃化雲，湯盎投井化雹，飲水雨〔四〕日化虹。由是知五行可役，天地可以別

〔一〕「《法句經》」，原作「《句法經》」，誤。《法句經·觀三處空得菩提品第四》：「陰中無陰，心中無心，念中無念，但緣氣耳，誑汝眼根。」據改。
〔二〕「騎鳳鶴」，原作「騎鳳雀」，《關尹子·七釜篇》：「身輕矣，可以騎鳳鶴。」據改。
〔三〕「耕習牛」至「爲萬物」一段文字，引自《關尹子·六匕篇》。「蟯」，原作「燒」，據改。
〔四〕「雨」，原作「兩」，據譚峭《化書·動靜》改。

搆，日月可以作我。今夫頭圓足方，五行運内，二曜明外，斯亦別搆之道也。」

習成於識，中陰爲業，詳徵於實，則虚亦如是。阸於水者，男覆女仰；雉經地下，掘之得炭。父子滴血，枯骨相合；葬乘生氣，則應子孫。它如貂皮見貓，蓬結如絮；獺治肺癧，取其能下。穿山甲塞漏辟螘，以其生能穴山而食螘也；鴷治隔食之蟲，以能啄木出蠹也。物死之後，糟魄之性不改且如此矣。無情者不獨草爲螢、麥爲蛺、楓爲羽人也。水竇下溺，以習溜也；杵糠療噎，以習碎也。無情之物沿習成性，不改且如此矣，况識陰傳命、終日習成、一印去文存之質劑乎？

經絡之相旋，不誤一道，父母胚中之所習也；天左旋而樞不動，混沌胚中之所習也。石竹成錦，襍蒔變色；藥種芝栭，可以五采；瓠盧如斛，棗李甘接；虚中聿斯，論命奇中；謡讖鏡聽，靈手三式，豈非後世人心日新，其陰陽亦日新乎？可知無始之教習陰陽，即是教習天地；造端之教成夫婦，即是教成鬼神。有體物之鬼神，即有成能之鬼神，即有作怪之鬼神，皆相因，一有俱有者也。暴化虎，淫化媜，凶戾之爲厲，義烈之爲神，不足駴也。伏蟄而旋氣，息神以習仙，確乎仙矣；際斷而忍神，化氣以習定，確乎定矣。然氣聚必散，定力有盡，故大乘呵學仙爲守尸，斥入定爲鬼窟。然毘盧在一切中，未始不寄歷也。凡夫之人貪著其事，一語無事，則蕩而暴棄，兩皆不得，乃可自得。若不能徹生死根，即爲鬼神所制；造業受報，自中其因。倘能曝地心空，纖無羃繫，迦延典主，無如之何。

《禮運》曰：「知氣在上。」故推知清氣無不上升。東坡曰：「志勝氣爲魂，氣勝志爲魄。」果其「清明」「如神」，豁然無累，吹光割水，自本然矣。性起即習，離習無性。逆習復性成聖，順習放情成凡。知不習之習，則無凡聖矣。然此乃聖不自聖之無聖凡，非縱情滅理之無聖凡也。世即出世，必言善世；扶習潤生，隨輪超輪。邵子「虛過萬死，是不曾生」之語，何異劫火洞然之大隨乎？

問曰：然則表法之説與不落不受之説相因耶？曰：天地爲混沌之表法，卦爻爲太極之表法，人物爲《圖》《書》之表法，日夜爲先後天之表法，言語爲千聖之表法。表形側影，小大虛實，條條瑣瑣，對本不差，非曰表法便子虛也。蚼有國家，鳥有方言，人能知乎？横目之氓，局促咫尺，其所不見，則荒唐之耳。公心寓心，「精神爲聖」，總此一無所不學則無所不能之靈府，爲相因不停、實而無成之藴蒸。帝王以此囑付蓍龜，如來以此止啼解氎，外道以此彈骨嚼臂，偏魔以此驚象然犀。不過因果，爲因果依，彼止舉因，以見其要，所謂「因該果海，果徹因源」，原不壞因因果果也。撥空斷空，謂之惡空。倚那伽以狠，惡其撥斷，假不受開巧縱之奸場，比永嘉所歎「莽蕩招殃」者，更百倍矣。向有鼓聲之論，豈知聲盡而還於未始聲者何曾盡乎？「不落」云者，猶云於穆不落天地、太歲不落冬夏云爾。「不受」之説亦云爾也。日本空珥蝕之相，即謂之不受珥蝕之報，究亦不避珥蝕之報，何硋乎任其珥蝕之相？阿衡之接履，放君也；負扆之鴞詩，痛弟也，何有相與報？何嫌相與報？消嬗代於卮酒，等革命於方罫，則謂之本空不受可也。今何得以「無入不自得」之「無心」不受報，而遂斗膽於達惡之無報哉？惡貫漏王法者，十之四五；漏民所見之天網，十之一二。且漏者或陽惡有隱善、陽善有隱惡之故耳。近核於身名嗣業，果報昭然，則遠必其餘慶、餘殃，幽明如券。空房尚怖鬼，赤日敢欺天乎？本空不受，乃幢林萬行之地；絶甦正覺，猶須推虛空之座。入塵度生，豈具縛凡夫所可假吻耶？《詩》曰：「自求多福。」貴自求耳。不計福，亦不避福也。《大有·象》曰：「遏惡揚善，順天休命。」此惟恐人顢頇其未形之天命也。知揚半即遏半之善繼其休，即知全莫全奉之常繼其主。世之尊知火馳，好夸無上露布，一語因果，輒姍笑之，實以陰決其廓斷耳。

窮理之士又護後護之恬容，而不肯委悉其利害，徒命流輩顧而却步，厭其迂闊，無以鼓舞。然後知《易》不專奉太極，而惟告吉凶，歸於無咎，豈不善於牖民深志幾務以明其神哉？聖人曰「誠者自成」，「信爲善母」。民之信道，不如信德；信德，不如信法；信法，不如信物。故多方徵之，以不如利害之本自信也。反復申表其所以爲利害之因，而果已具矣。利害之不容欺者，莫如鬼神。鬼神不掩，即心受命。知天以事親，事心以孝天。格其祖考，萃萬國於廟中，各思無忝其所生已。塑神明於衾影，「盥而不薦」，《觀》生「有孚」。人有知「洋洋」「如在」之所以如乎？固已塞兩間，周萬祼，使幽明合莫爲天地，作左驗之銅城矣。《四十二章》曰：「人事天地鬼神，不如事其二親，二親最神也。」聖人罕言，而以行與事示之。卦變禮樂，皆示鬼神者也，祭祀爲尤顯耳。「絶地天通」，而因二以一。務民安生，即以安心，心安則無心，無心則誠之至矣。天地以生爲德，人物以知爲德，鬼神以誠爲德。生也，知也，誠也，相禪爲一而愈盛者也。民視民聽，即天視天聽也。知生即知死，猶畢日即畢夜也。此非視聽之可自信者乎？信其視聽，而造端報其人之天矣。以故正告萬世，信其本因末果，而即知因果同時之旨，原非惑因果以矯誣也。見在爲經，柄歸直下。施受本如影響，我何問其去來？但立主宰，其餘自必；惟盡乃心，其幾自知。何侈口乎學修不及之性天，而反忽其無所逃之大戒？

## 知由

分知行，非知知行者也；合知行，亦非知知行者也。曰：知貫知行，而自爲代錯乎？知已行於古今矣。似之而真，真之而周，巧之而力，力之而中，皆蒸之於氣、燈之於然也。一不住一，而自爲兩端，則無不分合合分、無二無一者也。吹萬不同，必籥其橐；鈐轄在御，輻運千里。然非以自已自取，而不許分其飄泠廻烈之殊勢也；非以自運自御，而不許辨其輪蓋軫轂之相成也。不分其合，烏能合分？烏能隨分之即合耶？

有無知之本知，空中皆火是也；有真知之知至，明一火之即千火也；有偏〔一〕知之知終，明千

〔一〕「偏」，原作「偏」，據文意改。

火之用一火也。有無行之行，洋溢尊親是也；有即念之行，天下歸仁是也；有成事之行，崩城拜井是也。有知前之行，出門問津是也；知時之行，不墮坑塹是也；知後之行，輕車故鄉是也。有行前之知，西向而笑是也；行時之知，路在足下是也；行後之知，聚米成圖是也。金之在鑛、在冶、在器，有二金乎？水之在江、在釜、在盂，有二水乎？究也行統於知，用知是行。生也、學也、困也，分而不分者也。勾萌甲乙，知其果之似種矣，不必成功而後一也。羿乎射、良乎御、秋乎奕、僚乎丸、越人乎醫，皆不廢乎溟飛鳥道之知行，又豈廢虎鈴繫解之知行？又豈廢羨魚結網之知行乎？《内業》曰：「心中有心。」心行者也。《易》曰：「神而明之，存乎其人。」《禮》曰：「清明在躬，志氣如神。嗜欲將至，有開必先。」此以天時地載爲躬行者，即以雷雨出雲爲前知者也。出世入世而無出入，格致之極語也；立法、泯法而無立泯，明誠之極語也；統天、治天而無統治，盡知事立之極語也，一也。故有貫知行之知，至老不容厭倦，無可厭倦者也。有知而未能行者，「嘐嘐」之不掩也；有行闇合而未知者，耕讀之安生食力者也。何嫌於三之嫌一、一之嫌三乎？又況有不必知、不能行之知，知亦歸於無知者乎？

真知知行者，知知即無知乎？真知知即無知者，知所由乎？知由，不使知之知乎？知不可使知，而又使知之之知乎？知耻爲凡民者之不可不致知乎？知知致之終，當與凡民共由乎？知由己之由，即由户之由乎？知不知亦由，知之亦由之知乎？知所以、所安皆在所由之中乎？知明道、行道之人但言當由，而知之亦由、不知亦由者，本難言乎？若不知此，何能統萬世之知與不知，又能分萬世之知與不知，而共由此雷雨出雲之志氣，共惕此天時地載之躬行哉？

見藤爲蛇，始也疑之，驚而畏之，遂欲殺之。達者容之曰：與我本無害也。願力者曰：必且度之。及乎舉火，則一藤耳。不惟殺者不必，容者、度者復何有哉？此言知之自信，信即行矣。野人入郊，聞金鼓而駭。郊人曰：此獮獵之講武也。此言知之能定，定即行矣。徒步訪人者，已近其家里所，而憂若數十里，恐暮矣。其家之人自歸，則違山十里之外，暮而無所怛然。無所怛然者，知也。此言知之不憂，不憂即行矣。生死一蛇也，知生死之無生死，則舉火見藤矣；鬼神一金鼓也，知夫婦之即鬼神，則郊人無不可甲兵矣。修候不二者，路也。知本自如此，而必當如此以至之、如此以終之，則歸家、在路皆無心而坦行矣。當其坦也，何分知與行耶？何分性知與心知、天行與人行耶？出生死利害之家者，所以遂其無入不自得之坦行者也。樂其志學而從其大心者，官天地，騎日月，御六氣之坦行者也。巢居知風，穴處知雨。五藏還五行，則截髮孰能痛我？四海如四肢，則手足何待謀慮？幾深之神，知猶無知，行猶無行，鏡別谷應，不厭不勞，湛然重淵之下，彌綸九拂之表，貫其行生，「天何言哉」？

古人學道，生以樂壽，死而不亡，奚故？論早定也。論早定，則知早由己矣。寵辱不驚，生死不怖，無所可用，則無所不可用矣。此近語而若遠語，不知所由，皆戲語也。知耻爲先，辨志爲要，志以耻勇，學乃充志，辨乃得本，得本易力，好而樂之。入道出道，知出入之所由，無出入也。妙門禍門，學猶飲水，自知自由而已。虚舟子曰：君之立政也，由藏知也；師之立教也，知攝由也。學乃宜時習，時習非學，是腕地犬行以爲奇者也；道乃宜深造，深造非道，是連騎南馳而入燕也。不調擇善之飲食，安能一善而止至善之玉液自吞乎？不知固執之忌口即無執之出汗，而終身諱疾别慕仙丹者，皆不知明善爲良醫者也。不知明善，由情習之知不竭也。情習之知不竭，以不知天也。即以不知之天竭之，此語上之瓜蒂也。病在膽經，則汗、吐、下皆不可，將啖野〔一〕葛至尺而求薤汁乎？有對治，有泛治，有雙解，有治本而標自解者，有急治標而本無病者，有不藥爲中醫者。以不知之天覆之，而以當知之天竭之，此上下之常劑也。所以宥天下之知行，而以自由共由爲天者也。知共由而使民知當由者，無不自由矣。

非天非不天，以其不可增減，而縣一天道之名；非人非不人，以其不可任縱，而君師交重人道之責。不可增減者，自不憂其增減；不可任縱者，寧特許其任縱？天聽聖人制用，自不必護，而自不失宗。道則必由正路，豈可禁掃而荒蕪之，乃爲足媚天耶？天之爲天也，乃人之天之也。曾知人之天之乃爲人而道之耶？盡人之所以爲人，而天盡矣，人外又何天哉？

〔一〕野，原作「治」。張華《博物志》：「魏祖習噉野葛，至一尺，亦得少多飲鴆酒。」據改。

由此觀之，聖人定君師之法，皆先立使由之範圍，而志之當辨，學之當好，如下地之乳、擁咽之衣，帖帖自然者也。不觀天之統道乎？日月寒暑，但立使由之範圍，而不問人之知不知者也。《易》之統天也，聖人之贊《易》也，所以深於養人之知行者也，所以深於示唯心之方便者也。自謂知之至，而不知天以聖人爲主者，獨非凡民之所耻也乎哉？犬馬爲主人竭力，在家則守，見影則行。今奪主人之命，以蠢然縱脱爲自由，以掊聖肆天爲生知者，毋爲犬馬之所耻也乎哉？煉亡耻以爲知者，奈天何矣？幸有聖人之王法圍萬世之王，必不能逃於不知；則煉無耻者，必不能不巧逃於王法。欲巧逃於王法，必巧逃於聖人。聖人讓其逃，而聖人之凡民、聖人之犬馬有此耻在，則彼雖奈天何？其奈凡民犬馬何哉？耻者，萬世倚天之長劍也。

何生曰：欲逃王法，非亡耻也，有天無奈何之耻，亡耻亦浪劍矣。

當士曰：聖人豈憂亡耻者哉？正憂帷窺自由者，不惜今古而過爲偏上之巧説、激説，遂敝吾凡民犬馬之帷，而鈍吾凡民犬馬之礪也。吾惟一磨凡民犬馬之劍，而浪劍亦自耻其無箭矣。

平公曰：凡民、犬馬、倚天爲劍箭，天即倚由之、知之爲劍箭，分磨合藏，藏奈何磨？磨奈何藏？曾知一奈何否？

何生曰：吹毛奈磨用何？善藏奈四顧何？知奈不知何？不知奈知何？天奈人何？人奈天何？天人奈聖人何？聖人奈天人何？

當士曰： 聖人知其無奈何，而使自奈何，奈何不得，早爲聖人奈何之矣。由不使知，固奈何人，彼使致知，更奈何人； 由合知行，固奈何人？分知與行，更奈何人？磨無非藏，用無非善，尤奈何人？即有一能奈何聖人者，乃極受聖人之奈何，而終奈聖人不何者也。

平公曰： 當士正當奈何。

當士曰： 奈直日磨劍何。

## 充類

問： 以充類窮理，不以充類病法，何也？曰： 充類致義之盡，此奪人者之大權也，即窮理者之捷術也。窮理而極之，觀乎孰莫，希備寡屬，至於無理可窮，乃知無理之理，有章亥不能祘、離朱不能察者矣。極無理之理，而始知芻童夕桀〔二〕，不出勾較； 鏤塵吹影，不外交輪。則深至無深、遠至無遠，而即此理矣。

極則必反，始知反因； 反而相因，始知公因。公不獨公，始知公因之在反因中。則離也即也、斷也常也、遮也表也、予也奪也，惟所用矣。惟所用者，惟其當矣。惟其必當，故貴折中。惟其折中，

〔二〕「桀」，原作「禁」。芻童、夕桀皆中國古代數學術語。

烏能紋辭於明熟哉？龐煖對卓襄曰：「堯之治病，必使舊醫；楚王暮鍼在身，必待俞跗。良醫化之，戾醫敗之。雖幸不斃，創伸股維。」善世正告，惟取適當，而無取乎盡。盡之捷奪若此，以其病日用飲食之質，而荒尊親分菽之法也。

守法者多不能以充類致知，致知者況以充類破法？人不奪其所恃，則守委閒居，誰肯舍之自反，而深造於所不必然？苟欲破之，方驅耕夫之牛、奪饑人之食，雖以帝王之成軌、日月之經義，有不暇周旋矣。疲於賃舂而責行高絙，兀者播精，使逐走兔，驅逸足於庭，求猨捷於檻，三周虎落，四至羅闉，此狙於淮陰之背水，而詭於長平之大坑耳。守法者無以應之，徒有盛氣，不知所來。而世之忌法逃法者，因旁竊羣起，而挫守法之士，法遂饟羊，幾且灰冷。此未受充類之益，而先受充類之禍者也。此非欲以充類自窮其理，而適以充類詬窮理者，自寬苟且者也。

昌羊欲去蚤蝨，先采蛉窮，熏萍將以治蚋，適腐衣蓐。風俗挻挏，侮善榮惡，朱艸傷颷，而市媾髠搖。如此奇巧，如虎生翼。安得不大充其類，較盡分數而縷析權稱之乎？

欲莫大於淫，淫莫大於心。不屠其心，安能免淫？心屠則人死矣。於是恕之曰：登伽夙定，本無不淫，又安有淫？自中陰之投父母然矣，何怪乎易內倚門之爲《關雎》《麟趾》也？安陵青翰之爲結褵風雅也？果爾，聚麀、插翹、大寂樂、演揲矣，固何如親迎之各室其室，而漁色挑達之當禁乎？盜左藏死，盜一瓜死，大小等死，何不大盜？封三錢之府，則同慶雞竿，固何如犯蹕罰金而陵土乃族之足令乎？愛冥者意在以冥藏弸，以君國瓦注，反罪聖人之禁博爲教博耳。窮治博場，乃囊橐於兩間。兩間曰： 此太一教我也。充類至此，則太一爲人世之罪魁矣！

無己而聽之，則不得不聽太一之聽兩間、聽兩間之聽聖人、聽聖人之聽仁義。可名之仁義，即不可名之道也。執可名之優孟仁義，而不知可名中之不可名者，欲從先進噀血疾聲，故以蘧廬奪後進君子之巢穴，而以野人之衣冠抵掌耳。以爲蘧廬，皆蘧廬也；以爲優孟，皆優孟也。不能免天地之蘧廬與萬類之優孟，豈能免仁義之蘧廬與被服之優孟乎？欲免闉扼鷙曼，而廢羈靮月題，安能用馬？不如無馬。不免於食粒宅土，即不免於「蹩躠」「踶跂」，勞之乃以忘之，舞蹈所以寧静也。節候之約束，即平陽之醇酒也。廢封濬官牧之勤，而傲無爲之治乎？立仁與義者，所以安其無適非蘧廬，而當洒掃樂户牖者也。所以明其表治皆優孟，而當歌舞此羹牆者也，不明其當安、不當求安之故，徒欲燒絃歌之蘧廬，使羣造營窟之蘧廬，播貪吝之子孫，笑寢丘之優孟，於安不安何與焉？

層嶂參天，而平陽建國，雖無險，非夷乎？固不硋擊鼕鼕之鼓，使適可爲中㯕也。疾雷破山，澍雨如霔；雞喑於塒，失其司晨。有餘不敢盡，豈無謂哉？此非不知其有餘之盡而局局此也。窮至無盡，而無盡盡於可盡之盡，然後可處乎適可，故中衢而置尊焉。前邪後許而重易舉者，和致力也；趾無幾而不傾者，有餘地也。無所不用其極，極盡而反，反而充周，周而處中。同舟遇風，捄患若一。

張羅而畋，唱和不差；羅紈麻纜，織緝同用。筦籥有孔〔一〕，不吹無聲。木大〔二〕根瞿，山高基扶。聖人因之應之，濡之節之，故不勞功成，而不見其功；萬物順理，而不知其爲理矣。乃信官天繼善之建極，爲太極所以然之必然。是知不以充類病法者，乃充類致義之盡而又盡者也，豈守法與破法之所能窮耶？窮過此而窮盡其性，則知其本然，而不必辟辟替替其本然矣；窮盡此而窮至於命，則無所非然，而烏烏稷稷其當然矣。

魚逆流而上，鳥順風而立，雨自葉而流根，露上莖而含實，孰分其當與本哉？天命在誠明、明誠中，而不可以容其二自。鑑之空與實，皆其照處；谷之應與傳，即其虛處。全泯全彰，繁興縣涌。包舉而或偏者，即欲言而詞喪者也；未之或知者，即知不知好樂者也。明明一學修所不能及之天，而即以學修天之。聖人不惜造人之性命，而即以窮之者理之。吹鞴銷物，即以成物；鳧氏爲鐘，削氏爲刀。本無順逆，先逆後順；即逆是順，順以爲逆。其將以萬世爲性命之薪，而聖人即炊之以傳之乎？彼徒欲以充類奪人，獨尊其一得者，乃鑽榆柳以矜奇者也。人尊好奇之我者，苟奇耳；尊暱庸之我者，苟庸耳。苦苟庸者，或以苟奇治之；苦苟奇者，多以苟庸治之。其實苟庸，又不如苟奇

〔一〕「孔」，原作「吼」，據文意改。
〔二〕「大」，原作「火」，《文子》有「木大者根瞿，山高者基扶」，據改。

之尚有火可燒也。偃側之間，一隙可匿，匿焉而已。方領拘罷以飭陋，其去豚蹄況〔二〕禾幾何耶？目濡耳剽以逢時，其去圈鹿欄牛幾何耶？借龍忌之禁，以新火火之，殊不可少。

## 權衡經緯

權不言衡，經不言緯，何也？曰：規矩繩衡權，以權寓其神用，而權衡於五者，猶智信水土也。權用其衡，衡用其平，平用其直。一平一直，則一衡一繩矣；一平一直，而曲矩可取矣。矩可取以勾股開方，而裁成爲規矣。此入用後之規生於矩，即大用之方本於圓，而臨用時之方即是圓，可知矣。故權也者，無我者也，無心者也。彼以稱來，此稱如之。翲忽不失，輕重不忒，可不謂信智乎？以此因物，物情相通，可不謂仁乎？以此當體，適合品節，可不謂禮乎？應物平直，自然無争，可不謂義乎？此所以表兩稱其平，而得方即圓之大用也。所以表因事中節，而使人信天然之至理，必奉統鈞之宰理也。不可爲典要，而既有典常，烏乎表之？表之以權。《易》所以爲經緯權衡盡變之準也。知經者自能用緯矣，知權者自能用衡矣。《律曆志》五量皆天道，而獨詳權下，豈無謂乎？「其道如底，準正繩直，左旋見規，右折見矩，在天佐助旋璣，斟酌建指，故曰玉衡。《論語》參前倚衡，此衡在前，居南方之義也。本黄鐘，一龠容千二百

〔二〕《史記·滑稽列傳》：「見道旁有禳田者，操一豚蹄，酒一盂，祝曰……」

黍，重十二銖。兩之爲兩，二十四銖爲兩，十六兩爲斤。」愚曰：兩，黃鐘隔八之數也。銖者，二十四氣，即時分上下也。斤有三百八十四銖，爲兼閏之歲日也。三十斤爲鈞，一月也。一鈞爲萬一千五百二十銖，乃三十其三百八十四也。四百八十兩者，六旬行八節之象也，乃三十其十六也。四鈞爲石，四時也。千九百二十兩者，陰陽之數也；三百八十四爻，五行之象也。言五其三百八十四與四其四百八十，適合千九百二十也。四萬六千八十銖者，萬一千五百二十物，歷四時之象也。權與物鈞而生衡，是爲五，則權之時義大矣哉！

《禮器》曰：「時爲大，順次之，體次之，宜次之，稱次之。」五者非有次也，以時爲用，而實以稱爲適，故終言之。清以濯纓，濁以濯足。麴冠則枝之，縞絉則蹍之，水深而魚聚，木茂而鳥集。稱者，權也，學也，適也，立也，三皆經也，權乃所以緯其經者也。思何遠而思何思乎？信手〔二〕信思而規矩任縱權矣。漢儒以反經合道爲權，程子非之，而邵子曰：「得一端者也。權平物之輕重，聖人行權，輕重合宜而已。」「不以我觀物者，以物觀物之謂也。以物觀物，又安有我於間哉？」「執中無權」，猶爲偏也。仲淹言「《春秋》王道之權」，「變從時而便天下之事，不失禮之大經；變從時而順天下之理，不失義之大權者，君子之道也」。深觀《觀物》之故，曰：「體無定用，惟變是用；用無定體，惟化是體。體用交而人物之道備矣。」「體用之間，有變存焉；心迹之間，有權存焉。權也

〔二〕「手」，疑爲「乎」。

者，聖人生萬民之謂也。」「用者三，不用者一」，此無體之權本也。八卦不易者四，反易者二；重卦不易者八，反易者二十八。天無晝夜，人居地上以爲晝夜，故以地上之數爲人之用，此因體之權也；變者從天，應者從日，陽尊而神，陽來則生，君統臣，夫統妻，此扶陽之權也；天半明半晦，日半嬴半縮，月半盈半虧，星半動半静，此因交之權也；寒變物之情，暑變物之性，此合時之權也。故有經之權，有權之經。有緯以直經，則權無定，而有一定之交；有衡以决權，則經可移，而不失其相交之準。心與迹交而權見，無與有交而經見，理與事交而依違見，善與惡交而是非見。道與時交而緯其經，思與學交而後衡其權。執心迹者，非也，執無心無迹以忽之，非知權者也；執理事善惡者，非也，執無善無惡、無理事以任之，非知經者也。是以致知格物爲入用見體之權。就事立準，所以節發中未發之權。故曰：天之政府，必以立教爲權；無思之思，必以好學爲權。明德以親民爲權，至善以擇善爲權。君臣嚴於父子，以父子爲先權；父子重於夫婦，以夫婦爲先權。兄弟則父子夫婦之衡緯也，朋友則四倫之經權也。四倫雖具，皆有朋友之道，故終之曰朋友之交也。師友相經緯，而有四倫之義焉。交之權衡重矣哉！

五行之一行，各有五行；五常之一常，各有五常，皆端也，皆信也，皆交也，即皆一也。有一在二中之《易》而後交生，有交而後準生，有準而用生，用則用權，而權實用用，故當知有正權、有偏權、有權外之權，且有冥權，權至冥而益難乎其爲權矣。聖人依然以天地日月之六合三輪權之。規矩繩衡，一縱一橫，一平一直，而四隅之斜欹、細析之度數，皆可以權稱物，而又以法稱權。《易》準既明，權豈爲小人竊耶？委化之士，任天而已。不顧萬世之民，何以安生之分數也？聖人知天在習中，天無情，人有情，情習之天，其可任耶？故明天之理以宰之，宰之而後可任之。小人竊任天之説，駕宰天之上，以廢宰天之法。滅理縱情者，乃邪説也已甚，矯枉奪激總殺之權，乃萬法中之一法。可以一過此關，可以偶然用之，可以爲淵敺魚，而非可爲羣黎之飲食也。至於本不待權之，萬古如此，言之何用？又何待言乎？當知心量表法之彌綸，則包容之度自裕矣。乃其權正在綸，乃所以爲彌。親民但言其切用者，無用之用置之。本爲我用，而單提之，則先害親民之切用矣。此扶陽官天，下學而上達者，所以爲宰萬古之正權也。久之頑鈍苟鄙，故深心大力者搜而剔之，奇才魂異，忍俊不禁，然利器不可示人，獨不觀善刀而藏之權耶？

其以權實對舉者，以體用交參，而究止一用，則此用其實也；以立法致用，而用後無法，則此受用者實也。或其所説之權太奇，易流支蔓，與用相悖，不得不盡棄之。久繫衛子而一旦解鞫者，視所聞超生出死之説，如馬之手，如牛之翼，齕草飲河，沐浴跳躍，於經正之權中而不自知矣。非謂廢經正之權而毀天地春秋之衡也，思學而適正，反對而貞一，即天地春秋之權，權即實也。裒多益寡，自《謙》乃《豫》，豈定口口何權何實然後爲實，而遂鉗隸首，聾榮猨，禁斗角，亂斤兩，乃稱赫胥氏之民耶？《齊物論》無是非矣，而申之曰「以明」，蓋以權齊物者，以權平心者也。必明經緯權衡之交網是非，而後可以行其無是非之權者也。

達者曰：嗟乎！仰視屋樹，退而因川，何有齊不齊，而欲以不齊齊之乎？本自如此之天，生必當如此之聖，以齊不得不如此之凡，則謂以不齊齊之，可也；　謂必言齊而聽其不齊，固已齊矣，可也。知舌不廢齒，知景不廢表，本自如此之大權，豈使隱行僻側遁上遁民者之倚之乎？倚則一切無權，而天亦無權矣。天何患其無權？患人之巧於誣天以媚小人也。奪聖人之權，即奪天之權矣；奪夫婦之權，即奪聖人之權矣。聖人即以《易》護夫婦之天，即以夫婦護《易》之天。小人即能誣天，其奈《易》準何哉？

學不厭下，教不厭明。以其與能，傳不可能。其鼓彖彖，其舞不止。嗚嗚雉雉，生理而已；　渢渢秋秋，德業而已。竹木有火，不鑽不薰；　土中有水，不掘不出。矢之疾不及百弓，跬步不休，跛鼈千里，筐土不怠，可以丘山。

天聽民之開牖納光也，天亦不知也，天即以丣丣權之；　地聽民之播種得粟也，地亦不知也，地即以水土權之。於穆之天聽天地之生成飲啄也，即以聖人權之；　聖人聽萬物之用於穆而不知也，即以夫婦權之。但以休歇得際斷者，此得地之體也，此入門之誠也，此嗇神之端也，此大過之劑也。統制洋洋，開物成務。非知天之權以宰天，又宰宰天者，孰能與於此哉？引達冒茆之盤古，不能與周禮爭咢布之時權；　肩脾支脛之殊壤，不能與神州爭明備之學權。詳考見《中告》註。大而無當之天，不能與細而切用之天爭權；　渾然莫測之天，不能與森然統治之天爭權。不能與爭，故因之爲權，而即之不二耳。實則乘時者貴，教學者安。言節用則自無不宜，言善治則自無不化。以地載天，範器圜道；以辨乃容，以明藏幽。因而即之曰：即地是天，即器是道，即辨是容，即明是幽。因而互即之，因而反復之，然何能泛告三根哉？《易》聽人取其畫前之無所得者，神所以藏其奇權也；《易》自分別其畫後即畫前之準者，天所以神其正權也。輕〔一〕重、方圓、平直，六藏於五，藏五藏六，正隅既定，乃以用奇。奇通正之變，正實通奇之變，知天者知其故乎？「故者以利爲本」，不能宰制開成，則天乃死天矣。然非死中得生，權烏乎許？

## 絶待併待貫待

何生曰：絶待已矣，併待貫待何云云也？

當士曰：大一假一，以相成其大二，而大一乃神。混沌假天地以長生，故天假地以爲對。對果對乎？果無對乎？推出而尊之，交化而溷之，則建一蝥弧先登，曰：不落陰陽，常立覆載之外，特揜對待之二，以顯絶待之一耳。玄者執絶待之孤迥，不落則死矣；莽者貪絶待之平凡，抑聖則蕩矣。曰曾知絶待之在相待中乎？曾知無奇偶之在奇偶中，而奇行偶中乎？曰絶待，則與相待者對矣；曰無可言，則與有可言者對矣。何謂絶耶？受聲受色者，相對之二也；不可色不可聲者，無對之一

〔一〕「輕」，原作「經」，據文意改。

也。不可色與可色、不可聲與可聲，亦相對之二也；　貫其中者，無對之一也。有貫者，即有受貫者，亦相對之二也；　自爲受而自貫之者，無對之一也。誰非自爲受而自貫之者乎？無貫則無受矣，色色者即未嘗色者也，聲聲者即未嘗聲者也，是對對者即未嘗對者也。色斯色耳，本不容有色外之見，則本無所見矣，並所謂不可色者，皆無之矣；　聲則聲耳，本不容有聲外之聞，而本無所聞矣，並所謂不可聲者，皆無之矣。

載也者，宰也；　載也者，事也。盡宇括宙，綏綏從從，畊稼絃誦，洒掃應對，皆無一毛之可輶、一臭之可得者也。上天用地之載，而載即天矣。因而曰：　海之魚何計乎水，腹之螈蠑何計血乎？若是而謂絶者，雨中避雨，空中逃空，直不許人舉焉，靉靆之已矣。解之曰：　東與西，相待之邊也，中則絶待矣，然中亦對邊。至尊莫如君，君亦對民。謂之絶者：　君雖可以對民，民不敢與君對；　中雖可以對邊，邊不敢與中對耳。

太極寓於中五，而四圍莫非中五。故曰：　先統後，後皆先，即曰無先後；　君統臣，臣皆君，即曰無君臣。體爲用之本，用又爲體之本，即曰無體用。統者，言乎併也。似乎一掃一進，累層而品之實，豈有所加而絶之乎？然不對之絶之而併之，孰得而丹青其一貫哉？內與外相待也，併內外，則無內外矣。然無內外者，不硋內內而外外也。首與足相待也，觸首首應，觸足足應，首足二而所以應者一也，一則無首足。雖無首足，而首何嘗不尊於足，足何嘗不奉首乎？此泯在存中，絶待在相待中之説也。

又有説焉：有化待，有平待，有統待。何謂化待？顯密有無之相汁液是也。何謂平待？左右往來是也。何謂統待？君民貞邪是也。統之屬下爲所統矣，雖對而不可謂之對也。編氓於里正，邑令於郡守，監司於開府，以次上屬，而内屬東西臺三省，省各有長，而屬於宰輔，君乃儼然統之，此無對之尊也。然當知凝命布政咸若率俾者，爲直無對之尊也。非惟君相操此權也，郡邑里正皆有凝命布政之君道焉。心王之尊也，正以善用其心所而尊也，正以善制其心所而尊也。善用善制，則熙熙皡皡，不知帝力矣。康衢之壤，何善何惡？非曰光宅百揆，忌諱克明平章之治，謂與亂對，而見嫌於絶待者也。

自一至萬者，算器也。算器之外，有大一焉。然大一豈在算器之外乎？知大一之體者深矣，猶綴疣之無對也；知算器即大一者畢矣，猶石火之無對也。必知柱柱籌籌，歸十於前位，歸五於上位。當其本數乘除萬變而不亂者，乃真無對之算道也。不能與器因應，而善當其用，乃影射之田駢、慎到耳。徒貪絶待之泯，而豈知貞一之本不待泯乎哉？

聖人曰：天人一也，特分之以相與。源本源也，流中不得不别。故岌岌表天德之善，以政人流之惡。既言太無統善惡，必言至善統有無。太無者本無增減之，莫非然。天地不憂，聖人亦不憂者也。善則莫非然中所以然之理也，聖人憂人之不明者也。正告明善，則有亦善，無亦善，亦有亦無亦善，非有非無亦善，不落有無之即有即無亦善。是善也者，統體用有無者也，惡豈敢與之對哉？狻猊搏兔，猿臂通身，欹器平懸，長流石磨，善用而忘之矣。非謂漫無主宰，而涫涫紛紛可歷也。邪不敵正，私不敵公，必貞夫一，乃享大一之一。

説者曰：此聖人之權也。聖人曰：吾於地不敢敵天、月不敢敵日而表之，此權既立，立處即真，所謂後天直下之用攝先後天體用之本者也。天且不敢違，而况於萬世乎？况於鬼神乎？薄禮法者，襲禮法之土狗生厭也；病仁義者，竊仁義之虎皮見嘔也。於禮法何傷？於仁義何辜？是踣而罪路，溺而罪水矣。藉曰襲也，竊也，漢陰假修混沌氏之術，是大襲大竊也，况襲竊無上以襲東陵之術者哉？作法於凉，其弊猶貪，不得不然，不應全免。知時中適濟而明當然即本然者，知立仁與義之禮藏知信矣，知常五無五之隨待皆絶矣。千語勸夷，猶不能轉蠅營之夢；一語輕夷，則羣蹠攘臂，况升蹠呵夷、助其色喜乎？

禮尚差等，必從漸殺，此天道也。臟腑親於血絡，血絡親於肌膚，親之之殺，不得不殺，非强殺也；金石貴於刀耜，刀耜貴於堇塊，尊賢之等，不得不等，非强等也。可曰人無非仁，義無不宜，而以絶待廢之哉？「仁也者，人也。」二不對也；「合而言之，道也」，一不絶也。禮妙一神，道以兩化。知其故，則勸行仁義，皆絶待也；不知其故，則責人由仁義行，皆滯待也。知其故，則贄見歌詩之末，皆絶待之本也；不知其故，則沖朴平直之本，皆滯待之末也。

出世以鬼福爲符，而又焚之，不惜灰盡世間，若容有一法當情，安能迫人向上？既知向上，依然上在下中。名教窮盡，上無上，下必安於下，故先正名，使之適得。寧可令夫婦之靈臺生首鼠耶？故世出世之門庭，寒暑之錯也。各偏緩急，自相灌暴，張弛易牖，喟然蜡儺，增止啼之刹，竿指端之幻，何怪焉？要以善世貴乎安心，則異即是同。琴瑟専一，誰能聽之？不待鋪本無不同之雲海也。聖人藥籠，自有君臣，而襍收激用，烏梔逐疝，香連已痢，可以合使其温凉，爲並行不悖之丸矣。常山待符，連環椎解，其世即出世之超越者乎？復稾之君，循口操衿，食力生理之世即出世，其可免哉？皆不必免，必言求免，皆足免免，不如言當與不當之見在宜免。君子道其常統變之大常，而立當當之大本，正此旨也。

倫其人，即達其天；知其天，即盡其人。處約知其既定，故心逸日休；處樂知其靡常，故持盈保畏。未能者知本無虧，所以當仁不讓也；已能者知本無盡，所以望道未見也。無非對治也，無非絶待也。

粹可以湼，統自能平。善尊則惡自化，惡化而善不自名，謂之無善惡，可言可也，善之至矣。不垢不净，净之至矣；不落聖凡，聖之至矣；不落陰陽，陽之統矣。然聖人不鋭標此極則者，教民善因，因其可行而教之，聽其日用不知而由之。徒以無可言者發急矜高，縱人惑亂，豈足訓乎？况此學修不及之無可言者，何待訓乎？今則暱便飾陋，専矜此訓矣。専矜則巧掃，充類則無類，隨之則無決，盡決則無人。正教卑賤，而民無適從，若不申明《易》準以宰安主，則傳謅恣獸禍矣。食力生理之世即出世，安得不請天日一爲決之？

邵子曰：「《乾》七子，《坤》無子。」此就小横圖而明之，明乎陽統陰之統陰陽也。極分兩儀，則陽居右；再分太少，則太陽居右；再分小儀，再因重之，無不陽右者，東也，帝出乎中者也。《乾》純爲陽，則六十三卦之襍爲陰。惟陽統陰，陰爲陽用，故六十四卦皆《乾》，而必以純《乾》統之；襍卦皆《乾》，而必以每卦之陽統之。如《泰》《否》，則《泰》統《否》，《否》者，《泰》之餘。如以《否》論，則必以休傾統之，豈曰羞承亦太極也，而我暱之乎？故知太極必建極，純《乾》所以建太極之極。六十四卦之陽，皆建《乾》之極。陽主陰臣，使陰効事，純亦不已，襍亦不已。純無不在襍中者，必使知純，以行乎襍，而後知其不染也。知其先，時其中，用其後，豈得不條條理理哉？孔子於《襍卦》特辨剛柔，而終之曰：「君子道長」，「剛決柔也」。聖人爲天地之主，則立仁與義，所以決陰陽剛柔之主，而建太極之極也。性命本一，而聽其兩，謂以至命爲養性之決，以盡性爲立命之決，故不妨忍性，乃能率性；端在用性，而即以復性；必貴知命，乃能安命；可以奪命，而惟言俟命。豈其諱統治交盡之理，爲次爲罨，專尊昏黑之絶待，以爲無忌憚者藉口，塞天日之正論乎？

《龍馬言》曰：中都黄氏有不慮父，生三子，而妻死，一子賢，一不肖，一瘖聾。賢子受理師之教，三年飭行能文。不肖者好馳甍棟，巧於穿窬，惰業而讒師。不慮父負牆無所學，不知其子之賢不肖與其師之理也，止以一瘖聾者爲憂。請續室焉，又瘘，居常悶悶。冉相之隱曰：惟瘖聾者在滕下，餘二子皆敗君之家者也。受理師之瘴，其病更甚於瘖聾，不如辭之。遂辭其師。不肖自喜讒行，又讒兄曰：兄嗤父無所學，且與理師謀去我以併其產，父何不早與我產，我爲父十倍，不争達乎？父已不決，偪之，恚怒，適遇室蕩氏曰：何不俱殺之？不則俱縱之，無問也。人生駒景，灑酒里歌，不自足乎？何自縛苦乃爾？家自當破，何不自我啖之豪之？何爲牛馬以遺所恚怒之人？老與瘖聾度日可矣。父以爲達，酣以爲常。已而不肖益恣，賢者無成能，徒傷父之不知而不敢言，又慢其師也。僦閑之庌，遙叩師學。父更惡之，日入省父，父梃逐之。困心衡慮，惟有泣天。瘖聾者慰瞀沈屯，自謂長其二兄，而亦忘其父爲父也，責衣食於父而已。邑捕不肖，而黄氏之家果破。其父方嘆隱公、蕩公之先見，輒自解曰：何自縛苦乃爾？實啫啫其苦不堪也。會理師與邑長善，爲言不肖子，赦死還家。不肖子大感，與其兄哭。國之雅士，聞而多之，竟穀其兄卒學，以女妻之，且贍其父，弟粟，扶月三庾。弟見學之足以使人重也，悔而學焉。有旅力盜，踰雅士垣，而仲子捡之。因旌諸邑，爲綱捕。以嘗爲賊，悉知賊伏，捕賊如神，拔爲尉正。三年，中都君以爲尉將軍。雅士更以次女妻之。賢者學日充，謏聞化衆，遠近無間，所至成聚，爲天下宗。理師日損，歸於大道。而賢者能用其才，致虛彌實，天下號爲彌宗先生，開館達巷，有五晦之園，迎養其父弟。瘖聾開寤，日衎衎然奉父守舍。不慮父日與理師、雅士相戹犖，坐享園中而已。

元鬱王遺使，持千鎰爲其親壽，請以全奪全予之權奉彌宗先生，寡人爲衛道長，它國不聽，舉兵伐之。瘖聾以手畫案曰：勿受。理師曰：有餘不敢盡，此五晦即四海也，安往非所以壽不慮太翁乎哉？何用千鎰爲？竟謝去。隱氏、蕩氏因使以偕，争高其幢。隱氏先遁。元鬱國殺戮連歲，以其賤理而廢學，好大而令人失業也。尉將軍以二勸父者爲不教虐民，嘗憤恨之。彌宗曰：反激誰非功乎？理師曰：彼執愚民之一執，自受用之一者也，不達蕉鹿飯龍之喻，爲八珍五和後之菽飲，而不善用之，譌之譌矣。將軍曰：惡其怠學託於絶學，破壞世教，險賣智聲，冤屈賢者，誤人入網，而又使以反激之功歸之，果得算乎？率中都衛奔命，四千九十六人往，不戰而降，爲之約法三章，請理師填撫之。中都君封將軍爲靖邊侯，食三萬户，固不受。侯凱歌而旋，并辭將軍，閒居愛日，請太翁命六孫之名。太翁喟然曰：理師之維世也，使世不見其功，功不可量矣。吾恃不慮而不學，又聽本不待教之説，一以任之，誤豈小哉？六孫各治一藝，以三物之六德爲名，而以藝字之。繼善官天，食力風教，則神武不殺，而邊方晏然矣。始信删述制作，皆聖人之不慮也；詩書唯諾，皆聖人之瘖聾也。諸門下士，揚鴟行列，奏《由庚》之樂。三子六孫，長跪稱觴。理師、雅士歌上壽曰：中都黄父，天遊知止。百二十歲，大其赤子。太翁酧二老曰：三子爲一子，三老爲一老，日日皆萬古也，豈徒以百二十歲爲壽乎？

## 法能生道

法生於道，而法能生道，何也？曰：芝菌不根而成，蛸蠐不母而育，不死之榕，枝復生根。非獨此也，稼也反生，仁先芽而後荄，實懸於枝而爲樹本，此非枝之自生本乎？陶煉五行，命以志遂；至精所注，專氣必成。於是乎知道術之可以下生子孫，而上生父母也。《鴻烈》曰：「是皆生一父母而閱一和也。」聖人逆以知之，而順以理之。天地生聖人，而聖人之心生天生地。法生於道，而以法知道，以法理道。無法則道熄，是法之能生道也明矣。

人知天生日以爲官耳，曾知日既統用其月星而即能蒸化其天地乎？人知聖人以仁義爲政而已矣，曾知政府既立，下以治萬古之民，而上即以治萬古之君乎？一卵莫非蒼蒼，而凝其於穆之精於日。冬夏寒暑之天，皆日之所生也；蕃變滋殖之地，皆日之所生也。萬有萬無，莫非太極，而必建其皇於仁義。夫婦衾影之天，是仁義生之而愈明者也；鬼神影響之天，是仁義生之而不滅者也。惟堂有皇，惟王建極，若道不立仁義，是責天不當有樞，太極不當皇建，舜禹不當有蒲坂、安邑之都，蒼梧會稽之狩，而與齊民同耕鑿，乃稱平等矣。二老自退，中嗣用事，有子克家，耄期失父，曾悟此耶？

《内經》曰：蒼天之氣清淨，故藏德不下，常以日月爲光明。「天明則日月不明」，故讓明於日，而日又轉與月星。世之握輒不著者，惟知旦暮耳。且不知月星繼明之故，豈知天之不明、以明任日之故哉？日宮殿置須彌山半，而河渠流竭矣。夜氣焦枯，況七日並出耶？故知天日同生，日用其天，以日治天，以天養日。心以思爲官，故曰：思非心，而思即心。殺思以見心，猶殺日以見天也。專門巧誘耳。從心生思，思即生心。以思見思，以見忘見。作捦玉之見者，非見乎？是二而一者，必不可須臾離也。其始也不暗日，則安能知天？知之，則何硋暗天而明日？知於穆者，忘日並忘天矣。

## 二虛一實

何謂二虛而一實？曰：人知一虛一實之兩交，而不知二虛一實之兩交也；人知一虛一實與無虛無實者爲三，而不知二虛一實爲交虛實之實際也。知此則圓三而半用矣，可以立三而又掀三矣。可以立一實，立二虛，立二交虛實之虛，又可以推三，而立一交虛實之實，與之四焉。與之四，而四分用三，實以一兼三也。其究也，交虛實之實即無虛無實之虛而已矣。

地實之在天虛也，若豆然，萬分之一耳。人之於虛，猶魚之於水也。魚以水爲性命，而魚不知；人以虛爲性命，而人不知也。忘其性命爲虛，而憑其用性命者爲實。支骸於太虛，豈止豆其萬分之一乎？然不得不寓此萬萬分之一，以攝其萬萬分也，特患不知耳。

有知皆實皆虛爲無虛無實者，可以論量矣。嘗試量之：兩間皆氣，凝爲形，然有凝形之氣，仍有未凝之氣與形爲偶，而貫氣與形者，則大氣也，所以爲氣者也；虛蒸於實中，而有蒸實中之虛，仍有充虛之虛與實爲偶，其統虛實者，則太虛也，所以爲虛者也；天自分結爲地，仍有未結之天以與地偶，而貫天地者，則太天也，所以爲天者也。可知三冒若蹴鞠然，常二虛而一實。故曰：止有一實，餘二非真。然不立三者，無以明生二貫二之一；不圓三者，無以盡虛實變化之故；不掀三者，無以明直下一際之用。故因太極陰陽之奇偶參兩而綮領之曰：真天統天地，真陽統陰陽，大一統萬一，至善統善惡，至理統理氣，大無統有無。

凡曰大，曰至，曰絕，曰超，曰貫，曰無，皆不得已，而以縮地乘雲之筆，爲形容絕待之詞也。及乎《易》冒併入寂冒，而寂冒併入感冒，則絕待乃併待耳。不得不銷其相待，以明向上之絕待，此舍門室而言屋也；不得不鎔其絕待，以入因二之相待，此舍屋而用門室也。然後知絕待、併待、貫待之故。《剥》爛《復》反，無在無不在，則謂之無絕、無併、無貫，何爲不可？兩呼蒼天，時雨出雲，逝者不逝，室遠何遠？孰爲吾？孰爲道？孰爲一？天地人一聲曰：唯。

## 體爲用本　用爲體本

問：用以體爲本，知之。天體以用爲本，何也？曰：世以體爲本，用爲末，故言道者，因其稱而稱之，統體用之所以然，則冒之曰至體。其實體之爲言骨也，因其質也，於穆不已之天，無奈何之白描耳。以爲至體，實至用也。天不得不借地以爲體，而天自用之。故邵子曰：「天主用，地主體。聖人主用，百姓主體。」「蓍之德圓而神」，天也；「卦之德方以知」，地也；「六爻之義易以貢」，六虛之天用也。一生二爲兩體，而以參用之；兩旋爲四體，而以五用之。故有體數，有體數之用，有用數之用。覈而言之：凡象數皆表法之用也。實以表法之體，而以義理爲用也。綜上而言之：義理與象數皆大一之用也。入神而言之：所立之象數義理，皆體也；所以用其象數義理者，乃神用也。《禮》曰：「設賓以象天，設主以象地，設三賓以參之。」天宜主而地宜賓，今乃賓其天者，因主執事而賓至尊也。夫取女以生嗣，主中饋，而夫反如賓，豈非體用之貴用乎？男女者，未交之稱也；夫婦者，已合之稱也；父母者，生子之後也。既生子以克家，而父母老矣。乘權者貴傳家，如客所生者，又爲主矣。此《乾》《坤》所以讓《坎》《離》也。

風姬不立太極之名，豈不好此建瓴之高乎？蓋以六十四者，六十四太極也；三百八十四者，三百八十四太極也。此六十四、三百八十四者，皆一太極也。但表其入用之體，而無體之用藏其中。聖人於畫前狀之，而又明之，曰：《易》無體也。其示人也切切矣。遠公曰：《易》以感爲體，故醒之曰：《易》無定體。人以緣起性，故醒之曰：緣無自性。取空火於冰臺，還漚渧於滄海，則無性之性爲公性，猶無體之體爲公體也。子思形容之而無能爲辭，乃譁譁然曰：天之「所以爲天也」。曰所以，則不落有無、不落體用矣。實則但有一前用之時中耳，其餘可愕可豔之玄著雋永，皆浮圖之指、華山之博也。

人有心而夢因之，有夢而覺且應之，心生法而言傳之，有言而萬世之心傳之。心法交傳，夢覺交應，如鏡對鏡，鏡中之鏡，且無萬數，况十六鏡之光光攝入乎？聖人知既往將來之體，惟以見在之用爲因，即以見在之體藏既往將來之用。張子曰：德爲體，道爲用。又當知道以其用爲體，而德以其體爲用。

荄爲樹本，核爲荄本，樹生華而爲核之本矣。芽滋幹，而上既生枝，下且復生本矣。核中之仁，天地人之亥子也，全枝全幹全根之體也。茁茂之後，仁棄其體，而爲此樹之用矣。由此言之，仁亦時寓於核中，而仁乃用也。天地之心，時於亥子，《復》見之，而非以亥子爲天地之心也。有所以生者焉，此全根全枝全幹全仁之大體大用也。人畏其唯明也，一言以儵忽之曰：本無體用而已。時此中者，安得不因此時之用？知此時之體，因知無體之體即天地未分前之體，因知天地未分前之體即在此時之用中。安得不措其不可名、不可見之所以然，以可名、可見者文而理之乎？

道自以理法之極，奉德行神明之人；德自以理法之樞，宰其全用全體之道。聖人以知言爲知命、知禮之用，以正詞、正名爲三知之用，藏其旁通、反復爲變化之用；隨其器數分蓺，皆其引觸之用。厭言用乎？安往而非體也；厭言體乎？安往而非用也；厭言事乎？安往而非理也；厭言理乎？安往而非事也。要必以善世切民之理爲最急之用，而餘固不妨緩之。靈鞞神鉦，亦狗路之疾響也。

專體者曰：有用有餘，爲有漏矣。前用者曰：用乃善餘，餘乃善用，無緩急而有緩急，漏何漏乎？世之夸無漏也，禁人言漏，以相忘於漏。以一語矜茫之已耳，實漏甚矣。何如直言補漏，漏即不免，而傳此補漏之心爲無漏乎？彼本自無漏者，何待人憂？吾正憂人之盜此無漏者，開天下之大漏也。理一則貞一，貞則不必言非二、非三、非一之一。政由俗革，俗以風轉，風以心轉，心以教者之心爲幾。漏戹乎？漏戹乎？可不慎哉！

最急之用，惟以分別而無分別寓焉。非可精視其影射之揔，而粗視其條條之詳也。制禮作樂，而自儗偬曰：此恐分別廉纖也，此嫌落兩落四也。漏矣！末世有浚恒迷復之理學，惟恐語及禮樂，若有玷其高竿者，猶之一護畫前則忌諱卦爻者也。漏乎？不漏乎？

不諱其餘，能用其餘，知漏即是補漏，是直無漏。折俎奠爵之一飲三讓也，閒歌下管之一和三成也，此聖人之分別即無分別者也；祴衶執筭之塞人欲竇也，秝黍妥侑之需人田廬也，此聖人之有漏即無漏者也。藏往之智，不假乎文獻而托乎文獻，托則何者不文獻乎？此無漏也。不硋乎托世人所目之文獻，此無漏也。知來之神，不假乎蓍筴而托乎蓍筴，托則何者不蓍筴乎？此無漏也。不硋乎托世人所目之蓍筴，此無漏也。

## 繼善

問：　至善、一善、擇善，何以三之？曰：　不繼何至？不擇何明？一妙於用餘，惟其用餘，故二之三之而皆一也。巧於三弄者曰：　善即非善、非非善，爲去執而脂其車耳。遏惡揚善之休命，天用地之半，即全也。天地之道，嘗有所不用，以成其用。時乘其輪，而容餘以待化；　因循不著，迅利乘而見長，故驚鐘簴之攫䎃，而視曲徙無恩澤，宜也。聖人立極用餘，著其尊親，豈在屠龍以名家、焦爛爲上客乎？正告性善，使歛禍吉觸之夫婦，質天地鬼神之主宰而已。莊子曰：「聖人之靜也，非曰靜也，善故靜也。」「善吾生乃所以善吾死」，此莊子之道性善也。虛空無中邊，一乘以即邊之中遺離邊之中，豈容有善惡可言乎？然乃顯題之，曰：　得最勝無漏善。大智曰：「三句相連，初中後善。」烏窠告香山，唯「衆善奉行」二語。大慧曰：「余喜正惡邪之心，與生俱生。」此曇宗歸實後之道性善也。孟子告公都子三遮，乃以才情一表。他日又曰：「可欲之謂善。」又曰：「不學而能，不慮而知，謂之良。」則繼善之言先燎然矣。《盡心》之言性命，以不二者言之也。「不謂性」，「不謂命」，以不一者言之也。不一者不二，故唯一即是竭兩，執兩即是用中；　不二者不一，故聖不增，凡不減，而可聖可凡。則相近之言先燎然矣。三聖人不爲善世，又何苦有喙三尺乎？

酷下屠剝之令，則標無善惡之岑樓寸木，以銷人刻意近名之我。窮高極深，適處中道，使生民長慶其立地用天之首趾，則惟有繼善成性之一，即道陰陽之一也。於穆不可言説，即穆於壇宇宫廷而出入忘之，豈真建岑樓之寸木、勒人常執之哉？

一以二神，四以半治，兩即藏參，天盤乎地。故知聖人之法道，以範成圍者也。立教説法，即地道之用半，而天之全圍在其中矣。天本不可覩聞，苟離可覩聞之地，又安得有不可覩聞之天哉？凡民之不知天命者，忽於不覩不聞，尤憚於所覩所聞，而大人聖言，皆可施其風教；小人自以爲知天命，矯於不覩不聞，以肆於所覩所聞，而大人聖言，適以資其狎侮。真知天命者，覩覩不覩，而教人明其當覩；聞聞不聞，而教人聽其當聞。覩聞其天地，而用其「天在地中」之聰明矣。故曰：地中具有天地。用半者，正用地之天也；用地之天，即用天之天也。

善用人間之美之始，有善名，不得已而名天之德，不名爲善，而何名乎？避人間之名，是終欲錮天於罔窅而已矣。畫者，彩素互加者也。苟稱彩素未加之始，不曰素而何稱？稱本體爲善，猶稱本色爲素也。

善之泯然曰無，無之粹然曰善。無名而名，名即無名，如之象之，所由來矣。以不可名踐可名而形容之，誠存乎鼓天地之詞矣。一在二而尊先，則對舉其尊者，而餘爲所統矣。寧可以對舉之爲所統者與之對哉？天統地、陽統陰、日統月、君統臣之儀道，即統天地、統陰陽、統日月、統君臣之太道也。是故帥氣在志，立志在學，學先明善，善極其深，乃不受邪幟之惑以枉天下之才。

曰至善者，本然無不覆之天也，有情無情，化育盡之矣。無君臣之鴻濛，必知君尊於民，故尊一善，蓋以清統濁而貴凝道之德也。草木土石，皆以凝成而得生其命，況動物乎？此凝之説也。以善爲政而宰其君民，是曰明善。軋茁蠉蝡，皆具光氣以受發於天，況靈物乎？此宰之説也。不擇，則稊稗蕪五穀矣；明，則它種不得以荒之；一，則天下不得以二之。「人情之田」，不種則蕪，不善則惡。訰訰曰無惡，猶不能善；僮僮曰無善，則已惡矣。聖人聽薰蕕之並生，而不以蕕亂薰，不能使民之不惡蕕也。椿腹其舟則覆，柏枋於東則爆。五土五荵，各適其宜；薙繩菑畬，期於民用，豈强之哉？故曰：治不以禮，猶無耜而耕也；禮不本義，猶耕而弗種也；義而不講之以學，猶種而弗耨也；學而不合之以禮，猶耨而弗穫也；合之以仁而不安之以樂，猶穫而弗食也；不遠於順，猶食而弗肥也。但曰本無不至、本無不田，而禁人之擇種耕耨者，其可乎？鋭於反朴，而乃蹈水急魚噞之科；譎閑無親，而徑行鉆筩〔二〕鉤距之險，首首然偏言無善者，實赦惡耳。

徒以避名之嫌，長其肆惡之俗，然且高談曰：海寓皆王化也。知大内之垂拱，而垂拱之疇咨乎？寧可曰：莫非是也。炮烙牛飲，即時雍哉？不知帝力者，非謂有野掠犯法之含哺也。一堂之人，必有其主；一朝之典，必歸諸宰。聖人主其陰陽，而以學宰其道。直一時，必中一時之善；直

〔二〕「鉆筩」，原作「跕筩」。「鉆筩」，亦作「鉆筒」，古代官府接受告密文書的器具。

一事，必中一事之善。刺察巡行，必居郵傳，其不苟入溝塹明矣，况出狩之帟次耶？可知莫非是之至善，必待於一善明善之行在行，而無分別之尺一詔，必須宣於分別之省會也。理其欲之無理欲，先貫後之無先後，亦猶是也。特其顯密洋溢，非喻可喻耳。若必執護宗之鉤棘以落兩少之則，揚遏順天之休命即天之否命矣。豈知整理時人之言先，而時人之必不可以不整理哉？故作環舞，宮室皆轉，自以爲圓，而反責履閾拂棖爲方於踐迹也，媚人賤賢，何以異此？知性知天，將將也；養氣知言，將兵也。閫以外，將軍制之，豈能令士卒臨陣思君恩乎？士卒感將，而信其金鼓法令，則朝野收蕩平之效矣，太上皇不必與聞幾務。

萬象蒙日之光即天之光。前用無體，惟重當然。既知無統善惡，必知善統有無。所謂宰奉主，而宰即宰其主者也。高其解曰：天尚不能爲主，而何主乎？天不自知其宰，而何宰乎？深其解曰：主必無主，宰於無宰。宛轉其解曰：求之氣而不得，求之象而不得，求之理而不得，求之主宰而不得，無所得，而姑謂之天命云爾。此一説也，莫非是之説也。可以解人之執一，而實則可知，而不必説者也。何不曰：姑謂之善，姑謂之理，姑謂之主宰乎？曾知姑謂之主宰，而即以主其宰、宰其主乎？曾知緣所遺而心之，何不可曰氣所遺而理之乎？曾知理馭氣之主宰，即統理氣之主宰乎？今人不明天地之爲大徵也，不明形上形下之足徵無形也，不明聖人之化其所以而善世鼓詞也，並不知求之不得而姑謂之之説也。畏此主宰，更以若莨酒荒之，聊自解免耳。日日以此説桔槔而强灌之，是止醉人以不學不修之執一，而早灰冷萬世之蓍龜矣。繼善之宗，安得不懼？

何生曰：當士之懼，飛躍之懼也；何生之醉，飛躍之醉也。有問酒者，吾答之曰：米即水，水即米，則謂之解免，何謂不當解免耶？

當士曰：東風之溢乎？久蓄之旨乎？少則和，多則湎，酖則妨乎？此姑謂之酒理也，善乎？姑謂善飲之時義也，當乎？熟此而忘之，不求解免，自解免矣。未有酒而有酒，則酒即未始有酒者。醇之緣起，即萬物之緣起，即萬古之緣起也。塗毒之麯麩，推上頓於未有水米之前，酘而柞之，酷逼不堪，忽得此「有即無」之釀法，始自解免，而泯於市酤之飛躍耳。《中庸》之盎涗醴莤，飫歌適節，初無所謂不堪之禁戒，則又何待此過當之解免，而後泯於樽罍之飛躍哉？雖然，牛鼓之起穢也，頹激而荷鍤〔一〕也，玩世而浮柏也，皆聖人之所憫者也。重造憂患，以刀兵水火爲之解醒，此一不堪亦飛躍也。果能飛躍，其不堪乎？無善無惡，吾許其高談，浮大白矣。

## 正身

《大學》正心，何言身也？曰：以心治身，即以身治心。以不可見者治可見者，即以可見治不

〔一〕「鍤」，原作「鍤」，當爲「鍤」。「荷鍤」，典出「劉伶荷鍤」，謂疏狂放達，縱酒不羈。

可見者。方圓相裁，微顯互用。齊明盛服，久申天子靈府，而玉藻其萬世之鬼神矣；動容周旋，結赫咺於尸居，而尊瞻其六合之冠履矣。莊蒞行庭，無非不獲；鏘鳴山立，即是絶塵。彼故泡之雹之者，要以生爲世累，世爲物累。累以身受，故滌滌然舍其身；受從心起，故截截然空其心。此爲外身身存、置死地而後生之説，説水欲寒已矣。人苦不憖，憖又不達其指趣，而槁木死灰自賤廢之，乃執曇桂之筌蹄耳，豈真知空心舍身之華光波月者乎？身有所，則爲有者所累矣；心不在，則又爲無者所累矣。禮生於心，即裒其身，不復不由，身乃獨受罪名乎？曠其身，而冠珮盤辟視爲名法交臂之囊檻矣；拘其身，而欲復深衣尸祭，此亦井田封建之桎梏也。因而並以尊親有別之身，例爲桎梏，遂憤執其土木形骸之心，別造一囊檻矣。此不知禮與己之不二也，此不知不二之不一，而執一以累其身心者也。

有悟潛遯之飛身者乎？「遯世無悶」，即遯於六十四之天地中，豈洗耳挂瓢之儔耶？知無依之依，依即無依，則不落述遵，而述遵無不可遯。此聖者之能其兩、聖人之潛其亢乎？知進退存亡而不失正之聖人，以惕躍之洗潤，粹盎無首之身者也；知進不知退、知存不知亡、知得不知喪之聖人，致亢潛之命，以遂水火金石之身者也。一以時其常，一以時其變，然後轉身之路乃乘六龍，不則濡尾之狐耳。

猶豫於忿好憂懼之窟，窀穸於視聽飲食之囊，彼以不免之説自解其心、自輕其身者，又將何所不至乎？譎巧致人千百尺崖上，莫先於奪其所恃。術苟乎奪，則凡可以恣睢取勝以奪者，舉無措也。唾先王之成憲爲溝中之斷木，視君親如土偶，委禮樂於糞壤，豈惟必然？且禁其不如此者矣。不過欲以敵生死，而流弊至此，況籍輕身以恣生死者乎？

真人之舍其身也，以爲君親予之、萬世托之，身非我有也。辟如水火，雖犯水火，不能燒之。手之所舞，足之所蹈，無非無忝之生也。刀鋸鼎鑊，若去指爪，何楚之有？「無所逃於天地之間」，何暇至於悅生而惡死？此之謂「大戒」。所謂空心也，心齋也。空其自私自利之心，集虛止符，乃可以遊於蕤蕤之塗，無所染焉。心則天地之心也，天地其心，則骨肉其天地矣。何爲孤負其天經地義之骨肉而棄之，非逃雨耶？忘履，足之適也，豈以廢屨爲適足乎？忘要，帶之適也，豈以廢帶爲適要乎？《人間世》歸於形就心和〔一〕，戒之慎之，正汝身哉！此與不生不死外身之旨，豈有二乎？

可以舍身，始可轉身，乃可正身。故知一言之「思無邪」，即「絶四」之「無意」也，《大學》之在正，即《孟子》之所以勿正也。心用官而身盡職，此即天地之官也。視聽言動無非思也，用之於邪，無而爲有；用之於正，有而若無。以無思用正思，以正思去邪思，此表之用日月寒暑也。專勒不許

〔一〕「和」，原作「知」，據文意改。

人思之禁，以開思本無思、無所不思之横流，小民泆蕩，究於溟涬。故聖人以罕藏之，以雅由之，豈得矜上慢下，遂欲廢表焚曆，使人邪正混混、誇玄同哉？

楊敬仲求傲迅峭家之狀貌，而遂誣《大學》之正心誠意爲僞書，是知其一，不知其所以一也。老莊不舍因應，則何棄聖知哉？故曰：「物莫足爲也，而不可以不爲。」貴舍其辭而得其意耳。執正告之筌蹄，尚不免病，况執縱横濺血之筌蹄乎？蘇氏曰：「平易近民，終身行恕，則上易知而下易達。雖有巨奸，無所投隙。倉卒之變，無自發焉。然其令行禁止，有不及商鞅者，而聖人終不以彼易此。」今之坑穽賢路，專以崩雷掣電作巫覡牛鳴，煉人於暴虎馮河，眩其迅峭，能超生死者，皆棄灰刑傅之不敢問者也。道無定體，教亦多術，誠身明善，表此正經，神武不殺，未嘗不自洗自藏，自神其用。然寧欲以迅峭争高而辱詈賢者，使萬世藉口糞其中和修身之教哉？從而效其狀貌，以呵爲揚乎？彼用筌蹄，一切皆筌蹄之，然而道在瓦甓，一切皆家珍之。厲風塞耳，駛流旋目，此誘之通别反悱者也。理士之以正告，則矛盾極矣。壽陵餘子〔二〕得毋匍匐歸耶？不妨以陰塵假合爲央匱湯，而朝雍夕飱，始知正味耳。以是歎豁然言先，而善其言後者之難。啓齒快意，不覺害生。丘頤尚口，烏得不慎？

〔二〕「子」，原作「乎」，據《莊子·秋水》改。

沼納樸有鬱芥，得其種而糞之，冬采其子，末之，取其霜，以一抄投肴中，其辛能散人之宿膈而齁，怵怵〔二〕然初不自知其驚而適也。越人好之，專而秘之。其子孫相傳，而家貧，以盂飼客，客吞之，如刺滿其胡，終身病痙。嗟乎！知味則知和味矣。神武嘗毒，不教民廢穡而飫毒也。

〔二〕「怵怵」，原作「怵怵」，據文意改。

# 卷之下

## 薪火

何生曰：九死之骨，欲平療教者之心，心苦矣！然無上專門，目爲文字，而理學專門，不目爲異學，則目爲象數，道高而門卑矣。特闢此場，何以令人入之乎？何不隨其顛倒，以緇爲素耶？

當士曰：避安避哉？寓此有即無之文字天地，則《圖》《書》經學，傳心光之寂器，轉聲氣之風輪也。《剥》爛《復》反，親見心主，任思爲官，蒸湆而茹吐之，以象數倫理之薪，燒毋欺好學之火，則傳養其主，不知其盡矣。太極老翁嘗以無所得之圜謀必不免之範，若曰不可見者，人何以見？應以見載不見。於是乎作費藏隱之器，授之天地，而自碎其身，以爲之用。天地曰：器必有文，文則有名，名必立字。吾以權予筆舌而以印予《圖》《書》，然後邈吾太翁之真常與跂喙之心相見，千轆轤世上之心常與千轆轤世下之心相見。故聖人之祝黊者、黵者、波者、戈者，皆天地也。上繫之燦者、飄者，下載之流者、峙者，動植之卵者、蛾者、芽者、蕤者，血氣之竅者、毛者、枝者、爪者，皆篆隸行草也，皆考究註疏也。混沌爲書簏，天地爲書傭，聖人翻譯之，流通之，或使響榻之，或使背諷之，無非文字也，無非象數也。文字象數之中，無非空空如也。皆異則皆同也，皆專則皆通也，皆卑則皆高也。此已隨天地之顛倒萬物，隨太翁之顛倒天地，而又隨好顛倒者之顛倒矣。特欲一醒之，使知翻車時中之正用耳。若欲避之，死亦無避。概謂皋、夔何讀？彼豈知伏羲以上讀天地之秘本乎？印本即秘本。今尚不能知印本之文字，况知秘本之文字乎？曾知轉文字者，乃真不立文字者乎？

以不通爲不立者，寃哉！大慧所呵之黑山邪禪，姚江所斥之默有四僞，留此托之，亦覆幬之仁也。割泥之喻，訹人先本。故志譏玩物，經標註我，解醒之權，烏可少乎？苦爲襲莿耳染，依通數墨，浮見鉤鎖，握齪膠牙，誦法先王，未能淹化，况能瞠醯目而又矐之耶？烏禯漢礐，剥膚浣脊，用師十倍，卧鐵吞銅，及乎豁庨反掌，家珍任用，則學問簡畢乃古今之鹽醬也。理之汩没於語録也，禪之汩没於機鋒也，猶之汩没於詞章訓詁也。

所謂切者，槁木耳；所謂脱者，野獸耳。夫豈知外皆内之支離易簡、别即圜之襍華半滿乎？夫豈知别峯即攻玉之錯、宫牆即彈指之閣乎？石火不擊，終古石也，然無灰斗以擴之，石雖百擊，能舉火耶？是糟粕而神奇也，醪之於醺也。容之，則盡兩間是圓鏡；否之，則盡兩間是闉闍。噤聲兀坐，已犯腹誹反唇之罪矣。

沆瀣無盤，傾湫倒岳，汗牛充棟，實無一塵。何者非障？知又何障？理學有倣禪藥語，勒禁無意，謂文行忠信非孔子之言者，宜未知禪之所以爲禪耳。况知聖人言先，旄麾三諦而藏於緣因之天地，貞一適中以鼓舞民用者哉？象山之悚註我也，甚言由己耳；正公之警喪志也，逼人篤信耳。曾知不乘物以游心者，枯坐更喪志乎？水不澄之不能清，鬱閉不流亦不能清。游於水者，視水猶我；游於藝者，何藝非仁？波依水，水依潤，無依藏依，而隨流本澄矣。

不徹琴瑟，鐘律自諧，合止柷敔，益以雅相。知所以鏗然詘然之不掩其節，而始縱之相忘於適成哉！因也。聖人因時密轉，正其智，以化其智；勞其生，以安其生。四民首士，四教首文，天下風氣，必隨誦讀之士所轉。革之以因，逆之以順，直現南秘北之禮地，以穆其無南北之智天。許其份份，文明以止；老將志事，託於斯文；安寘三根，共此苑囿；尊親食力，各自嚌嚅。象教緣起，續命分燈，簡諒羹牆，萬古覿面。且無論優優表法，洋洋會通，道協分蓺，深造之自得乎？即汩没糟粕者，守其殘編，傳家訓俗，引經闊步，消其邪悖之夢；筆畊學祿，洗其温飽之蚩。悍無不柔，戾無不馴。君子曰：聽仁智之見，謂百姓之不知可也。但令人人理此生即無生，固衍其太平之心光矣。

印度之藏，内外五明；大智之規，後通語典。但戀遮遺，偏畏多聞，正屬背覺合塵，遺金拾礫，悟同未悟之茗荈，永明、石門，何嘗不早憂此耶？若正襟儒者鄙唾《六經》，《六經》一賤，則守臆窺視之，無忌憚者羣起矣。今日久舞狻猊狎侮之戲，痛厭六瑟。六瑟之堂，若不註「信述好學」之真我，專襲「《六經》註我」之抗説，乃瓜坑砥柱也。有真知《六經》之註我者，知天地之註《六經》乎？我即

《六經》，然後可云「《六經》註我」。既知《六經》即我，仍何妨於我註《六經》乎？天地註曰：無聲無臭，表於倫物，烟烟煴煴，醇於經史。

《易》《春秋》也，《詩》《書》也，《禮》《樂》也，戴履而衡旋也，更番而六象也。知《春秋》之何以故乎？聖人不曰冬夏而曰春秋者，取日月之東西環也。四時極寒極暑，不過浹旬，而和平之候，皆春秋攝之，猶之切協調於真庚。《鄉飲》曰：「左聖鄉仁，右義偕藏。」二分以佑二至，貴民用和平之仁義也。故知倫物切於《春秋》，《春秋》養於《禮》《樂》，《禮》《樂》載於《詩》《書》，而《易》以統之，即以泯之。故曰：《易》襲《春秋》，《春秋》律《易》，《書》正以導之，而《詩》風以興之；《禮》以中宰之，而《樂》以和節之。隨人之受不受、深不深，業已熏於發呴之聲中矣。此天地之風輪寂器，誰知之乎？邵子曰：「《春秋》，盡性之書也。」愚曰：「《易》者，盡情之書也。」「聖人之情見乎詞」，而天地萬物之情可見矣。荀子曰：「《詩》《書》《禮》《樂》之分，一之而可再也，有之而可久也，廣之而可通也，慮〔一〕之而可安也，反鉛察之而愈可好也，以治情則利，以爲名則榮，以羣則和，以獨則足。」此知其一端耳。「温柔敦厚而不愚，疏通知遠而不誣，廣博易良而不奢，潔静精微而不賊，恭儉莊敬而不煩，屬詞比事而不亂。」此猶非知其深者也。知深亦何爲乎？

〔一〕「慮」，原作「思盧」，據《荀子·榮辱》改。

天地一蠟也，太泔無味，不得不具染以嚼之，具染一天地也。劉邵曰：「淡而不䤅。」謂不厭也，所以鼓鼎飪之巽火，而繼宴享之純繹也。攻木扣鐘，繼聲繼志之《記》，末曰：「大道不器，大時不齊」，此先河後海之源委也，繼則深矣。學以繼志，志以繼學。十室必有忠信，不如其好學也。加以無事□少，厭苦差別，是以苟安自委，羸閉蝸涎。窮理未盡，即惡理膠；萬法未明，即爲法滯。豈惟不能開物成務？其所護高貪簡、莽莽於無分別者，正疑種矣。專家榜門，四山正熾，有一焉，自以發憤之放曠爲谿谷之呴吹，以柬柏之彌下藏善刀之四顧。既不聚徒，又不持杖。行窩弄丸，垂簾隨勸。風力所轉，亦未爲不平也。

空無非火，火無非燒，而除其桑薪，禁其吹嗌，幾時各安生理耶？若復瞻顧空拳，執指忘月，仍是智識之根未明，栖尸鬼耳；若復放浪貪便，托名櫟樗，仍是自私自利，遁獸窟耳。天下病實，捄之以虛；天下病虛，捄之以實。既以無虛實者燒其虛實，即以虛貫實者燒其無虛實。太翁笑曰：此一元之午會，當際極明。本無虛實之中，有虛容僞多、實容僞少之別焉，有集虛充實之真空真實焉，可不一折中乎？惟好學苦心者，九真□一僞。僞則爲人所摘，而彼又面薄，不敢以自解免。達天者曰：學即絕學。絕學何用賒談？故公議以下學爲桑薪之嗌焉。嗌自化也，學自達也，下即上也。飲者不渴，不渴忘飲。人立地而周天，此下學即上達之表法也。皆僞皆真之隨其顛倒，此非人識所當口美。

平公曰：天亦不口。

## 禮樂

《樂記》曰：「大樂與天地同和，大禮與天地同節。明則有禮樂，幽則有鬼神。和故百物皆化，序故羣物皆別。樂由天作，禮以地制。仁近於樂，義近於禮。樂者敦和，率神而明天。禮者別宜，居鬼而從地。禮樂明備，天地官矣。」「玉帛」「鐘鼓」云乎哉？「極乎天而蟠乎地，行乎陰陽而通乎鬼神，窮高極遠而測深厚，樂著大始而禮居成物。著不息者，天也；著不動者，地也。一動一静者，天地之間也，故聖人曰禮樂云。」「教者，民之寒暑也，教不時則傷世。事者，民之風雨也，事不節則無功。」〔二〕以《學》《庸》爲禮心，以《禮運》神禮器，本大一以用其分轉變列，降命而官其二中之一，和其由中，格通外内，即博是約，鼓舞憤竭，以不覿聞踐其節文，藏隱於費，而知微之顯，克復其天下歸仁之己。心心乎？迹迹乎？雙治而同忘矣。是禮樂者，合君臣之坐論也。中和者，潤首足之機沐也。豈非二寒暑二風雨即穆其不已之一天乎哉？

---

〔二〕《禮記·樂記》：「天地之道，寒暑不時則疾，風雨不節則饑。教者，民之寒暑也，教不時則傷世。事者，民之風雨也，事不節則無功。」「事」原缺，據引文補。

邵子列《易》《詩》《書》《春秋》，而以禮樂行之。可知化教勸率，要以中和致之，六皆五、五皆四、四即二、二即一也。聖人之視幽隱寥廓也，皆可奏可數者也；其視倫物動植也，皆無聲無臭者也。無處不以表法，示人無隱，而人自不察耳。《燕居》曰：「古之君子不必親相與言也，以禮樂相示而已矣。」「達於禮，而不達於樂，謂之素；達於樂，而不達於禮，謂之偏。」忠信以立本，義理以行文，無本不立，無文不行。致中於和，以和庸中。忠行於恕，恕如其忠。藏智於禮，藏悟於學。史以別經，《春秋》奉《易》；《書》興於《詩》，立成協藝。禮樂之於民物，猶經絡之於營衛也。致其敬而誠若，有美而文而誠若。齋明拜讓者，禮樂之蓍龜也；威儀事感者，禮樂之爻位也；倫物尊親者，禮樂之儀象也。穹軒日月，已表周旋貫珠之法矣；呼吸宫支，已表朝享琴瑟之法矣；《方》《圓》《圖》《書》，已表升降清濁之法矣。

聖人表其順運之實曰：「承天之道，以治人之情，失之者死，得之者生。」和氣在上，望藏從初，養生送死，事帝從朔，魂魄合莫，於獻君臣，克諧其聲，祜先夫婦，成於孝慈。「天秉陽，垂日星；地秉陰，竅於山川。播五行於四時，和而後月生也。三五而盈，三五而闕。五行之動，迭相竭也。五行，四時、十二月，還相爲本也；五聲、六律、十二管，還相爲宫也；五味、六和、十二食，五色、六章、十二衣，還相爲質也。人者，天地之心也，五行之端也。」端在欲惡，而情田之奥必以靈者畜之。始於禮耕，終於樂安，中於學耨。以仁義夾《春秋》，知順則常古矣。常古者以今知古，知古即今，即無古今，而隨其今古，此大常也。龍鳳麟龜，非畜於中五，而衍於地盤者乎？深於禮樂而欲惡自理，生死自知，魂魄自安，鬼神不違矣。知聖人之以禮樂言生死魂魄鬼神乎？知聖人之藏生死魂魄鬼神於禮樂乎？幾在欲惡耳，無欲惡則無生死矣。果可無乎？果不可無乎？過此者，吾許之知禮樂矣。

悟哉！學者之泥應對絃歌爲禮樂也。惜哉！學者之離應對絃歌爲禮樂也。《法言》曰：「吾見諸子之小禮樂也，未見聖人之小禮樂也。」不見天常爲聖人之筆舌乎？「醴酒之用，玄酒之尚，割刀之用，鸞刀之貴，莞簟之安，而稾鞂之設。」〔一〕表反本也。因財致物，升中於天，達亹亹焉，表因也。堂上罍阼犧西，堂下縣西應東，表交動交應之和也。内金，示和也；束帛加璧，尊德也；龜爲前列，先知也。入門金作，示情也；升歌清廟，示德也；下而管象，示事也。鄉飲，賓主象天地，介僎象日月，三賓象三光。三讓三卿三賓，政教之本，禮之大參也。凡若此類，不可悉數，制器尚象，左端不忘，何往而非無隱之表法耶？皆動頤也，皆大一也，皆器也，皆道也。

不通表法，不可與言《易》；不通象先，不能知表法。離物寂静者，乃求通象先之偪侶耳。放

〔一〕「鞂」，同「秸」。原作「禾」。《禮記·禮器》：「禮也者，反本修古，不忘其初者也。故凶事不詔，朝事以樂。醴酒之用，玄酒之尚，割刀之用，鸞刀之貴，莞簟之安，而稾鞂之設。」據改。

聲繁急者，苟樂而已，尚非知樂之偏者也； 持循規矩者，守禮而已，尚非知禮之素者也。况乎統不息不動之神，順大始成物之理，而運時中之純繹優優者哉？五至三無五起，歸於天之四時，地之風霆，躬之清明。志氣塞乎天地，哀喪以淬志，猶怨之可興、貞之起元、冬之出震也。志學立矩者，禮也； 耳順從心者，樂也。 知也者，其竹箭松柏之貫乎？

## 孝覺

孝者，學也，教也，覺也，一也。中五爲乂，二乂爲爻，即交字。一在二中，無非交也，後如月作肴。孝本從子爻，後故爲孝； 又孝即效字，後别作效。又孝即學字，後加二手、加冖爲學。又孝即教字，後加攴作教。此數字皆一字，覺則其音義也。天地生人，人肖天地。聖人爲天地之孝子，而又爲之師，因本生而教學焉。誠覺其生之所從來乎？自覺心之所從來矣。覺其生，斯親其親，覺其親親之心，則知事親之不可以不知人、知人之不可以不知天矣。《孝經》曰「孝無終始」，「通於神明」。 曰孝無始，則孝有在乎髮膚之先者； 曰孝無終，則孝有在乎身世之後者。從來其從來，則多生即此生也，多生之親即此生之親也。苟孝其心，即孝其天； 孝其天，則天其親矣。以明通神，以神通明，明即神矣，神即明矣。此孝之所以無終始，而必教學以大明其終始也。

子曰：「吾志在《春秋》，行在《孝經》。」天人之不二、知行之一致，是律管之灰、根幹之滋也。

誰先覺乎？覺有幾焉，幾在倫其人以理其天。天以春秋理萬物，而一造其端爲夫婦，夫婦端而父子繼，則天地間之繩衡交五備矣。資父以事母，而天地皆天；資父以事君，而上下定志。翕兄弟，乃以順父母；而宜妻子，乃以湛和樂。朋友之交，則酢四綜三而論倫其志行者也。始以自嚴，則父子夫婦即是君臣；無不愛敬，則君臣師弟即是父子。無非天其倫者，無非倫其心者，孰是明理交資而論其志行者？達天孝天，謂不教學而能信乎？曾子曰：「孝衰於妻子。」《坊記》曰：「以此坊民。〔一〕民猶薄於孝而厚於慈。」賈生痛之曰：「慈子嗜利，而不同禽獸僅焉耳。」〔二〕此何故耶？人情易順而難逆，惟志乃以逆之。有覺其順，資於師友。氣帥既建，志行乃明。故《春秋》者，明倫察情之《屯》《蒙》《需》《訟》場也。

《宗一聖論》曰：「孟子之言少慕父母，而遷少艾，遷妻子，仕遷於君，此悲人情之因我而遷也。養子者母，而乳之者親，親所需耳，需妻子也，需富貴也，將來者進矣，欲其以慕親終也，得乎？少艾之需我也暫，而妻子之需我也恒；身之需於富貴也寡，而妻子之需於富貴也博。妻以人合，有時而移；子以天合，不可移矣。故旌孝而民稱孝者，百不一也；未嘗旌慈而民之不慈者，百不一也。

〔一〕「坊民」，原作「妨民」，據《禮記·坊記》改。

〔二〕「嗜」，原作「耆」。賈誼《新書·時變》：「慈子嗜利，而不同禽獸僅焉耳。」據改。

富貴之逮其親也，色欲然，而心以爲有餘；富貴之遺其子也，多侈然，而心以爲不足。蓋代其身之需者在子孫，而鍾其子孫之慕於富貴。所以慕君而熱者，即其所以慕親而啼者哉！」故學者一善不明，此所以多患得之鄙夫，而鮮移忠之孝子也。慕時罔覺，盡心宜逆，逆知種德，則順知苗碩矣。聖人之所需同於人，何所慕之異於人乎？無他也，知身非我之身，而親之身也；身非獨親之身，而天下之身也。以身爲親之身，故其慕親也不以温飽，而孝不衰於妻子；以身爲天下之身，故其慕君也不以富貴，而慈必覆乎蒼生。故舜無我，則慕不爲天下遷，而天下皆我，乃以終舜之慕。故曰：執孩提之我，慕亦屢遷；無孩提之我，而良乃四達，則飛躍其愛敬，而天淵其孝弟矣。知慕者，四端之始事也；充保者，四端之終事也。要必知萬物皆備之我，乃能喪其需物慕遷之我；必資師友教學之慕，如以礪其知天明倫之慕。《家人》《蒙》《蠱》，環作紅爐，有子克家，大師主器。堂闈以内，上交中交下交，天下之象具焉；祭祀餕饋，以似以續，陰陽之義具焉。嚬蹙戲渝，畢世無隱；夙興夜寐，五辟相窺。温温集木，所以嚴威；慎其親愛，乃能保艾。使親忘我，以至天下兼忘我，此乃不及孝之言也。至郢不見冥山，而冥山自在也。知慕之始與充保之終，豈二視乎？

聖人約之曰：不敢惡，不敢慢。此慎其孝無始之獨，而誠其貫始終之幾，所謂知至至之者也。又足之曰：言滿天下無口過，行滿天下無怨惡。此充其孝無終之量，而存其徹始終之義，所謂知終終之者也。《孝經》而《春秋》者，欲人知所以孝其心，孝其天，孝其身，乃以孝其親之終慕也。明其始終終始而神其無終無始，則孰哉〔一〕之文斷、比干之剖心，乃所以慊其不敢毁傷之啟予。「不見是而無悶」，五岳不知所終，皆所以傳其行道揚名之後世。禹惟勤儉，不自滿假，故能蝘蜓於寄歸之海，此致孝之所以無間也；庖丁之動刀甚微，解乎無所逃之砉然，此《養生主》之所以養親也。

不告而娶，必帝女也，必底豫之後也，不則在下何久鰥耶？孟子不難借桃應以明天下爲敝屣，則「無後」一語肯爲野合不告廟者托乎？或以瞍保虞慕之國，象欲奚齊，則舜之陶漁猶泰伯之荆蠻也。仲尼之信至德，非猶伊祈之信蒸乂哉？季札尚非子郢，而比公羊之禍宋宣，豈知《大學》教讓之先幾乎？舜之敝屣得於堯之敝屣，首陽能敝屣其身，由於能敝屣其國，此以知逍遥四子之敝屣即王天下不與三樂之敝屣也。此義不精，故衛晉之私慕愈亂，苟息死不塞罪，而子路枉送一醢。此郅惲所以高於魏徵，而宋玉所以比樂東海也。惟能寒涼其慕遷之熱，始能明察其天地之身。後世之留鄰，尚能全人父子之天，免於楊素、趙普者，則皆私慕尚輕、淡泊善舍故也。有真移忠之孝子，必許以真空矣。

庸能免非，終身不娶，此真嚙指操雪〔二〕之孝子也；如有問者，「必在汶上」，此真失靷誠感之孝

〔一〕「孰哉」，原作「熟哉」，誤。孰哉，仲雍字。
〔二〕「操雪」，疑爲「澡雪」之誤。「嚙指」喻兒子對母親的孝思與眷顧。「澡雪」即「澡雪精神」。

子也。簞瓢不改，即是匪懈；發憤忘食，正此泫然。世或謂啟聖之公足以顯親，此一節管窺耳。將謂陳恒之篡齊，足祝重華之昌後乎？舜之大孝也，德爲聖人已矣。若籍享保，則宗廟子孫詎及夏商周乎？故知舜受禄位名壽之顯命，表恭己勤民之火藻，合萬古以孝其天；孔子受禄位名壽之密命，傳明善齋戒之菽水，合萬古以天其孝。則萬古之心皆聖人之國土，而以《孝經》《春秋》爲宗廟，《詩》《書》《禮》《樂》爲俎豆，《大易》爲薌火者也。

既言七教，又言三至，正謂富貴莫過於天下，篡弑皆起於熱中。後世之情，慕遷愈變。正經提綱，而學古可覺。定執中之矩，庶免覬覦之萌，則家天下之教孝猶之官天下之教孝也。孺子、山陽、宋邵、隋麼，早見於州吁、商臣、髡頑、州蒲之類，僞作竹書，亂後目以自混者有矣。不如以常格安之，以世禄溥之，而警其嗣德，重其師道，示之曰「有德易興、無德易亡」而已。故知禹之心與東面南面望湯，而湯之心與玄黄壺漿迎周也。後不明此，但以世及爲繼業，而不知以善爲垂統，故舍生浪世，以殉富貴熱中之焱，焦爛爲期。何怪数畦環堵，皆執以爲我有，執以爲我子孫之有。府民之怨，犯鬼之瞯，得之如塞翁之馬，求之如東野之御，失之如吞豚之鰥，此猶世所稱豪達者。熱不可冷，冷而愈熱，嗚呼哀矣！富貴貧賤之介生死，必此終食間繕性倒寘，收誠軒冕。玄士指以爲犓，豈知此乃精之又精者乎？正悲豪達往往護痛，不以冷於富貴即超生死，反以超生死之説寬其熱中，不免誣天以順瀑流，又且誣親以爲家教。世禄鮮禮，習俗成風。父以富貴慕其子，子以富貴慕其父。王霸不免投耒沮怍，右軍猶曰良由汝等不及坦之，何怪摶銜者之慨貧窮不子、妻不下紝哉？

高大門閭，後未有笑拙者；　牛眠致福，骨且與陸生之寶劍同謀矣。親戚朋友皆以富貴爲善繼述，妻妾僕御皆以寒暄爲大愧耻。市怒室色，塗附相煎；　賞盜富淫，肘履互慨。不得不以貪殘償其堂構之慕，以危亡償其箕裘之名。望塵之累母，非王陵可比也；　干鵲之累父，非晁錯可比也。誰其以偏謫雀鼠之顔爲礪石，而培鉏經待月之風乘雲氣乎？是以國多桓靈之政，家以熏灼貽謀。反執遵行，謂之無改，屏風教譋，亡爵爲誡，猶其醇矣。夫無改者，無改於道也；　繼述者，繼述其善也。非道而無改，非善而繼述者，大率鄙夫其父母而世濟其熱中耳。故聖人復明幾諫諍、子號泣之條，精此覺義：　庭闈之間，具有堂廉斷金之治；　膏肓之内，早嚴風火裕幹之方。步趨詩禮，俯仰報恩；　酒肉琴瑟，無非盥薦。唯諾皆質鬼神，盈寓内者，盡孝順事實也；　作述以俟百世，食其教者，皆冰淵家風也。苟非大喪其熱我，不匱聖人之志行，又豈信明善誠身之先覺爲盤古混沌之克家諍子，乳褓百世之孩提鬼神無改於《乾》《坤》之道，以繼善垂統哉？

善之未明也，皆赤子慕遷之根未徹，而終身熱中之我未窮也，窮則喪矣。孝所以事君，慈所以使衆。所以之端，誠在好惡，端之先，其慕之根歟？故曰：　無我者，無始之性，至善之體相也，赤子之心不與也。緣所遺者，不可不知，緣又安所遺乎？不知其所以，則赤子之心失矣；　知其所以，則赤子之心即天也。含乳而貪，失之而呱，何所非天耶？教之曰：　何所非天，而熱中之滔滔伏此涓涓矣。故曰：大人不失赤子之心者，致其所以知慕而乃不失也。豈韞火於不鑽之木，枵腹待養，而藏金於不銷之礦，束手望器乎？如曰不藉人益，不受人損，則教之以大人之學爲害赤子矣。塵沙與金屑不可入目，此喻其本明也。世之執此也，以明之不可益，而罷去翳之藥，則明寧可復耶？枸實兔絲，何妨於益？馬矢之熏，謂能不受損乎？以赤子之乳與褓皆爲人益而卻之，以聽其壯，則能以赤子終者寡矣。不受損益者，水之潤也；可以損益者，波流清濁也。反復其清流於濁，而知濁中之清。渡不溺波，而浴飲受潤，則益還其無所益、損還其無所損，而江漢秋陽，永錫爾類，普天溉種，慶至善之家業矣。聖人達之曰：赤子之慕乳也，何嘗不貪？乳足而止耳。因誠求而知愛愛，知親親，知尊尊，知敬，知愛敬，則與其慕不分也。此嗜〔一〕慾綿綿日生之中，終不可昧滅其先天者也。以是赦天下，而示大順之實曰：適得而幾矣。聖人達天而信其如斯，故因其不容已，爲此服勤致死、昏燕喪祭之制，以文其先天，而節其後天。一洞洞，一屬屬，一言言，一油油，一折折，一鏘鏘，皆舞蹈於太極之睟盤，而提攜乎儀象之家庭也。大人可以隆殺因革而無不適合，小人聽其出入勉强而終不敢騁。騁則其夫婦父老之寤寐得而目之手之，則鬼神亦得而目之手之矣。凶暴至死，亦不能揜其天倫之肺肝。衆中呼之，必且面赤；暗室伺之，必且汗下。迫則呼天以自解與呼親以自解也，有以異乎？況

〔一〕「嗜」，原作「耆」，據文意改。

稍知尊親無忝者乎？以是慕遷、遷慕終無逃於《春秋》之天。《孝經》一出，而虹玉亘於萬古矣。此聖人催千古之高奇熏赫而逼人歸本之烈炬也。

以天人鬼神通作瀹灡，是何如疾痛苛癢；以元會縷丸鄭重一息，是何如君蒿悽愴。前後代續，盡此一報。以明續神，以神續明；以學續孝，以孝續學。此真拔萬世生死之大孝子乎！

人子之生死波靡也，豈在刀鋸倖免以侈髮膚耶？自毀其戒畏，即傷其天矣；自辱其天，即傷其親矣。生死之幾皆始於造次之惡慢，須臾即成天下之過怨，貽禍國家，流毒後世。今使秉不敢惡、不敢慢之吹毛，肩無擇言、無擇行之峻極，而大地之險阻平矣。此一造次、一須臾，即孝子之所以嚴父事天者也。嚴莫嚴矣，慎莫慎矣，達莫達矣。由此論之，文章制度不過表孝子之祜禬，兵刑地獄豈能比《孝經》之迅利哉？覺至此，而有不爽然神明者乎？莫孝於心，慎毋自欺。吾孝吾心，吾達吾天矣。自達其後天續先天、先天即後天之天，即明其嚴父事天之天，遂使萬古祖宗雲仍之天皆不負天之大父母，而各享其無生死無終始之天。豈非達慕？豈非達覺？

## 知人

不知人而鐸治教者，是畫虎也；不知天而求知人之情者，是筭沙也；不知理其人之情而自矜知天者，是屠龍也。曾知一春一秋，天所以知人而教人之知天乎？「百物生焉」，不相亂而各相治也。東南盛德氣也，即西北之尊嚴氣也。仁而樂其禮者，即義而信其智者也。此非是非之所得是非也。人不肖此，則非矣。人不知其所以肖，則是非皆不肖矣。知人本肖，必言當肖。知肖之所以容不肖，而即以肖化不肖。明其是非，乃無是非，即立爲泯，以安爲忘。此天之所以托聖人，而聖人所以制天立極、傳用人度人之法也。

不見天之常其五中而旋四交用乎？何其諄諄以文理，而詳令以時行乎？使三垣而竄其次舍，孟夏而凋其草木，則天之仁義禮智不可信矣。眉髮懸於要膂，而血氣不由經絡，則天地之尊親有別不可信矣。天既不失信於聖人，人奈之何不信聖人無是非之是非哉？泯儕是儕非之格，植耳爲目，則神叢而實狐質耳；遁無是無非之窨，颺忽帝王，則目蝦而實烏鰂耳。

知人者，知其相讒相嫉、愈蔽愈護之故，則可以爲天之肖子，而理天之家事矣。厭理家事而廢置其賢不肖者，悼耄可也。督不克家，篡奪在側，奈此一朝居何？一朝之居即萬古之居也。是非必不免糾纆，而教人操敢亂是非之利器，反以讒天而嫉肖子，自護其蔽，欺人不知，此人所以益難知，而知人之柄公然以公非爲是矣。豈不庸哉？

平也如水，習險隨流；虛也如谷，有響斯應；明也如日，何物不以自理？此無是非之是非，所以隱揚問察，而萬古之人無所廋，萬古之天亦無所廋也。聖人以天下之是非消天下之是非，而即以我之是非消我之是非。知有深是非而消其淺是非矣，安其淺是非而消其深是非矣。信其肢奉首、神踐形之是非，以熟夜氣、平旦之是非，即以消其深淺、無深淺之是非矣。

舍己而隱揚之，舍己而問察之。善氣迎人，人無非己。取無不樂，與無不同。即物是則，即則是帝，家家一祐主也。民之視聽，以天自斷。知命之禮，立於知人。豈雄其磨隧刻深，騁方人之月旦，或且絜楹突梯，以不臧否人物藏拙乎？所以、所由、所安之先覺，覺之以天而已矣。「惟仁者能好人，能惡人」。此智信之所以帝出乎仁方，而復禮之所以與義利物乎？通天下爲一人，使人人通天下，既不以慘礉億逆，亦不以毀譽自嫌。一物之是非，無不具載覆之帝則；一事之是非，即以醒古今之天斷。莫仁於義，莫智於禮，此之爲道，信乎是非之外，而和於是非之中，可以知以人治人之忠恕，即不落天人之神明矣。

漳浦公曰：「《春秋》，忠恕之書也。」不忠不足以盡己，故引天下之道歸之於忠，凡存百世之坊者，聖人謹書之，所以教忠也，禮之本也；不恕不足以盡物，故裁天下之義歸之於恕，凡解百世之網者，聖人平書之，所以教恕也，樂之本也。以二百四十二年之存爲數千萬年之俟，禮樂洋溢其舞蹈，詩書薰化其魂魄，深切著明，見諸行事矣。

論理宜虛，而論事宜實；憐才宜大，而察品宜細；并包宜寬，而質僞宜嚴。此皆所以慎其藏身喻人之恕，而孚其瑕瑜不掩之忠也。豈曰深切著明，近於瑣苛，有嫌各正性命之恕？見諸行事，落於條目，有嫌於穆不已之忠乎？

因物顯道，不妨指鹿爲馬，而揚遏之黑白傳焉。若以寓言爲無稽，則義文之周流晝繫，亦《齊諧》之荒唐矣。此無虚實者之神其知於運虚也。五行五臟，倫常之表也，而《大易》之用，乃有確徵。若嫌《春秋》之褒貶，還之太虚，而藐不核實，則曾參抵罪，李代桃僵；戴淵封公，不改劫賊。是卦爻之吉凶爲妄語惑細民矣，旌别之風聲爲含瓦石、執鄙吝矣。此無虚實者之神其知於充實也。

聖人在宇，世無廢人，在原、賈淑，皆孟卯、陳平之類也。天所以用細也。孟敏之墮甑，運期之舉案，吴祐之杵臼，叔賓〔二〕之墻高，皆畢命之小物、《君陳》之三細也，細所以用大也。芻蕘必詢，互鄉不逆，寬以容之，而容乃公矣，寬所以用嚴也；閹媚無憚，必誅其隱，嚴以惕之，而惕乃無咎矣，嚴所以用寬也。揚以爲隱，遏以爲揚，順其休命，即不已其穆命。無在不以問萬世，而使世自相問；無在不以察萬物，而使物自相察。慶殃律《易》，兩端用中，謂非鑄夫婦之刑書而聽神明之無訟也乎？止斤斤於陳迹之嚬蹙，而不窮其好惡之本原，固《春秋》之俗吏也。但快其削觚爲圓之高論，而故冤其賢否之差等，尤天地之罪人也。生死即無生死，天與聖人知之熟矣，而無所事教，故不教人無生死，而惟教人善生即善死。雖千萬其奇巧，炙輠其汋激，能出此乎？

---

〔二〕「賓」，底本缺。《後漢書·郭太傳》：「史叔賓者，陳留人也。少有盛名。林宗見而告人曰：『牆高基下，雖得必失。』」據改。

以質論藏通，不以通論壞質，故小民各沁瀝其肺肝，而神奸不能竄逃於目手。羲軒之桃茢即堯禹之鞭策，大成集之，正賴有此生死本耳。故曰：上不及聖人之地，下不居小人之名。此具枉直長短，分數互明，不咈不干，鼓勸甚大。何得貪傲椎拍冥應之雹光，自驕牢落疑人之譎智，遂禁比櫝申晝之義路，使愚泯倀倀無所早決，及至縱情觸網，乃以憯刻付之酷法、悍忍委之氣數乎？

至人以上，何所容言？言之者，竊至人以竊天地耳。此銅狗鐵〔一〕城所以奉忠恕之法，而皇極政府所以警作好作惡之宄也。皇極之政一立，則天人、神人、至人、帝王以至山川鬼神、里巷牧豎，皆受斷於《春秋》之鐵案，而各食於君子之樂土矣。案定於冠履之倫，六樂於勤學食力，舍是則鄉隣無容置面，强口則犬馬不與分飡，欺則自欺，誰能逃之？故熟觀「春王正月」之象魏，即是遊無寒無暑之通衢，非曰此於于以蓋衆，而殉薤於子夜之穴乃爲無上也。造次過富貴貧賤之牢關，即是超陰陽乘雲氣之峯頂，非曰此膚淺不足論，而别陷於求生死之窟乃名甚深也。所悲情變已極，不得不與衆明之，斯民之直，盡此無隱。

嗟乎！知《春秋》之忠恕爲《春秋》之傷心乎？人情難知，不敢自知，不敢不創此知人之鑑而使後人鑑人也。英主感寤，賢臣諫諷，争子幾泣，良友忠告，孤孽引决，父老祝詛，靈臺對簿，毫髮不移，

〔一〕「鐵」，底本缺，據文意補。

皆鬼神之告、天地之臨也。龜馬之消息安得不副麒麟之泣袂耶？申侯借戎，子膺父器，揚之水戍而不討，若幸驪山，蓋異變矣。隱不能爲子臧，而桓方躁於衛晉。《左氏》信桓之欺，故曰攝；《公》《穀》信隱之詐，故曰讓耳。蔿氏彭生之事，夫婦父子兄弟之異變也。宰咺歸諸侯之妾賵，則忘其親嘗褒姒、伯服之變，而成人之寵妾以啟亂源矣。書「春王」者，思有宣王，六師勘定，伯御諂道，順於夷宮，豈不略捄廢括立戲之亂命哉？平公不碍爲重耳，然而表恭世子者，亦猶旁審讓國之仁，而惡桓之成宋亂也。《詩》記《乘舟》，許止存疑，皆傷心之筆也。何至元始以拒父爲尊祖，而雋不疑借斷乎？人恨不生上古，而又幸其在今，以聖人有盡性之券，而忠恕爲盡性之方，可資斷也。德昭之不容再誤前車，與夷湖宮之不免追思悔疑，主父情迫相反，不如早知景雲鑒於喋血，而讓皇優於延陵矣。光武廢郭以立陽，猶高祖之留呂以强惠也。以爲太宗不知宮中之武，且快元魏能用拳后之策耶？《關雎》、褒姒，《詩》之首尾，其微危乎！蝎莫螫於天授，而景龍効尤，何堪野史偏鋌，顛倒快舌！則召宋朝，彘戚姬，普世牝晨衮冕爲女王國矣。

惟愛易蔽，惟禮制恩，都君可掩，伯奇可逐，庶兄可剖，新臺可築。苟非主教者時洗《春秋》之日月，則謠諑相尋，皋訕胥溺。又況宦寺權幸之焦灼傾輈，而望昏煬之中發知人之鑑哉？《春秋》於文姜，非仇母也，以父而仇之也。談者比茅焦於錫類者，乃潁考叔之罪人也；杜預以死卓子爲斯言不玷者，乃富辰之罪人也。夫婦兄弟之情變已知，則父子何情變乎？君臣之情變乃其大較易知者矣，然猶無如巨慜〔二〕之善托也。鬻權之兵諫，祭仲之行權，人皆知之。桃園之書與《南史》並重，豈得比伯玉之近關、平仲之三踊乎？然爲之説者，尚未知《左氏》爲三晉之文士筆也。屠岸賈詞非不正，惜燕伐燕耳。嬰、臼爲趙之死友則可，謂爲晉之忠臣則不可。觀於彼之六卿分晉，則韓厥之植黨何異於唐河北之代請立後乎？茂宏自云：心思外濟，幽冥負友。當淮流正盛之時，門生故吏〔三〕彌縫緣飾，有一取節養賊之譏，則袁宏賦不敢及，誣者苛之於八翼之夢矣。此情變之至難知者也。「殷有三仁」，以去諫，以狂諫，猶之以死諫也。平、勃與王陵，苟有其心，不嫌異同也。然非可令許敬宗藉之以剚刃無忌、遂良也。

聖人視道與天下一也，以身肩之。有時道重於身，有時身重於道，而天下不與焉。人知舜、禹有天下而不與，孰知湯、武有天下而不與乎？泰伯之與文王，其道均也。丹淵、商城隱忍以成父讓，庸詎非至德乎？天生瞽叟以傷舜之心，而成其大孝；堯特用鯀以傷禹之心，而成其無間。可不知乎？佯狂於紂，授疇於武，始終視其道重於身；初不受土，卒於有宋，始終視其身重於道。微、箕與干同一傷心，三仁與五帝、三王亦同一傷心也。自此以降，心預爲之傷矣。

〔二〕「慜」，原作「愍」。無此字。「巨慜」，元兇，大惡人。
〔三〕「吏」，原作「史」，據文意改。

踞吾爐火，山陽善老；禪出袖中，不免生金。季奴不取元海借漢之名後，此不必建安、義熙之久日危而甚甚矣。彼夫枝大於股者，皆貸之一城俱酒之家人也；滌鼠清奸，皆晉陽之甲也；騎虎不下，皆卒鄴匠麗之事也；成濟友恭，皆不及戲陽速之智者也。綱之目之，何謂涑水、紫陽非知我罪我之干城乎？

世慕英雄，久輕道德。曾無荀彧阻操隔世之功，並無賈詡、劉穆才濟智臧之用，徒羨長樂之老脂韋，全其蜉蝣，置君弈棋，歲一易主，此阿衡鷹揚所以罕及仲尼之齒也。晚年舍身碎骨，以沐浴收萬古之霹靂，豈得已哉？子我死簡公之難，爲田常所殺，其於結纓行行多矣。向謂遷誤闞止，今攷《呂覽》，陳恒「攻宰予于庭」。《韓非子》云：「宰予不免於田常。」子長承訛，不思與常作亂，常何滅之？如謂齊人惡其助常，是時齊人知有常，誰敢問其黨？又李斯短趙高於二世曰：「田常得百姓羣臣，陰取齊國，殺宰予於庭，遂弒簡公。」京山詳之。漆炭擊衣，死一節耳，不以死諫智氏，不竭力於中行，而曰愧二心者，遠矣。嵇紹之蕩陰，尚不足掩王倫之宰相，況與諸葛靚同例而論父仇國賊乎？子雲妙極道數，不脱考亭之誅。彼宋宏、王祥輩之漏網，蓋數數也。良以道可槩節，節不可以槩道。抱石立槁，磏不可爲。然提防多立於挈瓶，而冰霜必淬以溝壑。聖人所以敬之畏之，傷心而托以門户者，正此挈瓶溝壑之論足以爲天地之砥柱，而豈容逞才弔詭、名知人者糞壓之哉？

君子曰：吾望天下人之明理，而不望天下人之感恩也。不感天地聖人之恩，而且感逞才弔詭之恩乎？有以隔籬燒軺之潔爲於陵之灌園者，則委蛇者感恩矣；有以陵陽封觀之讓爲倉梧丙之以妻奉兄者，則容禄者感恩矣。高徐庶，罪趙苞，而又恕温嶠，則避難者感恩矣。蜀洛之黨自非姚、張、牛、李，而謂朱、陸之争猶之元祐、紹聖者，則崑岡俱炎已感恩矣。

刻責孟嘗、許武之僞，乃可自寬其簞食豆羹之色；刻責李充、鮑永之矯，乃可自解馮衍、劉峻之傷；刻責子容、幼安之稱，乃可自混於馬磨、相儀之列。況賢者無不受訶，而奸猥無不受賞乎？録録感而護之曰：此出格知人者也，宜矣。

天地本不督汝，而乃推而遠之；聖人本不苛汝，而乃坐而負之。但安其堂上室中，皆不怍之行也；但成其材能於家國，皆無忝之禄也；畢力於攷究分藝，皆天游之業也。特無如其畏難而惰學、厭常而好勝耳。

《徐無鬼》十八士之不反，《列禦寇》九徵之至，其説固未盡也。誰非物，誰非囿，誰非時有所用者乎？不知人之時有當爲不當爲，當無忝於善世之爲即無爲，而止遁於無爲，以玩爲苟全者，正一偏之不反者也。「遠使之而觀其忠，近使之而觀其敬，煩使之而觀其能，卒然問焉而觀其知，急與之期而觀其信，委之以財而觀其仁，告之以危而觀其節，醉之以酒而觀其則，襍之以處而觀其色」，此術耳。君子恐開鍥薄，而不以此責知人也。

管子之三法、李克之五定，猶自徵也。聖人以至徵徵天下之自徵，豈恃此乎？人當徵信爲不落天人之人，即自知其爲以人治人之人。當徵其厚生，當徵其制用，當徵其捄敗。務爲開白，使滋緣於順理之種，而遊力於寡過之田；安其生理，而勸以志學。果志學乎？自知人之爲人，自知人之當知，自知知人之難易，自相徵、自相得矣。豈其不教而虐用之，必以别幟駭俗，而神其知人之哲，豈不更傷天地之心乎哉？如恃術也，彼以術應。且因之以銛我，銛我所論尚而故阿之，銛我之難悦而故抗之。過鍊堅訐之行，深匿椎樸之貌，何所不能？何有於遠近？卒然而難之：其不知，則曰不知爲不知也；其不能，則曰我本無一長也。旁取小通，轉身酣適，則曰自處若穢，動不累高。且曰我何苦爲難行而役此廉潔以悦人也？苟至乎此，亦互相笑以互矜其知而已矣。聖人知其過高而不以立法，知其泰甚而先憂即以消之，知其卑汙而矜憐即以鼓之，尚不輕發頹激之論，恐其矛盾亂民耳目，肯爲撓王法者作俑而示人以螫乎？

倫常熱火，禮樂杴薪，則《春秋》即《易》之蓍龜，鄉國皆忠恕之飛躍，何患乎無術而訹〔一〕之？即謂以忠恕訹〔二〕之可也，即謂以無我、無無我訹〔三〕之可也，即謂以知微知幾之生死訹〔四〕之可也。生死始於識我，識緣於欲，欲得則樂，不得則苦，苦樂樂苦，遂成愛憎得失之我；患得患失，而憎人之斥所患，愛人之容所患，遂成是非恩怨之我。我爲貪本，豈待爵禄名高而後馬牛其風不可牿哉？凡稍

---

〔一〕〔二〕〔三〕〔四〕「訹」，原作「訹」，據文意改。

稍自好者，則呲其所不爲，皆貪我也；　凡有所知，即踞其所知，而求設曼辭以免於所不知，皆貪我也。因其好我，則忌爲人之所惡，我惡之，則惡人之好之，或畏人言之，而成我之不明，因自諱而自安之，皆貪我也。或論古相觸，無病自炙，預引爲地，寧誣往事，遂有見人言古而忿懥者矣，遂有取荒古以破今之言今古者矣，遂有以無古無今消其今古之情者矣。凡欲以自受用而不顧先王、不顧後世，皆巧護、巧嫉、巧讒、巧蔽，以生獨尊之執者，此貪我之甚者也。

畏志之本，不知風俗漫淫勇於狎侮肆螯，顛倒憲章害於而家，凶於而國，皆持論者快臆逞鋒之幾所桴鼓矣，可不畏哉？不能無我，豈能知微？微不見幾，滔滔何及？聖人知之，故微示之。魯之郊禘，何尤隧鼎，寶玉大弓，始於迹熄。彼躭躭温飽者，皆呼役夫進魚鈹之我也。知勢位之不可篡，而佼佼奪耕鑿以縱温飽者，皆叛王法、惑人間之我也。宗告子謫善之我見者，皆披髮之野祭也；　著先母後父之我見者，皆伐郟之揭書也。張九齡知禄山，識者尚笑曲江奪情之熱；　王夷甫知石勒，何能免羊祜傷化之歎乎？以理知之，以幾知之，一而非一者也。執玉之俯仰，歌詩之侈儉，隔世而觀樂，户外聞琵琶，皆足以知其得失生死興亡，幾其微乎？尚論辨志者、天授成功者、舉止非常者、帷窺遥斷者，得其一端，皆一幾也。辛英、嚴憲且知之，韋忠、傅嘏已顯矣。脱衣知其作賊矣，設食知其不濟矣，屐履知其得任矣。公理知高幹，薛强知桓温，崔浩知燕晉，又其顯矣。非藉伎卜也，孰揣人情，洞見事幾，猶能逆料如燭，斷人不爽，況無我無無我之神而明之者乎？

然無我無無我者，原不以此見長足驗也，知人之所以爲人而已矣，知無我無無我足以致人之知而已矣。神武不殺，幾死乃知，知人之根死尚不能無我，酷而禁之，辟如防川，大決所犯，傷人必多。故竊無我者，其我更甚。所能忍，則曰我無世俗之我；其不能忍，則曰我無緣飾之我。事違古人，則曰我無踐迹之我；偶合古人，則曰我無師心之我。豨膏滑棘，則曰我無適莫之我；留殢不舍，則又曰我無圓通之我。依於無善無惡，則曰我無彼此之我；依於有善有惡，則曰我無昏憒之我。亦有亦無，則外合中離之無我；非有非無，則轉徙蓬轂之無我。即有即無，則恣睢横行。無非無我，身無我，焉用修？心無我，焉用正？漚影瀾翻，滑於大瓠；强悍滅裂，敢於廉來。又儼然曰：我能知人，人莫知我。又推之曰：我甘廢人也，人又何用知之？不使人知，巧於求知，知人之價愈高愈市。申韓之於桀紂，楊墨之於申韓，相去不能以久，又况嫉理護私，讒賢蔽善，以無忌憚竊知人之術亂知人之衡哉？然斷爛之《春秋》尚存兩間，無忌憚者終生忌憚，此聖人知之憂之而卒忘憂者也。

聖人知萬世人以情，而養萬世人以理。理明，則固以奪其羶華劍筆之勢；因情，則足以勢其不驕不倍之理。理縣日月，教鼓風雷，人心自安，性情自洽。二百四十二年，本無凡例，而天地自不妨例之；本以因應，而筆舌之應復因之。今而知約其樂者、樂其約者，瀆其諂者、諂其瀆者，獨者附者、植者靡者，無不望知矜知，在此本不相知之車，而轉此知人之輪者也。

大大小小，以知自將，不得以名利黔淺，而不一忠恕其情也。衣褐以因虞將軍，徑上龐統床以致先主，皆以帡屏之哭爲掃門者，情也；庭下之大言也，四賢之詩也，既非谷永奥援，亦非張説麻直，然皆以鳴鳳爲胡琴者，情也；窮奢謂之守黑，錢癖可以反周，瓶金猶思文靖，海味自居曲逆，皆善爲子公而責人鮑叔者，情也。馬融爲冀奏草，寧如嗣宗之勸進？孔光不言省樹，豈如平子之詭辭？封禪樂府，乞憐恐慚佛骨。天書再入，政府何誚拂須？定國無冤，四良奏決，懷慎雖潔，助刃幽求。學咸不救陳竇，晉公不敢旌蕢，皆社鼠不得不將順者，情也。挺之、樂天之巧抑也，亦翟酺之阻孫懿也；長源不薦敬輿，亦邴原之薄通德也。西河疑汝於夫子，預妨盜法。荀「非十二」，及於思、孟，則班、馬、范曄〔二〕互笑目睫。子玄法盛明以爲聲，亦其情也。竊《易》之變，以收堅白衍談，而自飾其非揚是，亦寄籬改醫之情也。桑户呼天，亦子路之悲枯魚也，願聲普聞，原不辭仲翔之歎青蠅也。足自止乎？歎倉鼠哉！指太室乎？快蛇行哉！盧毓之答畫餅，即王湛之目山澤也。且以名我奪其利我，且以達我奪其名我，復以理我制其達我，要以大我化其小我，變態萬端，不外天地《春秋》之我，皆情也，即皆理也。誰犓誰精？理其情，而無我可以我矣。人習其無我之知，人即性其知人之我矣。

至人無情，無不近情。君子之功，歸於主宰。故不標滑稽不决之説，以長巧、嫉巧、護巧、讒巧蔽

〔二〕「范曄」，原作「範曄」，誤。

之我。雖有知天知人之壟望、孤鳴鬼窺之訟鬩，人已知其爲隣房傀和之反唇，拘曲遏地之腹誹矣。然彼必託古人以爲鞶帨，則《春秋》之權不可昧滅，豈不信哉？以今知古、以古知今、以古今知無古今者，呼吸一元會也，可默會也。以無古今歸於古當古、今當今者，元會在《春秋》也，岌岌乎不可不知矣。以誅正卯爲誅鄧析〔二〕，未爲不可，然有核斷魯司寇無誅正卯之事，則後之妄殺罪狀未著之大夫，不得托矣；謂隱刺爲管、蔡，未嘗不可，然有核斷周公無誅管、蔡之事，則骨肉相戕之慚德不可掩矣。張重華曰：西伯陰行善，爲獻洛免炮之類，恐天下德我而仇紂、附我而去商也，則後來陰謀之口黜矣；蘇子由謂湯使伊尹仕桀以止其亂，則接履反面之口塞矣。或曰：古書難信，稱引甚詞，汨羅未沈，首陽不餓。夢卜之舉何異於臧文人？揖讓之俗何遠於翊戴勸進乎？聖人曰「食肉不食馬肝」，此即天人之至情也；天無二日，順理則治，此即天人之至情也；藏身喻人，瑕瑜不掩，此即天人之至情也。是以删《書》斷自唐虞，《春秋》因於魯史，逆知雖經火厄，然知世世此血氣尊親之人，自有能知天人之人，自可以徵諸天地而信之，自可以徵諸民視、民聽而信之，自可以徵諸卦爻而信之。虚實交徵，大細交徵，寬嚴交徵，則理水潤事而情田皆性，不勞嫉護，不勞讒蔽，誰非天之肖子？誰不當言當肖？金口木舌，三根信矣。謂之無理無事，作鼓腹之衢謡也，吾許之矣。反復至此，

〔二〕「析」，原作「折」，據文意改。

信聖人之公是，以信天地之公是，有何是非？豈不省力？

## 世出世

有世，始欲出世，世、出世法，安得不分？曰：通其稱謂，會其言先，本無隱也，直指己曲矣。直至今日，正可曲語，曲無非直，要歸於正，直致曲耳，又有何塵不可揮乎？出世者，出生死利害之世也。爲世間之鈎瑣苦不得出，故示雪山以立此脱離之極，猶首陽之以餓立極、汨羅之以沉立極也。必曰桑下馬麥，柴立其世諦而傳習之，詎優於墨子之天下不堪乎？七十二緯神其黄玉赤烏，傳過蔥嶺〔二〕，何以異此？百原山山十年，元紫芝終其身篤沉入道，固幾類是。彼云知非便捨，已正告矣。時其權乘，充類致盡，褷毒塗鼓，奪食驅牛，因俗好神，不惜鬼之，况心之所造無不可造者哉！愈造愈信，故一乘歸實於唯心，法位莫常於世相。二乘貪亢行以駭人，東聞者沿汎幢迹，不得不護，以竿其專門耳。天地視之，惟此二端中貫、三無五至、幬覆代錯、反隅逢源之故，以清平側之調，旋宫應律。其爲廟歌也，郢曲也，越艶吴趨也，亦何慊於不同乎？狗世樂苦，苦世求出，又有求不得之苦。通而策之，無世則無苦矣；又通而策之，無世則無出矣。世何以無乎？無其以世爲苦者耳。謂之曰世

〔二〕「嶺」，原作「領」，據文意改。

本無世、出本不出，誰爽然乎？

從上吹影穿空，皆衝流度刃之厲風怒濟也。画鯔引獺，呼桓已瘧，何惜瑰異？繫鈴解鈴，賊入空房，偷心乃死。碧潭漉月，再三始知；回首故山，耕讀依舊。原謂明得本然，任汝制用，方當學問供爨濟人，況此土此時之禮樂明備，乃即費藏隱之《乾》《離》正會哉？别傳之裔，熠其弁珠，道聽矜奇，守其别調，仍是不知旋宫皆宫者也。兩行並育，相反相濟；理水性火，且浸且燒。攝真世於中道，藏中真於世諦。惜無知統者，而正統反爲奇變所掩，真奇反爲似是所借耳。踐斷斷之迹，則不信有出世之蜣螂矣。貪其蜣螂者，依然如氣聚之必散，而竟廢一切，豈非聲聞悟而迷乎？不信出世者與專執出世者，其未達於旋宫皆宫之旨一也；不知不落兩者與不知不落其不落者，其未達於旋宫皆宫之旨一也。超越世出世間之立處皆真，依然以知生即知死而已矣，依然在世言世而已矣。爲其始權已甚，故五教互訶，迫激搜牢，後乃大放。此自律設大法，禮順人情耳。安生知生者，烏能少象魏讀法之條例乎？

老氏罪聖人之説，憤於返本塞源，而欲人聳然知之也。莊子曰：堯、舜立而人相食矣。惜也！民廢斗衡，不能廢嗜慾。嗜慾必争奪，争奪而無以節適之，幾何不人相食乎？混沌有胎，天地生口，已兆相食之末流矣。苟不明回互時乘之條理，而止欲充類致盡，誅其病源，則混沌不當生天地人以自蠹，豈能免包藏禍心之罪耶？

由今論之：明明天地即混沌，而執混沌者，死人也；不知貫混沌天地之於穆〔二〕不已，而但曰天地即混沌者，蟲豸也；不知官天地以教民食力乃能中節，而但曰於穆不已者，具贅之暗影也。皆於穆也，分正與餘，而於穆之主宰明矣。餘不亂正，而宰其餘矣；餘奉宰而皆正，而主無爲矣。正立爲政，則餘安其餘。餘自以正正相傳，而宰亦無爲矣。餘樂有主宰而忘其主宰，則餘亦無爲矣。反復酌之，何不以仁義爲斗衡，而君親師爲市平乎？此至易至簡，至不必免而可免免，雖窮翻天地，收盡豕苓，要無有適於此者也。刻意愚民，適以教詐，聖人正其智而乃以養其愚，誰知其苦心耶？必過江而畏浪，又且罪舟，舟渡不必偏操其楫，而遂罪四面之帆檣，可乎哉？此不知天地之道即在四時五行之法。道以法用，法以時行，皆因天然，非强作也。

兩楹在今，必以柱史之龍予黄面；黄面入東，必頌金聲玉振之書，而送壁雪諸徒上韋編之學。正以生即無生，自信學即無學。既推三諦，入用一真，則舍存無泯，必用時行之薪水，明矣。上堂推拂，粥狙附羶；裝面鬼皋，土苴數見。况始究於已甚之屠，而後又究於已甚之赦？許人狡猾以教奪，大敗天地之憲章，豈特别墨之倍譎不仵乎？故聖人於全陰全陽之道中表善成之宰，理其旁奇而依乎中庸，正以依藏無依，不以無依爲無依也。宰乎中統旁、旁奉中之宜中，而不倚乎無中無旁之迷

〔二〕「於穆」，「穆」原缺，據文意補。

中也；遯乎庸藏奇、奇歸庸之明庸，而不住乎無奇無庸之滑庸也。此並「無可無不可」而無之矣。無其兩無者，以無可而不硋有所可，無不可而不硋有所不可也。是故無分別之夜氣，聽善分別之平旦宰之。

曰不可免者，宜許不免，不必酷罰其免；當免者，宜責其免，即難全免，宜可半免。當其地，當其時，當其事，當其人，信天地之春仁秋義，理萬物之本生安生，則知程本所云：「雖過中，而在中之庭；雖不及中，而在中之皇。」必以徹楝穿垣無非中乎？平旦不許矣。不以一期快語之不必免而壞萬世之得已於免，不以熟爛之無免無不免而壞治法之有免有不免，此乃真上頂顙而巡狩幢林地上者也。但忽之曰：天地皆免皆不免，本無不宜，又何有宜？此平泯敵心之巧言，而假至人以自暱私利者，則吻之耳。

至人至此，必不執此，必不矜此，而又教人如此，且詬人不如此者也。何用聖人汲汲好學至老乃時措之宜哉？徒以水中之瓠、繞盤之珠、遁蓬轂脂韋之士，千萬剽剟，無一正決使民適從，此留以發疑則可，而以之主治畫一，令民不二，豈不方柄圓鑿乎？悟與未悟，要不免於衣食溲泄，明矣。混沌即衣食溲泄之筒也。平旦宰曰：專言平等，則溲泄亦衣食也，何不衣溲而乃澣其垢，何不食泄而乃粲其飵乎？衣不能免，羽毛而已；食不能免，菽水而已；溲泄不能免，槭竇而已。彰癉之法，亦澣粲槭竇之設也。德天地之生，必糊四維之口；沛不禁自止之仁政，必竇理財禁非之正辭。明親，其孝弟慈之家具，而口口争慊於恕讓，則目手自愓其性海，而溲泄自消於情田矣。禮耕樂安，此卯酉作息之動上不動也；　義耘仁聚，此祖廟粢盛之爲即無爲也；　好學以耨而順食其力，此各安生理之生即無生也。發志士溝壑之硎，淬飲水待旦之鍔，庤敝緼不耻之勇，穫適得庶幾之倉。絃歌筆墨，皆蔬圃也；　木石火藻，皆襆被也。事所當事，事本無事，皆終日衣而無寸絲，終日食而無一粟者也。勤儉自贍，學也在禄，則機杼猶羽毛、鐘鼎猶菽水矣。豈必裸其須捷，礫其鉼罍，乃爲不立一塵耶？

生於巢窟，猩猩之域已耳，處有堂有偃、有榻有圂之世，而猶倣洪荒之始，下地遺矢堂榻，乃爲平等之至人耶？取萬世之所不當免者屠勦苛戮，乃以難世屈服而惟其所令，久則陰縱之，入則自護之。惟在巧立其説，使人無從詰責，乃益快，然虐人欺人，而又自解免。且仗有怨世怖死、種福趨捷之人情可以怵〔二〕愚，又仗有喜新好勝、畏難惰學之人情可以誘黠，宜其羣附而工魅也。如來久不涕矣，然鄉原與無忌憚之習爲邪外，實意不過裨販；　既欲裨販，必欲自爲免詞；　自爲免詞，則撙著之。屋漏不死，聖人正以其裨販容之。惟申明「天地君親」之所謂，而邪外之屋漏皆爲白日所生矣。

謂明於所教，教明於所謂。謂者，言出於心而藏於胃者也。由心相謂，謂因生心。謂之不落聖凡者，無體之體，本同歸也；　聖而忘之，本同歸也，自從心者謂之也。不落聖凡者，謂之至聖，自天

---

〔二〕參頁一一六校〔一〕。

視天聽、尊親成德而謂之也。辟如絶待之太極即在《乾》統《坤》餘之併待中。因而形容其時乘曰：此不落《乾》《坤》者也；因而實醒之曰：此不落《乾》《坤》者，乃「《乾》統《坤》餘」之至《乾》也。以此流轉謂之謂之，而心即矩矣。若如今人所執之不落聖凡，專爲貶賢暱邪，制挺馮河，悍然不顧。胃中，無人洗之，止有猰㺄螽生，惡貫加惡，以待鏤丸〔二〕已耳。

然而復生不避忌諱之謂謂者，一春一秋，照揜著之屋漏，豈非天視天聽之在民乎？謂不謂之關，蓋其重哉！臧挾筴讀書而亡羊，穀博塞以遊而亡羊，亡羊一也，此爲誘人平心謂之耳。明父悊師必責博塞而善讀書者，此則天地胎中之公謂也。皋陶爲理，則讀書而亡羊者受獎，博塞而不亡羊者亦罰。然而舜不問者，以付之皋陶也。聖人以司理付之夫婦蓍龜，而自可以垂拱聽之矣。豈謂禁夫婦蓍龜之有理而刑皋陶之分別，謂傷恭己正南面之無爲哉？不見子思之三謂、孟子之兩不謂乎？明此兩不謂以奉三謂，而莊子之有謂無謂、無謂有謂任之矣。知不落聖凡之蕩蕩則天，即謂之出文章成功之世，而依然與萬世在文章成功之世；知不落聖凡之無方無體，則謂之出卦爻馬龜之世，而依然與萬世享此卦爻馬龜之世。謂何者爲世耶？謂何者爲出耶？超越世出世間，終不出此有謂即無謂

〔二〕「鏤丸」，原作「鏤凡」，據文意改。

之大稗販〔二〕而已矣。

平公曰：　何世可出？又何問其謂不謂？

當士曰：　此猶令迷中滑庸者之足借也。僕已建牙視事，公與何子後園爲後判決耳，勿迷教令而滑桀戟也。太陽當權，則於穆太翁不容關白；　子夜牝雞，豈許掣肘乎？

何生曰：　奈優場何？

當士曰：　以天地爲優場，則君子爲節奏之鼓，聖人爲崖公覎斗矣。場也者，人法齊彰之場也。優之云者，浮雲之云也，敝履之云也，棋局之云也。爲世累之偏也，犀利其不爲世累之吹毛云爾。堯讓天下於許由，許由讓於巢〔三〕父，爲其無以天下爲者，乃可以託天下也。豈廢當場之重任而逃之，安所逃場乎？巢〔三〕許在後園判決，而堯與舜、禹岳牧當光宅之場，萬古喝采矣。「曰若」以下，「允執厥中」謂之，謂之之節奏鼓也。

何生曰：　何世何問者，浮雲而更浮其雲，敝屣而更敝其屣，棋局而更棋其局矣。

平公曰：　君一登場雷鼓，吾且萬碎其汁，吹沫飛影，以光宅於普天，喝采於終古，豈徒縮享後園

---

〔二〕　參頁一五〇校〔二〕〔三〕〔四〕。

〔三〕〔三〕　「巢」，原作「支」，據文意改。

之一粟天地乎哉？

## 約藥

何生曰：老子曰：「惟容乃公。」公安所謂愿教蹠教，何以藥之？當容之否？容公安之以愿蹠總殺否？

當士曰：本無待容，本無待殺，此本無待約法者也；辨不得已，乃爲公容，此無分別之太極所以尊分別之陽明以理之也。皆病也，皆藥也，有總殺之藥，有殺半之藥，有公容之藥，有不容之藥。然正當明其正藥奇藥，毒輕毒重，君之臣之，佐之使之。神醫之診，惟在當不當耳。今之食門庭、藥門庭者，病極矣，不獨愿教與蹠教也。又將以無忌憚之錦囊煉一隊北宮黝，而授受以張魯之符，殺天下之良醫，而獨貴其藥肆之壟斷，禍可勝痛哉！向以竊仁義之藥者罪聖人之方，乃今公然竊任放冥應之藥，竊獨尊無碍之藥矣。竊仁義之藥，不無芎藭藁本，然猶忌風憚擅，必和甘苓；竊任放獨尊者，羊躑躅酒加曼陀花，埋人取湏，馬射阿虞，竟莫可窮詰矣。洛閩熄邪，應爲此懼，安得不恨大定本空之單提作俑者乎？然安知壟斷毒藥，益釀金蠶暴烏堇，以爲得計，而又毒新俑，此助虐設網，反熄懼者乎？

平公曰：不奪賊刀，捡賊者懼，盲懼耳。

當士曰：賊固有運，然懼出一能懼者，亦午會正當合藥之時也。時乎此時，且明天地之正，而似是者不必辨而辨矣。一爲佛莊雪冤，一爲學者進竿，一爲天地出氣。蓋天地之經義，皆先天之所以然寓於不得不然者，於穆不已，布於行曜，歲時明法，亘古不移，彝之則之，倫之常之，此正所謂一切現成者也。人反以經義爲蛇足，而以淫殺爲現成，豈不冤枉天地乎？天地時生一明經義、捄淫殺之聖人，此天地所以享現成之福也。一神於二，圜全用半，福善禍淫，無各貞一。聖人於那伽大定中定出一定之公則良方，以統其定與不定者，而轉其公好之幾，即是飲食，即是靈丹，此聖人所以享現成之福也。

本空不受之藥，正服之則沆瀣，邪服之則已菽也。且爲说其湯引，則去油可用矣。不見優場之末泥、蒼鶻乎？心無好醜，豈受好醜之累？然不壞末泥自好、蒼鶻自醜也。山不受雲，豈可謂雲無黑白乎？心不受報，豈可執白業惡貫爲無報乎？舜心本空糗艸玉食之相，即謂之不受糗艸玉食之報。然大德四必，原自立竿見影，苟非尼山舉之，誰知深山江河始終有而不與耶？

人心妄既已消，真亦不立，故真人體其無善惡之素，而潤生於善統惡之場。今以成德稱之，乃至善也。蓮本不染，則净亦費词。故曰：不作染净相，即不受染净報。本無染净，隨其染净，然泯不壞存，原不壞泥自染、蓮自净也。謂之真净，豈非普光明殿上之臚傳哉？

真諦之杖穿佛魔，甚言經權之本無體用也、王統霸之無王霸也。揖讓，征誅，放桐，負扆之異用也，魔也；所以爲堯、舜、湯、武、伊、周之體同也，佛也。潛乘六龍，則亢悔皆無悶矣。「無入不自得」，則騎日月，遊雲氣，蹈水火而逍遥「何有之鄉」矣。謂要盟爲行詐，見南子爲夤緣，豈非雲飛疑月、舟行疑岸者乎？况異類冥權，有如要離之燔妻子、程嬰出首趙孤耶？孟子曰：「有伊尹之志則可，無則篡也。」此總殺總赦之後，养太極指南一鍼之磁石者也。趙州曰：「正人説邪法，則邪法亦正；邪人説正法，則正法亦邪。」此總殺總赦之後，懸太極指南一鍼之蠟絲者也。破三玄作兩邊，劈華山作兩路，將謂棘蓬云爾乎？

《書》曰：「惠廸吉，從逆凶，惟影響。」此混沌天地之洩補兩局，方而贯中者，理其經絡，一春一秋，乃煻煨火城之生死醫案。因果形影，理不可易，特豁然鏡肖谷響者，自能廻其中而不落不昧，豈容嵬瑣倚之而又撥之乎？

偶發驚地之豐隆，常用平和之朗日；一煉雪霜之刊落，三施煦育之長養。王法也，師教也，神道也，皆不能出此張弛也。乾海摧山，昏天黑地；烏塲礮水，聚火燎門，因悱竭而神其權奇耳。兩不得，而三又不得；四不得，而五又不得；六不得，而一又不得，此一方便已沸驢矣。及乎金雞下令，緇素不分，似乎縱惡冤賢，徒爲負舟所竊，相沿賣迅，愈出愈奇。重在驢門，高其聲價，反禁回互之旨，忌諱入艸盤桓，一盌玉椒，全無蔌飲，豈不角弓反張、苦人瘖瘂乎？

夫總赦總殺者，蓋謂既知其主，臧獲容收，降服渠魁，多多益善。至人以此自信其一際之天，而未嘗欲以此縱惡冤賢，急衒其不落聖凡之名家也。欲快其培風下視之垂雲，恣睢轉徙，博采於礠碑，猶摘藻名家之庾詞影略耳。遂作趙張之文深決事，比乎趙州，何不守其無分別，乃復危坐正語，定揀邪擇正之案耶？

天以日明，君以政顯。言無亦無者，所以劓穆然兩忘之天；言辨邪歸正者，所以奉歷然有宰之日。此固一在二中之參兩綱宗也。法重在人，道重在德，何至使人忌善偏無，若犯家諱乎？皆孟子所預斷之新莽威斗也。天托王法，以賞罰比寒暑之用；托師法，以是非成袞鉞之柄；示神道，以吉凶應真邪之機。貞乃貫一二之一，非邪所敢對也。大同之化，無二無一，即在此中，何待言乎？可易言乎？

言性本足，所以直於奮畝也；言性當盡，所以大於責志也。責志奮畝，莫先知耻，耻安可一日不礪耶？賢才子弟折節簡諒，有此化域，足以懸其朝夕。至駑劣者自知學問疎漏，尚爾忸怩；狠戾者自知背犯規矩，猶有三畏。今乃單衒總殺即總赦之專門，飾此第一方便，爲之駕出頭顱；遮其疎漏之羞，以爲高簡；寬其背犯之忌，以爲冥應。鑿此聰明，授以捷巧，使謹行者澀步受屈，篤學者冷顏灰心。許其河沙，反成暴棄，壞天下之風俗，莫此爲甚！

盗之不安也，畏王法，畏聖賢，畏父老，畏衾影，畏迦延典主，庶幾展轉，不以盗爲信貨。乃專借達惡得自在之靈旛，屈鄙聖賢父老之公印，則盗反有鐵券，而且教壞迦延典主，不敢明判，判則犯分別落兩之科矣。去鍵羨，無畔歆，無適莫，不由隘，不由不恭，不述偏隱，不廢半途，此正不落兩者也。

落兩者，半邊也；孰不落兩者，亦半邊也。此神於落即不落者，孔之心即矩、孟之志不動也。孰不落以逃孔孟，豈惟半邊，將賞盜矣。昔人云：不妨以孔孟之心，用蘇張之舌。今反煉狡猾之舌，以助奪殺孔孟之心，尚忍言乎？

人塞情竇，多附理巖；死水不浸，即踞獸窟。祇支之椎一白，先中木乂，陰裕性戒，尚足折中。彼若太放，則食不可得而乞也，檀不可得而信也。旁聽傳訛，尚引奸睨，又況比屋鳴鐘，麈尾山隊，土地堂中，樹我慢之上坐，充塞街亭，怒目奮挺，引成羣之天女酒仙，惡空逆臾，糞理縱情，以洗其皮下之血哉？又況楷木之壇，自壓其終年不彈，舉跬覿閔，遂乃竊倡最高之説，以自毁其經義，而又爲黿拂所嗤者哉？

行於非道，或是其人。即有至人，自藏擁腫。若秉時中之正令，定遵善世之天地，不容猵狚駝雞駭所在之國法。雖曰世間諸欵，何非車馬私通，皆假聖賢以梯榮潤里。然彼特藝受直，其眉下廉恥自耿耿也。此則教人蕩王制，逼人敢惑亂矣。風可長乎？是固不如浄土觀講，猶爲西方清凉職也；是固不如窮經守禮，猶爲糟魄荷新職也。青天白日，甘画罔兩。閃冤誣賢否之旗，必收似是而非之橐。以治世與治心二橛者，尚不可語内秘外現，乃儼然談壞世以治心，實恣心以壞世耶！且曰：夫既或治之，余何言哉？一法不收，漏安得免？况欲影附一不可治世之道，而離天下國家以稱儒乎？四無之不可專標以教世，斷斷然矣。又解之曰：何得以闢爲功乎？朱子憂高明之亂真，高、顧、鄒、馮極願分之，《宗一聖論》再三申之，蓋爲此也。

愚歎之曰：苟不知懤，則各精其學，互爲激揚，正他山之攻也。以充類周内酷人，以縱脱苟免自慰，預防人之正論，而先以一簣塞之，將得計耶？吾惜承四無之響者已不知所以言四無之故矣。有知四無即四有者乎？知之矣，則何如標四有即四無，猶不悖直日之天地乎？果明主宰，則有無不必論矣。忘而更忘其忘，百物不廢，則有無更不必論矣。

見苟未信，則尊所聞，行所知，亦毋自欺之地也。竊附畸異，又未全徹，遂以禦人先亂王法，此不待再計而當自反者也，是故《王制》嚴「左道之亂政」。《管子》曰：「難其所爲而高自錯者，聖王之所禁也。」《荀子》曰：「無益於理者廢之，謂之中事中説。若充虚之相施易也，堅白同異之分隔也，聖人未縷指也。不知無害爲君子，知之無損爲小人。王公好之則亂法，百姓好之則亂事。而戆陋之人乃始率徒辟稱老身長子，不知其爲上愚，曾不如好相雞狗也。」「中則可從，畸則不可爲，匿則太惑。水深則表深，表不明則陷。」「禮者，表也。」東坡曰：使皆輕生死，則朝廷礪世磨鈍之具何所用之？何怪流至名法家而炎昆岡乎？商鞅《壹言》曰：賤游學，下辨説，而功立矣。瓜坑之所起也。趙威后曰：「於陵不臣其主，不治其家，不交諸侯，是率其民而無用者，何不殺乎？」李疵觀衛，至以舉士朝賢爲必亡，此皆遑教者之過，當有以致之也。況今日高談偏駁，不分緇白，重賞波旬，刻意擾亂世治以雄其宗，欲將連尹諧、潘正左道之檄以鳴得意乎？千聖閑之而不足，一人決之而有餘。

京山、幾亭，能無重痛姚安守耶？

何生曰：重痛之檄，徒見笑於地下耳。

當士曰：彼逆知重痛之檄少，真能申重痛之檄者又少。護便豔奇，必且陰左袒之，而疵責申重痛之檄者，此所以甘心作無忌憚之鬼，而又教人甘心作無忌憚之鬼也。此無他，總由人情樂縱而嫉理之繩其影也。方求超理而不得，竟欲詠理而求安，忽有充類已甚過高之論，脣勦天地，共冥行於暗夜，樆植索塗。然後乃偏取之，肆力障天，熠其獨尊之螢，以藏州官爇火之計。循理踐迹者，勉强難盡深，故搜責未可解免也。辨則犯自矜之嫌，伏則哽不平之氣，誠敗絮荆棘矣。竊園之利器，百倍於鬼谷、孫、吴，止以迂步累詞，才士方嘔而浪劍怪石投之，驚歎以煉輸之政對非墨之守。而旁觀者尚惟恐正論之不屈、偏鋒之不勝，此掊擊聖賢、縱舍盜賊之説，所以易煽聰明也。不勝則推入滉瀁，此舍是與非苟可以免之説，所以易餔凡庸也。

彼或一官不勝意，小才不能忍，突欲顛倒壓世，以捷其轟鋭。身受謗，則其聲愈疾，承平既久，家習録録，一夫潑嫚，千人莫當。彼且曰直心自快，毋用包藏爲也；彼且曰三千一瞬，由我逆行已也。天下傳之久而暗想告曰：跛挈一生，累行苦砥，猶不免衆口之鑠。一旦蕩翻，入此委蛇鴻絧〔二〕之

〔二〕「鴻絧」，底本不清，僅存「糹」、「委蛇」、「鴻絧」均有綿延意。

秘，任天之便，名實雙飽。此雖勳華垂衣、禹皋秉法，亦不能使其不戀彼而輕此矣。可太息者，稱之曰善人也，銜爲辱之，謂之曰某某惡人也，心竊喜之。人心遂至此乎？此爲詠理者之厚其顏、銛其蠆也，無論矣。此皆因泯理者之不知回互兼帶也，此皆因掌理者之不知泄火〔一〕供薪也。不能以天章經濟收天下之才，則聚而諾諾，樵販輩耳；不能窮盡元會幽明之變，則欲吡其所不知，而質何以無疑，此終日土偶語，而奇士愈不服矣。故曰：見地也，學問也，操履也，三不可缺者也，缺則偶矣。

佔畢者無慮引趣突循，未經千煆百煉，倦於窮盡，尚不能應雕龍白馬之口，況陷虎設伏、官不容針之歇後讔語耶？故嘗不知其空拳，而反暗中其弓影，渠不能禽，降不能受，止以毆魚，又欲過高以上之，曾不知大成之上達乃高極而旋下，即下爲上，充周反復，必主中正，而用其無高下之高者也。無高下者，高下井井，而安頓鼓舞，適中其權。彼徒執無高下者，遠之遠矣。衣猿狖以緶絻，號曰文明；褫黔黎之襦袴，號曰太古。豈知直無高下者乎？

此土之詳教未開則已耳，有一法，自宜通之，況此桑滄不能離之指南車耶？盤古相見，必先呴嚅，此禮意也。生於憲章之世，父坐子立，君拱臣班，熟如支毛，必欲毆擊殿上，夷俟宇父，將何謂乎？非作意乎？非狂泉乎？汙尊抔飲，致敬鬼神，此禮意也。生於卮匜之日，則太和湯之溫克當矣，

〔一〕「火」，原作「大」，據文意改。

豈盜釀狗竇之矯異可以至人障面哉？彥輔曰：「自有樂地，何必乃爾？」曾知爲倚天之劍否？天以爲容，理以爲治。先防其蕩，徐解其膠。究以學養其不蕩不膠，乃以神用其蕩膠膠蕩。故曰：無欺之場，好學格踐，此貫古今之理水性火也。好名也，養生也，畏死也，此天地奉三聖人之薑棗引也。生引死引，要歸名引。情發先喜，喜餘爲怒，怒亦激喜，交治交忘，兩端貴先，故必以喜爲天地之生幾。時風聲氣，實傳心光，豈得而昧滅之哉？本無名而必名，不待教而必教，教先正告大義，而後微言，政明化溢，則本無名之性、不待教之天，受太翁之重封矣。以生即無生之倒倒之，何嫌於名即無名、教即無教、理即無理、學即無學也乎？

孤言生即無生，則盜即不盜矣。解以大死後甦，則屈殺愚氓；覺其即奪是予，則偏容猾賊。不知炙影徙癰，反令言行矛盾。如此費解，亦良苦矣，而反欲排宕順理，勸學之生即無生乎？重爲任而罰不勝，莊子所以憂日出之多僞也。上根受用，本不待乎户曉，乃定掃折中節和之司徒史，以獨行其不教而殺之丹水坑耶？畏名樂教之補漏不平等，孰愈於叛名敗教之無漏平等耶？分數核之，能不黄精鉤吻乎？故曰：出世不妨專科，留爲太行之雪，紅爐錦罽，遙洒清涼。其入鄽垂手者，又在乎降高遊大，通此方、知此時矣。至於舍身爲窮理好學之倫，體其「皆備」、「無悶」之極，以神其名空，不避名之用，天地風力賴此轉輪，此所以重中正之水火方也。

名與命，本一字也，命天命地，已有名矣。懸無上之名，使人貪之，亦名教也；列三生之福，使人艷之，亦利教也。人以無名之名便其所諱，而敦詩書、悦禮義之士爲倒行逆施者蹂躪。雖曰且無善名，烏有惡名？然藉口者萬世，而無名者無口，況無無名者乎？安得罪名？安得不罪名？安得不罪罪名之名？《易》所以自隳碎其太極爲三五錯綜，使人辨名當物，知貞咎之交綱分數，而後天地帝王乃享其無名無物之太平。果如殺半赦半之分別，專一煉三，裕三藏一，以刑爲體，以禮爲翼，而相忘於本不待赦，有何弊乎？或失葸耳，僞則絲毫不能掩也。專鬻其總殺總赦之無分別，其流弊何如也。用半即以圜全，飲食毒藥之分數明矣；無分別即分別，分別即無分別，回互明矣。全賴分別邪正，始能享其無分別之帝力，安得華士費門貪迅金矢，抑正扶邪，不顧人倫，雄其黑豆，吹脣沸地，坐使禹契失容，共驩驕色，以壞後世耕鑿之直道，止逞撩天炙輠之偏鋒，專賞人之販毒藥，反募人之能殺良醫者，預禁人合解毒之藎藍耶？

由此論之：教猱升聖，曌圓道之本而不知回互者，今令水火夫婦公驗此檄，有不當鳴鼓破顏者乎？甚矣！人之好毒藥也。則《六經》之教，公檄者謂爲毒毒藥之藥可也。惜姚安之礜不遇豆飲耳！如欲吹理之毛，索學之瘢，則伏羲、然燈皆二執二愚矣。惟其三反九復，無迴避處，必病好學爲人之病，乃爲正斷命根；必執善世官天之愚，乃爲真斷沙惑。舍身壇宇，講此鄉約，乃爲藥病中風吹不入之至聖。使至人補君子之職，使諸衆生燒菩薩之薪，極不平等是太平等，乃能接引斷志辨正之士，讀三五六合之書，傳一在二中之心，相繼而主之。以人治人，即可謂之以天遇天。正藥十九，奇藥十一，全正藏奇，則鹽水皆可吐下矣。若圖自受用，不知古人奇藥之故，偏愛苟簡，馮生滅裂，安有今日之主留客飯哉？

何生曰：以治世，則莫切於綜核名法矣，障人悟門，何以處此？

當士曰：正恐悟門不障耳。逼悟揠苗，流爲慘礉，此名法所以不知養其天也。化教勸率，互爲荃宰。輪軸軫蓋，致數無輿，三十共一，使一輻獨入，豈能致千里哉？《易》故以天理其欲，而以蓍龜忘其法；以禮樂田其情，而以學畜其靈。教悟者眯悟，不教悟者真悟，逼揠之門不少矣，且狺狺矣。請問二六時中，誰是行解相應者乎？正信真疑，本説不破，申禁撥無，正賴有此生死本，不愁不來聽鄉約也。碧落是大鄉約所，六十四里正環供盥飲，洋洋一如，幽贊塞乎今古。周公指車接引無邊，有六句之聖諭，誠不可度。磨格踐生理之針，而不知其理而自理者，以磁養之；挫孤迥求安之鉢，而本無不安而正安者，以蠟懸之。此非大無其本無，大出其出格，用其極則之大極則，造其化育之親化育乎？總賴學修大海，足以藏其見波，是故不避迂淺，甘障悟門。請暫下獅虎皮，公遊無佛無魔之五衢覆幬亭，合聽各安生理之萬代國書印。

平公曰：誰不如約？

何生曰：設有鋸項者獨不如約，奈何？

當士曰：聞約而口不如約者，固已如矣。吾既申天地歲時之約，吾亦可言吾天地歲時之本自如此矣。不以今年本自如此之春秋，明年不申約，春生而秋成也；不以昨日本自如此之旦夜，今日不申約，旦起而夜息也。豈以四月麥秋、四季食薑，責其不如生成之約乎？豈以不寢之思、長夜之飲，厭太歲不當講旦夜之約乎？本自如此無爲而治之舜，即本自如此深山之舜，即本自如此命官敷教之舜也。毘盧乎？舍乎？文乎？太公調乎？少知乎？柏矩乎？太極之神乎？無極之深乎？有極之幾乎？無爲之本自如此，固吐納於深山命官之兩本自如此中，而深山之本自如此，固全用於命官之本自如此矣。子猶貪木石野人之約，不肯如薰絃風動之約耶？

平公曰：不如亦如，不約亦約。

當士曰：吾業掌生理之印，寓此嘖室，自當濯天地歲時之約藥而暴之。

何生椎當士之背曰：今日講鄉約竟。

平公爲搔其首。

當士曰：堂上堂下，門歌三成矣，請更洗而揚觶。

## 中正寂場勸

勸曰：寂場即感場也，《易》以因應寂萬古之感，聖人以中正之感寂萬古之《易》。人不明寂感之體，何能學無體之《易》？然不好即感即寂之學，何以知不動至神之用耶？世士智慧昏於情感，不能刳剥自露，俯仰誦讀，坐負研極之恩。偶爾失意回心，見有高門玄狀而附之，以出生死，不知本無生死，求出生死即生死本矣。不明天地之生成法，不明人心之無所不成，而有所不必爲者，豈信超越世出世間之上下一同？止是在世、出世之吹光割水，繞不壞別之華嚴毛刹，止此覩聞藏不覩聞之帝綱、珠宫也乎？往往爲巧詗遮激所給，惑其糞丸，尸祝神秘。苦於不寂，即其苦於不通。不能通志成務，安得不以鬼窟爲簡徑乎？故嘗懃於露柱之藥語，自蔽其官天之經權。其頽然自放者，洪荒之黥首耳。必欲屏仁義，廢禮樂，混親疏，齊夷跖，然後乃爲不思不慮之狸奴黿尾。是裂冕紱，衣艸木，焚宫室，返營窟，而使禽獸食人，乃稱至治耶？不知五倫《六經》之道器，即萬古於穆之法身。必騎千里馬，尋青又青之山，告以足下之土石是矣，猶不信也。芟小康之實，而貌大同之皮，鄙聖門之知生，而慕至人爲不死，盧敖柸治至矣。已而帷窺半見，得少自矜，不知理其欲之深言，謂之無理無欲，遂愛乎泯之綴旒，而寵掃理之酷吏。見窮理者，疾如寇仇，曾知存即泯之同時，而以泯毀存乎？曾知世相常住，而必欲附混沌之鬼巫，驅洪荒之虎兕，褫革開成時宜之世相乎？

何生曰：吾知有亘古今而不變者，何洪荒與今日之有？

當士曰：此本自如此之説也。世本自治，身本自治，心本自治，則三聖人長物矣。曾知有必當如此、何以如此，而即享此本自如此之故乎？非惟不知聖人三句一貫而攝於末句，治心治世不作兩階，又何曾徹禪之除病不除法？又何曾明一乘一寔之別即是圓乎？長沙曰：「三聖爲佛之用，佛爲三聖之體。」體必無離用者，所以無佛無魔平等之體在大菩薩統衆生不住平等之用中。曾一豁然其言先乎？曾知祖父不出門，還鄉屬兒孫事乎？曾知知其起處，用爲龍虎，而反網捕其平旦亭午之明辨，以禁錮於亥子長夜之影射乎？

何生曰：甕誰走鱉，毋乃杞憂。

當士曰：奈見在甕中相食何？何故取已治之衣裳，中夏而貍之，毁擊柝之關睢，銷鑰而麀之。羊跪乳，鴻雁義，蜂蟻忠，萬國之嬰兒皆闇合也。今執善不可爲之説，不能十一；寔歸嬰兒之平，早已十九。驕長壯兒之蕩，詬名訶教，以速馳聲。鄙聖賢，以驚亂百姓之目；開别格，以左袒狂飲之鋒。於是攫猘陷於豺狼，恣睢敢於桀紂，殆禽獸之不如矣。以禽獸猶不立此高言以縱毒也，不許野老之憂長彗而歎飛霜耶？天崩矣。

何生曰：見在者，一倏而已。

當士曰：舍日無歲，積一倏而萬古，聽一倏而禽獸之，不且萬古禽獸之哉？爲自受用之便計，而遂忍狗彘其君親如此乎？

何生曰：蟻日争是非而人不見，則人且免蟻之是非矣；人日争是非而天不見，則天可免人之是非矣。

當士曰：此巧於自放之蒙汗飲耳，非教天下蠢蠢沉湎，亂帝王之公是也。聖人固公是治公非，即無是非，烏能穢其蘭芷而芳其蕕麻乎？

善分別於第一義而不動者，真善世是真放下者也。善惡不分，人何使而不勇於惡耶？況刻意罪善許惡，以偏樹此善惡不分之赤幟哉？蟻猶人也，幸者人不以罪善許惡之無分別告蟻也，蟻聞之，又安肯見食相呼、竭力報主乎？蟻之干戈，必日血骨於庭除矣。幸者天不以罪善許惡之無分別告人也，人聞之，則下令流水之源，轉石千仞之上，又何以使人影附響從而悅服其賞罰乎？時不可違，主必任宰。彼云不可思議、心行處滅，蓋謂如手忘筆、心忘手之行押書也。書之時，有未始書者存焉；分別中，有無分別者存焉。熟爛而信之，則羣鴻戲海，墨池淋漓，固已無手無心、無筆無墨矣。豈執臨受用之泯忘，而概禁教人學書之撥鐙濡毫耶？聖人惟請天地作尊證，以形知影，即知無形影在形影中之故，確然象數義理，實塞虛空，倫之常之，三者如一，而恐民如禽獸不辨幾希也。若不命《易》作準，尊陽前用，三五立宗，則萬古久已子坐父拜，尊女賤夫，詬德唾學，相聚犒牂乳賁，以蟪蛄自解而已。予以營苟揜著之汗衫，而銷其弱肉强食之明盜，則三立三與講習之効也。更有第一親切之證無所解者，混沌之父以皮經絡而分別之，命耳目口鼻於首，命足履地，命手維持，命心曰：汝無分別支官而善分別之。此非鐵案可對簿者耶？必廢善統惡之分別，不當有貴賤親疎、主理臣氣，則首何不下、足何不上、項何不生口鼻、胭何不瘤耳目乎？故曰：善統惡之無善惡，猶首統足之無首足也。有首有足者，貌必無一同，而必無不同者也。

且無論無自性，且無論不落有無之性，猶是架樓巧設乎？未有禁人稱其性之德爲善者，謂可以教世也。未有聖人啟口而羞善世爲第二之門者也。真知第一者，無第一第二者也；無第一第二者，即第二爲第一者也。其曰無者，忘也。道存於忘。忘忘於勤，非斷滅也。必立本而忘學，學而得，得而忘，忘而益可天游於學，即學是忘矣。本無所得，本無所忘之大定，乃自不缺少，自不待嘖嘖者也。不落聖凡，芒然一際，惟至人以平其懷，而小人反蠱其智矣。

今之學縱舍盜賊之諔詭者，皆季咸、罔兩之睩聽也；今之襲金毛入狐之戲語者，皆修羅毛道之重臺也。不明表法，不悟影翻，五石之毒，利在强陰，其禍雖裂，相謎不反，論其蠱根，何所辭於已甚乎？聖人之平也，從先厚載，道大能容，故不難爲人而因之自化。寧以此顛覆帝憲而送奸邪以口耶？

九等之人，皆用學修之水，以洗不待學修之海者也。上上之根，自聞而體之，然體又豈能逃學修之澡浴耶？羣曰：聽其治亂，何與我事？此大定矣。獨不曰：聖人之治能統亂，此聖人之大定耶？誰不享此大定之田？烏有不勸種田，田不勸種五穀，而但曰田本自種者乎？穀善菑畬，尚需耘溉，稂〔一〕莠雖鉏，其滋日繁，烏有聽其穀莠而反罪人除莠者乎？誰不在大定之井竈場，烏有不肯綆

〔一〕「稂」，原作「狼」，據文意改。

汲，不肯舉火，公然縱其攫市樓之羹，而反罪織屨易粟之爲愚乎？

一則曰須盡今時，一則曰識法者懼，一則曰功未齊於諸聖。大事已明，猶如喪考妣也。何爲也哉？參學事畢，要不能躍冶於王法之四民，何待蒿枝入手，便如衣錦還鄉。德色淩人，尊拱受享，必以千人過堂，繡梓其鬼語爲善知識，則一指烏窠何稱焉？徐師川云：「不聞達磨聚千百閒人爲部曲，高尻坐揖王臣也。」悟明自己，男兒本分，何堪金顔眉宇、博采投鳴？無用於世，無益於人，反壞勤慎樂業之風俗，浸淫鬪狠巧僞之人心。驕惰貢高，饕餮利養，豈非悟道争奇，而反勒人游手好閒，害生理，犯王法哉？果無所得，但可鄉飲。横行不去，止是人牛。好騎屋棟，踞唾四阿，漫天自藏，淩轢星岳，此何異鬻帢之肆？奴隸鬻履之肆曰：我首也，汝足也，汝當尊我耶？嗟乎！果知天地同根之大肆也，聽以天地交易，日中爲市，則必以灌本結實相告，不以偏枯巧蠹誑人，而藥樹種成林矣。如或未然，實應死參塌地，如貓捕鼠，心無異緣，諸根順向。薰使困懓〔一〕而嚏暢之乎？撓使目華而睒驚之乎？實無而成者，藴以蒸乎？迅不停機者，鬱必勃乎？目懸雲漢，背柱崑侖，絶後重蘇，所貴翻身躍出耳。奮翼呑巢，重歷差別，盤桓堂奥，咀嚼古今，若貪無事人久稅駕矣。

乘大願力，自强無住，無所不知能之地上，正是迦文之常膳也。常膳固不厭矣，水火固不輟矣，

〔一〕「懓」，底本作「懓」，乃「懓」誤字。

斯則許君意句相剗，殺活同時，衝破於劫外聲前，注用於揚眉瞬目。然風影所觸，起死回生，隨順愛語，塵塵三昧，豈其守襲雕本、一式顢頇乎？真丹委裘，然且容而不許，就其艸料、養其勤耕而已。古人云：既悟自己，須明大法。荷道遇緣，龍天所擁。其餘入山鉏钁，高覽青霄。不則隱迹薄技，亦奉塵刹，若智永、一行、法開、珙㬎之流，果有所得，亦不以游藝寓世爲非道也。食力者，天地、帝王之正道也。酒蜆、浮杯，自甘野鹿；惠休、參寥，不藉吞針。安陵儷皮，何不演揲？辟支能保，許汝暗痴。獨何當濫付詭隨，狂逞惟我惑亂之説，令貪淫之邪檀作屠麻鄣日耶？

據實而論：學必以淡泊爲基。孔門獨老世法，正以研極爲隨緣之樂；蒸爛萬法，始名無一法。何得自棄，而以不知不識巧飾其免鄉人耶？故曰：因二爲真一，執一爲遁一，貞一則二神，離二則一死。五宗通牢關，《宗鏡》明交蘆，而直日於大成之薪水，安此太極華開之寂場，誠萬世無弊矣。士夫立本明倫，必以好學淬礪。不則葬温飽艷煽之椰，豈能免耶？冷火燒空，熱水凍日，蓋狀其志也。

不耻惡衣惡食，是第一遂《困》之根；生於憂患，是第一《習坎》之信。《屯》《蒙》君《師》，陽能享險。教事行尚，自重繼明。説之爲道，惟許講習。顛《養》《孚》〔二〕《過》，二《濟》轆轤。總在《隨》

〔二〕 參頁七校〔一〕。

《蠱》而《革》《鼎》，《剥》爛而《復》反。《无妄》慎疾而《大畜》日新，精入以用其「何思何慮」，幾深以神其不疾不行，厚載不息，《乾》乘《坤》馬。爲己即以爲人，非販超生拔死之永藥，而以網望土面，詬潔白地上者也；爲人即以爲己，非暱晝少自便之巧護，而以切參酷禁，廢實學大業者也。善聽説火欲熱之獅絃，俗根爲之洗矣。風乎得意忘象之舞雩，聖解亦可捐矣。切不可以蝶景之玩生死者，先玩君親；不可以画狗之斂一切者，專斂聖賢。

知三畏者，真四無畏者也。無忌憚者，非不憂不懼者也。慎獨，即獨尊也；戒懼，即逍遥也。此而不辨，鬫全毒矣。是故易簡久大之德業，但舉賢人；修詞立誠之君子，藏其二聖。和潛亢於見惕，存其義於躍飛，終之以思患預防，辨物居方，正以方即是圓，幾在思患。從心自序，序於七十，誠知不二不一之故，循循欲人盡心，恐後之戲言起頓，偏上虐下，而廢教滋誕、荒學長奸也。

奇大其説，可以化小，而彼欲以略其踐履，故聖人以倫物徵之；虚高其説，似乎進竿，而彼欲以忽其鄙陋，故聖人以實學核之；敵生死之説，足以難人，而彼乃横行矣，故聖人以晝夜通之，而以知生塞之。苛窮疵病，使人無所措，而何暇敵彼乎？故聖人以夫婦勝之，而以食力安之。藉玄同之説，則無端非異，而乃以掩其邪僻，故聖人以君父質之，必無悖王法之天道，此愚民所公守也；藉劫數之遠，則目前可遺，而乃以偏羶其肆，故聖人以時義律之，必無離見在之去來，此口腹所公證也。自有飛遯無悔之真至人，開物成務之真神人，惟不爲似是者所竊逞，又何患庸猥者相汩没乎？

請聽《易》治寂場與杖亂寂場之辨。市柱杖者曰：此惟我獨尊、無所不可之寂場也。《易》令塾師答之曰：此天命白日、治妄自尊者之寂場也。君曰：頓知太歲，則無頓漸矣。獨不曰頓無冬夏，而實乃漸冬漸夏之寂場耶？君曰：沙河皆許矣。獨不曰以沙河之主，理沙河之民，爲正統寂場耶？何不盡十方有口有趾者，各予杖拂，各上坐其家，來即挺之，廢賓主上下之禮，淫嗇任放，並責迦文何以妄立教戒，豈不更寂耶？

嗟乎！君輩口吻好鮮，不喜稱尊君孝親、明善誠身之寂場，奈何有但泡君親、不泡姣好之寂場耶？即忌諱立仁與義之寂場，以迂闊封之，奈何有專殺聖賢、不殺奸宄〔一〕之寂場耶？《易》亦容君輩之平分寂場矣，民情宜便君輩矣，然蹻跖之子孫奉五更之司命，必不敢以曾、史與之並祀，則何如學《易》之寂場，上慊王法，下慊子孫，中慊夢寐之爲磊落寂場耶？彼曰寂場也，此曰寂場也。無彼此，一寂場也；此重於彼，一寂場也。則當享此尊親有別之寂場，而不必倒懸反踵以弔詭也明矣。如曰黄葉耳，則《易》寧勸人墮天半之黄葉，食好學之爐竈，以燒毋自欺之火耶？將自棄羲、軒來有理之天下，以媢盗鈐者惑亂之黄葉耶？若果知仲景之言先，自明《傷寒》之五法，不誤轉於他經，又細護其勞復，則殺生之黄葉是羲、軒所最感激者也。何技不養？何物不容？特貪寂場爲壑，而竊負妄

〔一〕「宄」，原作「究」，據文意改。

尊之舟，梗侮帝王，教成頑悍，故《易》之嫡傳，不得不爲夫婦鬼神中明質白，使知無物無則、無泡不真，其善世禍世之分數則大較如是耳。《華嚴》曰：「於有爲界示無爲法，亦不破壞有爲之相；於無爲界示有爲法，亦不分別無爲之性。」此明謂無爲在有爲中。汝巧取熱盌鳴者，不可單分別其學修不及之性，破壞有爲之相也。顛倒迷人之黄葉，又成鹽敷構樹之蛤倉矣。君知黄葉之落處否？而竇宋人之楮葉乎？瞿曇之涕，至今不乾；陬阜托孤，以笑藏懼。

何生曰：懼亦笑耳。曰聖人早懼此幾矣，三世之訓見懼於夢哼哼矣。人□□代二鬼而孤乃化龍。彼知聖人之容之，其邪益〔一〕肆；它人又不足以知之，其邪益高。故不惜業緣之齒齒，現當士身以寂之。迓可寂徑，大迂即大徑也；淺可寂深，大淺即大深也。引人之笑，即引人之懼，暇掩跛挈以諂高播乎？當當如如，笑乃能懼；《乾》《乾》《夬》《夬》，懼乃能笑。

平公履何生曰：有此當門，汝可以熟卧，吾可以永遊矣。

何生肘當士曰：君何不立？

平公闖門而歌曰：立卧俱寂，遊者本寂。將癡龍珠，照鮫人室。露珊瑚網，破僧竊壁。懼笑同聲，三冬霹靂。

〔一〕「益」，原作「葢」，乃「蓋」誤字，據文意改。

## 曠洗

何生曰：此好出入者，本不出不入也。潛亢之間，有不占之占。其祝曰：上下不得，此中何息？流浪遮天者，眯此占矣。蟠窟栖巢者，又豈知此占乎？教占者以父師之責，恐其出入，爲之禁約。禁約不止，與之詛盟。盟之曰：睦然必黜明，瞀然必墮聰。渝此盟者，有如皎日。嗟乎！日雖皎，豈來皎汝乎？知之則屋漏未嘗不皎也。於是乎詛之，詛之曰：吾將剞汝目，截汝耳，反諸聾瞶；汝乃自悔。有聞而死者，有聞而憤者，有聞若不聞也者。從此旦旦焉詛之，事事焉盟之。新莅者申其條令，覆其鉗釱，罔密事叢，深故巧詆。奉者力竭窘迫，而譎發一旦，叛誓潰閑，恣其所之，愈不可救。乃俊其狴犴，刻木爲吏，交臂歷指，日夜邏察，厭而緘之，流血成洫。

真人騎日月，翔汰沃，囅然笑曰：古今槎枒崩榛之塞天下也，有何底止耶？吾惟曠以洗之，而遊以止之。莫曠於天，莫曠於海，海洗天乎？天藏海乎？天其以風問海乎？海其以波答天乎？一言海則望洋而歎矣，一言天則蒼蒼不可得而至矣。達者且言四海之大瀛海與地心之海，天之外有十三萬天，天各其海。聽者傾耳，志其所問，而我故以一毫收天海而放之，咳唾成海，吐氣塞天。淵蜎濩蠖之中，天溟空洞，呼天下人，入此天溟；揮洒天溟，以予萬世之人。然且不欲言死天與死溟也，忽而躍之，忽而飛之。錯玉之鶴聞天，而魚在渚也；旱麓之鳶戾天，而魚躍淵也。國宋之客，援筆繪之，失綴於下，表其律襲。蒙濠散士，因影榻而傳之，化其入者爲鯤，出者爲鵬。或曰鯤子也，鳳丸也，鳳梵梵而衆從之，故號之曰鵬。子至小而鯤至大，昆者，渾也。《諧》何不可以諧乎？《知北遊》者，可以南矣，恐其死水，激之以怒。既其飛也，乃其息也。動半其年，九極其萬，題回《逍遥》，以一冠六，殆古今之一大遊，而以一筆洗古今者乎？

蘇飛、雷被之流，假紫金之黑池而汁之曰：「鬼出電入〔一〕，龍興鸞集。」直指之裔，又襲而汁之曰：「龍生金鳳，衝破琉璃。」愚考碧落之圖曰：「樞皆庭前，南遊北徂。埋雷洗日，時襲水土。」此亦動静生死出入不二之盟書也。

先衍者，龍馬；遊魂者，胡蝶。龍馬以文章藏其秘密，何荒唐也！而伏羲取之，以與陰陽盟；胡蝶以粉色藏其春秋，何丹青也！而蜩鷃化之，以與鵾鵬盟。世有诅荒唐而盟矜嚴者，詛丹青而盟朴素者，不知天溟間能躍能遊，誰非荒唐者乎？蟲蠉蕤蕤，五色鮮衆，誰刻之乎？誰染之乎？皆丹青，皆樸素也，知荒唐，知矜嚴矣。歎「猶龍」者，鳳化爲麟，「天何言哉」？「逝者如斯」，乃有狂生以一絲遊技乎毫端，越滄桑而釣之，乘飛蟲而弋之，借漆貌思，感思〔二〕賦物，撩天反袂，博浪呼風，追

〔一〕「鬼出電入」，原作「鬼入電出」。《淮南子・原道訓》：「鬼出電入，龍興鸞集。」據改。
〔二〕「思」，原作「恩」，據文意改。

《中庸》之髓，以點玄黃之血。怪哉！怪哉！安知不以荒唐之丹青投人之天溟，而又以倏忽之斧鑿激天溟以招魂耶？六龍齋戒以洗晝夜，乞蓍龜以盟百姓；靈鷲展金翅以吞溟，而拂鱉毛以盟死狗。憂之懼之，固已苦矣，鉗之鎚之，畏苦更甚。

嗟乎！嗟乎！十三萬其天，十三萬其溟，十三萬其天溟之歲月，周而復始，人塵其間，曾一漚之倏若戴面植耳，偶相逢於蜉蝣之壁，又何足以爲死生之鐘鼓、貴賤之幢幡也哉？誰桎梏汝？誰跼蹐汝？何故營營？何不止息？止息即逍遥矣。終古之逍遥，在須臾之止息。終古一須臾也，須臾亦終古也。吾故且廢大小長短矯急刳禁之科，而獨懸洗心之防於沆沆莽莽之鄉，曰曠。

當士曰：吾慎吾之曠，是吾曠也。專曠，教曠，落曠穽矣。

平公曰：天溟一大穽也。莫曠於慎，莫慎於曠。

## 通塞

何生曰：「鈞旋轂轉，周而復匝。已彫已琢，還反於樸。」樸何反乎？反之有幾。知幾者，難言之矣。無天無地，幾在縱横；無古無今，幾在通塞。吾其通乎？山河大地，吾肺腑也；白牯黧牛，酬笑語也。吾其塞乎？鐵壁銀山，風不得而泄也；黄頭碧眼，吞聲蔚氣而已。吾其不通不塞乎？倚杖當軒，雨花布地，刑賞鴻蒙，豈輪王之所得知哉？《書》曰：「剛而塞。」《詩》曰：「秉心塞淵。」塞而後通，《蒙》《困》二《過》知之矣。聖人推何思何慮之往來，而感龍蛇之蟄，神其屈信，性盤首尾，首吞其尾，致用者用無首之首。無首之首，首尾之際也。剛而不塞，失之暴露；剛以堅塞，惟堅發聳。塞自能淵，淵乃流藏。神武不殺，所以剛塞也；洗心藏密，所以塞淵也。亢潛之桔槔，亥子之荄滋也。夜以息日，屈則知伸，冬煉三時，背襲水土。不見全力効用，而皆獨以不用爲用乎？寐則支官俱息，而鼻息獨以不息爲息者乎？

元問果曰：昨何剥落乃爾？果曰：彼哉，以教長子也。天怒其地，地怒其天，雺松昏獨，大風以雪，水澤復堅。其子乃左，左則閉之；之右，右則遏之。不左不右，鬱不可忽。忽不得已，其母避不居，而父乃復之。如此不得，如彼不得，不得不得，其氣乃專，其發乃直，於是乎虩然聲矣。元曰：雖然，後世求聲而誤殺其子者豈少哉？

當士曰：不求亦聲，不誤亦殺。不以誤誤其不誤，不如使求適得不求。安而危之，驚而使自暢之，怪而使自平之，隱而使自信之，入而使自出之，聲而使自收之，要歸中節。節而文之，縱横而雕琢之。呼即吸，吸即呼，是彫琢元會於呼吸也；北而南，東而西，是雕琢其中爲四破七十二候也。縱而垂繩，横而平衡，繩本於正，衡平爲權。權載於輿，輿以爲輪。其轉在軸，軸直而已。約而持之，中交六幕。一之萬之，萬之一之。反一無迹者，得其未始有一而已矣；未始有一者，太樸之權輿也。已推移矣，反之奈何？反，天下怒而不可行；不反，天下悦而不可捄。以因爲革，以順用逆，以彫琢爲樸，通而塞之，塞而通之，此不反之反也。

一之中有未始有一者，萬之中依然此未始有一者也。未始有象者，太祖也；未始有音者，太宗也。其子爲光，其孫爲水，知之矣。知子孫而即祖宗乎？人問其太祖之太祖，必不知，則後此之問今日而不知也，明矣。日午之萬，反夜半之一；夜半之一，又反昨日日午之萬。統而觀之：無日無夜，無昨無今，無萬無一，無子無午，不亦宜乎！世之反者，執椎而命之權，是魭斷矣，土墼矣。彌郃烏能畢，塗川豈可以雍防？不及之，反以洫塞之，以流淵之，以文殺之，以光密之，以垢洗之，以寓藏之。其因因也，在幾其幾。不可以謀，而天地相與謀，曰：吾與汝爲仁，彫實琢核，偏以予人，人不信也。明年彫成枝葉，琢成花萼，見者聞者歡忻而色之，管絃而樂之。吾告之曰：此太璞也。人復不信，乃鐯其榦、鉏其根以求仁，仁安在哉？誒！

平公曰：誒不可少。

## 無心

何生曰：客止於古廟者，已怵心矣。夜分隱几，圯垣古柏折聲入牖，驚以爲鬼，俄而有影，俄而擿瓦然者。僕告之曰：柏也，鼯鼠也。反復不能信，終夜傍徨，毛爲之鼤。曉立簷而審之，其毛始不鼤也。食有鼠矢，甘而盡之，忽見餘於盎，以爲方所飡者鼠矢矣，隔濊惎惡，伏而欲嘔。天下本無可以動吾中者，語臭腐之狀而噦，聞珍羞之名而嗛，心自動耳。猛虎在前，而赤子嘻笑；張弓列栝，而飲者已痞。行酷暑，而擾者益灼；受爝炙，而怖者益痛。欲識其語，語即爲讖。見怪不怪，怪何爲乎？元載之客食黿，而成黿瘕；陳留阮士瑀殺虺，而雙虺成於鼻中，此疑黿虺之能戾我，而遂我其黿虺也。犀玩物而影其角，公麟畫馬而馬其身，此與奉大士而蛤見大士，老作灌頂觀而刻螺髻於胞脘者，皆狗之寶〔一〕、牛之黄也。

習生於心，心生於習；習生於緣，緣生於習。初緣何習？不習何心？窮之，習也；塞之，亦習也。以緣謝緣，以習變習，欲其習也。掉而去之，欲其不習，已心之矣。習而囧二，習而忽二。囧囧不忘，忽忽善忘。營營其所習，而遂仿仿其所不習。因氣吹泡，因泡成珠，珠襲吾櫝，吐之不出。嗟乎！嗟乎！心其奈習何哉？不習又奈心何？是故以天地未分前者習之，⿰鼻翏⿰鼻乚其垓埏，嚨胡其元會。息以湧泉，緣督於背，闢顋於上。星海有歸塘，吾湧泉也；北辰受共，吾督也；衝破閶闔，坐千古之頂顙，是吾顋也。驟而語人，人有不縮者乎？

昔有懊夫處圍城，幢棚對樓，矢石如蝟，其人鍵棖，蒙絮其頭。踰一日，闞門而望；又一日，行市中問消息矣；又一日，緣女牆矣；又一日，與守陴者傳籌發礮矣。今而後，知勇可學也。學非

〔一〕「寶」，原作「實」，據文意改。

習乎？惟恐其習習，故號之曰寤；　寤非思乎？惟恐其思思，故號之曰參輿衡稽立，皆古人天地未分前之旦暮也。

蜣蜋之轉丸也，鴟之視也，雌之伏卵也，有使之然者也。習生於胚，識依於脊，固矣。精注而通，彀乎而應，何往不然？門樞之埃，可以利小溲，此習何因乎？種薯預者，杵以卷拏，蹴以髁跌，生即狀之，此習何因乎？情識已習矣，精誠亦習也。空虛以氣習，動靜以風習。始乎因，因習也；　中乎變，變習也；　卒乎化，化習也。謂之有心，有心之習；　及乎無心，無心之習。習何非性？性何非習？天地未分前，非以未分前習旦暮之天地乎？手之能持，足之能行，此亦天左旋、地生物之習也。知而熟之，則不知其何以定；　安而忘之，則不知其何以樂，此手足無心之習也。

手擊人者，動成疻痏，其人不怒手者，手無心也；　醉者詈人，人多不較者，心無心也。人而爲天地之所不較、鬼神之所不怒也，人亦何便於此？最便者直，直則一，一則誠，誠之至，則無心之至。謂之無心，無無所無，則又何不可有心也哉？專門者曰：　不誰何其時？不誰何其地？不誰何其語？與對者何人？吾自以無眡無聽處之，澮澮于于，媒媒晦晦，若灰若蜕，瓢躍桶脱，是水泉之初動也，蛟之涌地也。專因己，依然欲牛之黄而不許其黄，欲狗之竇而不許其竇也。此亦無奈何云爾。灰飛水解，雲出於岫，專而不專，得無所得，從之而已矣。是知時悦之習有不習之習，不厭之學有不學之學，思無之思有不思之思，從可以知不寤之寤、不參之參矣。「予欲無言」，其言之震也，襲萬世矣；

「未之或知」，其知之光也，浴咸池矣。不能不習，習無非空，空無非實，此一天地皆「素逝」「坎窞」也，皆交網迷離也。州里也，蠻貊也，高堅也，文禮也，皆輿衡犛立之險易埸也。印去文存，且棄其印。險則能棄，空而後明，此履錯出征之繼習也。播耶風耶？封耶蓍耶？氣耶心耶？理耶事耶？本寂寂也。《既》《未》相續，濡尾無首，何往而非手之舞之足之蹈之耶？

當士曰：極其寂寂，而守其寂寂，則人以無心動其心矣。自不遊於天下之天下，而待天下言心者之印之，又以印動其心矣。然不信天地之印，則又以逃印動其心矣？若此以稱無心者，猶之自鬼其真君而妖孽乎華萼，自垢其靈府而糞壤其禮樂者也。雖有儻然者曰：動上不動，心自本無，將持此以「鳴豫」也。若未能《養》〔二〕《過》其繼習、《孚》《過》其繼光者，是且以心自本無之藉口陷天下之心，不見《坎》又爲盗而《離》之災乎？

平公曰：災知不無，知又何災？

## 性命質

高懸性命者，苦不能合矣，正苦不能分也。苦於不知言即無言矣，諱言其可言，反失其當言，而

〔二〕參頁七校〔一〕。

鬼其不言，囈其不言之言，此尤苦也。户之開也，必非闔也；户之闔也，必非開也。是開可罪闔、闔可罪開矣。反因推之曰：闔乃所以開，開乃所以闔也。泯之曰：是闔即開，開即闔也。通之曰：是本無開闔者也，然自有當闔當開之質與其可闔可開之質，乃通其本無開闔之理。通之而用，則依然可者、當者之質耳。不先質言，安有至言？既知至言，但隨質言。徒玄巧其詞曰：是本無分，又安有合？亦何益於蚩蚩之泯乎？

因有天地，而有物有事；因有成才；因有成名；因有成德。舉而論之，所以示也。擇善也、好學也、默識也、主宰也、通達也，皆此不慮之知，汁其體，以爲之用焉。質分之，而無不合者也。謂無可名，而不當有此成名，又將以何名之？誠而無所不至，則又何故至之？極而無所不太，則又何故太之？漫山彌谷，非道奚由？荆莽參天，不開奚達？虫蝗尚自相教，況人情乎？教必正名辨物，以才其天地，而不可言之道寓之矣。但曰「不慮而知」，何待教乎？禁絶其慮，慮可禁乎？普告之曰：慮即不慮，何愈於不教乎？通達之知，所以偏〔二〕物者也；主宰之知，所以轉物者也。此兩知者，生乎默識之知；默識之知，生乎好學之知；好學之知，生乎擇善之知；擇善之知，生乎不慮之知。舉此不慮之知，足以逼擇學之歸於默識；默識之入於擇學，足以攝通達之歸主宰；主宰之溶於通

〔二〕「徧」，原作「偏」，據文意改。

達，足以竭一切之知而容天下之不知與知者。然逼也，攝也，竭也，容也，已非不慮矣。於是不得不消之曰：慮即不慮也。此急口言綜，即略其錯耳。

因知生法，因法生知；以法消法，以知消知。善會其言先，善通其言後，有不善用其言下者哉？不慮之知，至誠與妄人一而已矣。是以君子致擇者、學者、默者之皆不慮之知也，非執不慮之知，而以踶跂視主宰之知、通達之知也。惟見其合，不見其分，此徵狀乎刊落之候歟？尚且無合，又安有分？此徵狀乎烝化之際歟？分合合分，聽分皆合，此周流之誠明，明誠而忘其自矣。至誠自能容妄人，以化妄人，豈容人之以妄〔二〕人自容乎哉？

知三畏，而《中庸》之三謂乃可語矣。畏生乎知，知成乎畏。《大學》就好惡還明止，而以讓恕爲新潤之大矩；《中庸》提於穆貫費隱，而以戒懼爲天淵之大獨。春無理，以物之理爲理，能温以發之爾；風無聲，以物之聲爲聲，知發之自，則隨其發矣。隱怪不能泯之於顯，故索之乎微，爲其足駭而易述也；遵道不能達之乎微，故執而失之乎顯，此其所以半途而廢也。厭是非而避賞鉞，則天官曠而賊民興矣，是太簡也。兩不執，三不執，而影守一彌漫之於穆，則不能遂事而庶物荒矣，是暗痴也。

〔二〕「妄」，原作「忘」，據文意改。

明於庶物，乃所以察人倫也；　執其兩端，乃所以用中於民也。一端之執，執之以偏過；　兩端之執，執之以虚中。顔子語不惰，不語亦不惰；　其發也，發其不發者也，是能竭兩端者也。曾子之「唯」，非唯一也，唯其不住於一者也，是能竭兩端者也。

有天命之誠，有名言之誠，有思勉之誠，有悟入之誠，有究竟之誠，皆天命也，畏則知之矣。日升於空，照窮率土；　波澄於水，鑑徹秋毫。稱聖人之誠明，其似之乎？

《釋論》曰：　天地之道，生生而已矣。生生者，變異之謂也。化之變而異也以頓，如鷹之爲鳩、橘之爲枳也；　育之變而異也以漸，如卵之爲雛、芽之爲莖也。故育亦生也，化亦生也。此富有之大業，所以發揮於日新之盛德也。號物之始謂之育，可以悟其非本無而忽有矣；　號物之終謂之化，可以悟其非暫有而永無矣。如是則念念始，而無始之可得；　念念終，而無終之可得；　念念變，而無變之可得；　念念異，而無異之可得。故化可知也，孰化者不可知也；　育可知也，發育者不可知也。可知者，知之以無不知，知之大者也；　不可知者，知之以無知，知之親者也。孰生萬物者？天地。問所以生萬物，不知也，雖天地亦不知也。

景有所待而然，景之所待復有所待而然，待與所待不可致詰，故混而爲一。黔首之所謂衝波息湍，蛟龍之所謂廣居安宅也。此無壯麗之觀，彼無濡涉之險，孰能得其所然？不得其異，則玄同矣；　不得其變，則真常矣。

無我無彼，無合無散，無前無後，無成無虧，不可得而名，强名曰誠。有情無情，莫不由焉，名之曰道。由與由者，求其主而不得；名之曰天命，以名其生機之流注焉；名之曰性，以名其功能之蘊藏焉。自名適名，萬之又萬，而莫適爲主也，一善而已矣。

孫吴能盡人性於兵，陶朱能盡人性於殖，楊潛能盡人性於工。何則？知之明，處之當也。吾不知於至誠之盡人性，奚若王良能盡車馬之性，后羿能盡弓矢之性，師曠能盡音樂之性。何者？知之明，處之當也。吾不知於至誠之盡物性，奚若有情之物得吾有分别之性，故各視其視，各聽其聽，各形其形，而智愚善惡常待於盡性者之教而轉。待於教而轉者，非綿邈之期不可以漸親而信。無情之物得吾無分别之性，故色爲吾視，聲爲吾聽，形爲吾搏，而妍媸駁粹，常依於盡性者之習而轉。依於習而轉者，普一心之覺，而可以頓無不圓。是故衆人之所謂色，聖人之所謂道；衆人之所謂聲，聖人之所謂心；衆人之所謂形，聖人之所謂神。道而色，非衆目之所視也；心而聲，非衆耳之所聽也；神而形，非衆手之所搏也。至誠之所不可及者，其惟人之所不見乎？漸親而信者，悠遠而不及見也；頓無不圓者，微密而不見也。非通乎一善之洋溢因應，而不以覩聞爲覩聞者，其孰能信之哉？

風雨時，年穀熟，草夭木喬，鳥獸咸若，胎不殰，卵不殈，山不童，川不竭，而海不揚波，此共見共聞之化育也，非獨見獨聞之化育也。共見共聞之化育，盡性者能贊之；獨見獨聞之化育，盡性者能造之。能贊之也，故與共見共聞之天地參；能造之也，故爲獨見獨聞之天地主。共見共聞之天地，一念攝入於獨見獨聞之天地，而赤水之珠弗爲玄也；獨見獨聞之天地，有時顯攝於共見共聞之天地，而華胥之國弗爲適也。子思恐天下之狂而不信也，聊舉其一隅，曰「可以贊天地之化育」，曰「可以與天地參」而已矣。

請再質析而質合之。曰：氣聚則生、氣散而死者，命根也；不待生而存、不隨死而亡者，性體也。此性命之不可一者也。命以氣言，終無氣外理爲氣之所依；性以理言，終無理外氣爲理之所托。如波蕩水，全水在波；如水成波，全波是水。此性命之不可二者也。四端之心盡，乃能知性，而知性即所以知天，彼求知天於陰陽之説者，外矣；幾希之心存，是爲養性，而養性即所以事天，彼求事天於主宰之帝者，疏矣。知所謂性，而存心以致其養；善養其性，而盡心以成其知。事之物之，覆載皆身；依之游之，膏沐皆修，而修身即以立命，彼求立命於夭壽之數者，末矣。凡夫之所共有、聖人之所不無者，性乎？言性則期於盡，求盡其性之所欲，而秉不懿矣。故言一定之命以矯之，使有制伏而不敢騁。夫是之謂以命忍性，不以性衡命。彼若有所獨豐、此若有所獨嗇者，命乎？言命則主於安，自安於命之所限，而降不衷矣。故言本同之性以振之，使有所鼓舞而不容罷。夫是之謂以性立命，不以命棄性。

孔子之言「相近」，以其受變於氣之分數言之也；孟子之「道性善」，以其不受變於氣之本體言之也。程子之言「生之謂性」，豈告子之「生之謂性」乎？告子混氣於性而執其生，如謂影是月，；後儒外氣於性而執其理，如謂水非冰。然告子之執斷不可恃，而後儒之執不嫌於晰，何也？何以緣所遺者，立心之名於緣外，獨不可以氣所聽者，聳理之名於氣外乎？此明於孟子之「不謂」，以明子思之「謂」也。然不知因人以導之，徒撝人以不敢近，此膠於不謂之瑟而不合通謂之琴矣。果知無非天地萬物之心，則何所非天地萬物之理乎？

一而神，兩而化，正謂化其一而神於兩也。一必同兩，無言之行生也；兩乃用一，上天之載無也。弄微言而屑越大義，與扶大義而不通微言，皆不知行生之載、全大全微者也。君子曰：舉此無所非心、無所非理者，使人化其捍格之畦，而平乎大同之天耳。

至誠體之，而用則止有當者、可者。《易》無體也，用即體矣。專尊此不可致詰，莫知所主，此吾所謂不與政事之太上皇也，況任其食色之所向乎？以性爲善，探本心之所具也；以性爲惡，極食色之所至也；以性爲無善無惡，而曰不任食色之所向，是盗鐘掩耳矣。充〔一〕本心之所具，可爲大人；極食色之所至，必爲小人；任食色之所向，亦終爲小人而已。必且曰：大人與小人何別焉？此非阻萬世之爲大人、縱萬世之爲小人乎哉？將謂達天道，而先悖王法矣。昌言而立教者，當禍當世以

〔一〕「充」，原作「宂」，據文意改。

自逞其一説乎？當聽聖人之主宰而善萬世乎？望梅可以止渴，汗垢可以補虛。假藥之肆，未嘗不可以療疾，亦在善養之而可用，善使之而得當焉已矣。

夫言豈一端，亦各有所爲也。不明言下之言先言後，則誠亦蠢誠耳。至誠者，知大一之用二而貞一，以貫終始、無終始者也。精入而神化，神化而歸於不可知，不可知而與與知之凡民同知者，固不可不知此覆幬耳。知不可不達，而固乃所以達之。質核既煩，故與上根推豁之；推豁已甚，故又與凡民質核之。轂主輻僕，而輪見功焉。當其均用也，不知其誰主也，有主之者矣。知其主，而終不能出此轂輻輪之均用也。專言不慮之鑛，以泯其擇學默成之鑪，此標其本無開闔者，而隨開闔耳。惟風擇學、默成之鑪，此標其可開闔、當開闔。其可開闔、當開闔者，而本無開闔者在其中矣。通達無非主宰，而忘其通達；主宰無非通達，而忘其主宰。未知未徧，格而致之；已格已致，温而厚之。前乎知天之憒竭，則切琢也；後乎知天之學誨，即飲啖也。試反復乎本無頓漸之天，誰謂不當修藏頓於漸之教，而反執病教，蕩心之偏詖，以灰冷奉教、遵王之瘏瘃哉？

無教以深於治，則治所不及案者，民之力能爲則爲之矣；無化以深於教，則教而不及條者，民之貌苟免則免已矣。故知公者，化之本也；幾者，化之端也；反者，教之勢也；激者，反之權也；信者，公之深幾也；疑者，信之反激也；容者，教化之天也；生者，教化之地也；集者，教化之地其天也；因者，教化之天其地也；畏者，教化之門，而人其天地之路也。善知善學，敢不畏乎？卜築之前有溪，溪三十年東，三十年西，然溪之所以爲溪，何變乎？溪之清可瀹荈，不能冷飲，則以火燂之，深以没人，不能學汙，則以筏渡之，亦溪之所以教人也。

## 大常

何謂常變大常？曰：黄帝曰：「帝無常處也。有處者，乃無處也。」霜雪而蕪落矣，長贏而薈蔚矣，常乎變乎？今年之蕪落薈蔚即明年之蕪落薈蔚乎？常乎變乎？陰肅肅而出乎天，陽赫赫而出乎地，地常陰乎？天常陽乎？其肅肅赫赫於蕪落薈蔚中者，常乎變乎？解之曰：言無常者，破人之常執；言常者，破人之斷執。執之者，常乎變乎？破之者，常乎變乎？曾知俱變俱常之渾侖宗，即日用無始之彌綸準乎？凡言《易》無體者，言以用爲體也。體常而用變乎？用常而體變乎？兩攝交冥者，常乎變乎？五而行之，五而臟之，五而倫之，五而常之。著察與不著察者，常乎變乎？天生民而天因民，民之所常，聖人因而常之；民之所變，聖人因而變之。俱變俱常，聖人藏之。俱變俱常之中，確然有常主宰者，聖人理而表之。

質論之中，皆通論也。毁質譽通者，巧耳。通一質也，究歸乎通用其質而已矣。久米鹽矣，斯米鹽之；久金玉矣，斯金玉之。不必以無所不金玉、無所不米鹽之説亂金玉米鹽之常質也。無所非親，則無所非當養矣，此所以奪晨昏之膳以飯乞也；無所非配，則無所不可偶矣，將鹿聚鴿交以漁色乎？嚴君平曰：「熱而投水，寒而投火，所苦雖除，其身必死。胸〔二〕中有瘕不可鑿，喉中有疾不可剥。」偶然變語，不可爲常，尤不可以無常無變之翾忽致常變之不分，而使民無所措其手足也。

常爲其所當爲，而爲即無爲之統常變在其中矣；定其所可定，而不定者置之而自定矣。故定常變之正曰：有常即有變，有交奪之常變，有統用之常變，以常統變，以變知常，變亦是常，本無常變。至人常其變而變其常，其流止好屈其常以伸其變；聖人道其常以御其變，即是統常變之大常。嘗試論之：沂言無始爲常，則以日用爲變；相習日用爲常，則視無始爲變。不知以貫無始日用者爲常，則離無始於日用；舍日用言無始者，皆不知貞一之正常變也。《易》故藏其顯而顯其藏，藏圓蓍於方卦，藏無方無圓於規矩。雖有常變，而何常何變？常貞一而已矣。

徵變者曰：人知飯可食，不知鬼可食，雷可食；人知粟可種，不知鼈可種，羊亦可種。明常者曰：食鬼食雷，不敵食飯，則飯之常明矣；種鼈種羊，不敵種粟，則粟之常明矣。況專欲人食鬼食雷而禁人食飯乎？專欲人種鼈種羊而禁人種粟乎？通常變者曰：不可以痽鳩雀蛤責雞鶩，以葦蛬稻蛩責蘭茝，又何妨以蟄龍屈蠖知退藏之幾乎？不必以蛤蜊之像廢宗廟之犧牲，而圖鸚鵡之舍利，又何妨以公牛、黄母、五酉、六道明豺狼、野干之識變，而受用大禹之龍負乎？聖人以有知無，即無有

〔二〕「胸」，原作「胃」，據嚴君平《道德指歸·治大國篇》改。

無，遠近俯仰，大小短長，反復得之，常變猶是也。肢骸其天地，經絡其陰陽，呼吸其世紀，虛空之中，皆可指屈而毛數也，變皆常矣。豈必八其手足，眉下於目，乃足駴人而齊常變哉？

老子謂孔子曰：「草食之獸，不疾易藪；水生之蟲，不疾易水。行小變而不失其大常也。」「以閱衆甫」，「是謂襲常」。聖人以千生之非常不出此生之常，以代續之無常益知盡於本生之常。以孝繼心，通於神明。造端而立君師，參兩之任常一。合萬古之懽心以天其倫，即可造萬古之人心以孝其天。知生即知死，即無生死；盡常即盡變，即貫常變，寧在廢人而鬼之乎？逼人敢於叛聖而獨尊，又不如鬼之矣。此蓋偶見大一端而執之也。引瑯琊宇文之事而槩欲抉其君高訴，所謂學三年而名其母矣。

聖人盡常變、大常之大變而時其大常，故於細常變無不宜也，無不察也，無不師也，無不用也。以是宜民，令民自宜。志氣塞乎兩間，則窮達猶寒燠也；神明周乎萬類，則制度猶風露也。沅南之農聞燉煌之流庸者曰：吾鄉雀麥足以饍，而不憂旱；又坐穫，而不勞。農者心艷其便而畮之，稊似之，不芸而穀蕪矣。農之子見富鄰之子酣適，放言天地自能供我，我何獨勞？田父既不以勤勸其家，空豪甌臾之祝。其子又食富鄰之言而咽之，而田竟荒矣。天時地利人事之細常變，若是其藹藹也，欲以一渾侖常變便之乎？不便甚矣！人無不厭常而駭變，又畏變而匿常。既惰其常安之職業，而忽以不勞之高論，執以爲常，是無常也。加之以俱變俱常、無常無變之說，驕其鄙薄服勤之心乎？

是荒常也。

## 非喻可喻

問：喻道者，何喻最乎？曰：此非喻可喻也，而不得不喻。或曰如，或曰象，或曰寓，此「言即無言」之第一非喻喻矣。以可名之道爲道者，非道也；專以不可名之道爲道者，非道也；深之以非可名、非不可名之道爲道者，亦非道也。自空虚而物之，自空虚而用之，自空虚而容之，謂將有三乎？無三乎？三空虚乎？三不空虚乎？道自祖禰而雲孫仍孫，生而同時者也。一時同生，而又不碍有循節緣生、展轉相生者也。

自分其無有而有，家家無不有門堂室，室中堂中，几案榻鬶，無不具焉，真無有之所以爲空虚、非空虚者，貫乎門堂之内外，並貫乎几案榻鬶之内外，此所以爲空虚、非空虚者。咫尺之間，四海之遠，無異也；千古之上，千古之下，無異也。道也，家家之門堂室亦道也，几案榻鬶之具亦道也。豈若將作監之造器，器爲一，造器之器爲一，匠又爲一乎？

世之言道者，或以法目道，或以德目道，故稱大道者曰天。聖人體道尊德以立法，用心明善以統天，窮理盡性以至於命，豈得已而爲此三拾級、九翔武之學問哉？道之於德也，有似乎世之於君，然非世之於君所可比也。道若主其德，德又主其道，而道實與德同體者也。尊理馭氣者，即彌綸理氣者也。或聳絶待爲盝頂〔二〕，以消對治；或綜對治爲綱目，以藏絶待，一也。道之於法也，有似乎君之於相，然非君之於相所可比也。道若臣其法，法又宰其道，而道實與法同處者也。坐而論道，則惠疇遜品即精一也。亮工申明職掌之分，豈有分乎？昭明時雍其天下而已矣。精義歷事者即義事俱絶者也，無精觕，無勞逸，無内外，一也。

《鶡冠》曰：「安危，勢也；存亡，理也。何可責於天道？鬼神何與？一者，德之賢也；聖者，賢之愛也；道者，聖之所吏、至之所得也。故聖，道也；道，非聖也。道者，通物者也；聖者，序物者也。故有先王之道，而無道之先王。」愚曰：晉唐來之托言者，窺大一之平等爲道矣，似知各各不相知之爲道矣。然膠此獨尊而誤人者不少，以未全徹也。未全徹乎道之爲祖禰，爲雲仍，非父生子、子生孫之謂也。同時生之，而分體同之者也。本合而分，可以分，可以合，可以分合相錯綜，可以分其分而合其合。無廉陛而廉陛，無輪序而輪序。以無家之道治其道，自不爲家所累，而又豈以無家增累乎？由吾門，何苦踰牆壁？入吾室，不必匿安奧；開吾堂，不必絶親友。列者几案，坐者榻，烹者鬵，何所不事？事而有何事哉？無一法可當情者，迫人之騎危耳。聖人理太極之家，惟立仁與義以爲家督，而僕妾秩秩，子孫繩繩，祖禰安安矣。豈故焚其家具而逐合門以草竊乎？

---

〔二〕「盝頂」，原作「盠頂」，誤。「盝頂」，中國傳統建築屋頂樣式之一。

録至此，平公歌於閣上曰：「春蘭兮秋菊〔一〕，常無絶兮終古。」何生牖下周榮曰：如乎？象乎？寓乎？非喻非非喻矣。當士正坐中堂曰：《禮魂》乎？終古乎？不言而喻。

〔一〕「菊」，原作「鞠」，據文意改。

# 附録

浴日蒸天，可不家食，何妨呼醒夢蝴蝶？瞥見魚知躍，鳶能飛，盡覆載幽明外，九萬遊息，時時是怒化之鵾鵬。

烹雪炮漆，以供鼎薪，偏教醫活死麒麟。却問龍無首，狐濡尾，在元會呼吸中，三五錯綜，點點皆觸幾之龜馬。

**易餘** 曜肉眼而開醯眼，又曜醯眼而還雙眼者，許讀此書。

# 象環寤記 癸巳入關筆

不肖覆腋歷年，門人録□□之《東西均》，篝燈自乙，不覺踸迭大笑。隱几而眯，彷彷彿彿，登三楹堂，入一室，有三老人。玄綖黄履而赤直裰者，支藜而上坐；黄襜褕而皂帢，正麈揮羽者，左；氎巾袹頭，緇畦帔，蒼蕉履，執并閭拂塵者，右。布筍席，張琴瑟，西；紘洗在東。陳博山爐、槃案，筆簡甚具。兩侍者守茶竈于簾外，啓余入。諦視之，上者余祖廷尉公也，左豫章王虚舟先生，右外祖吴觀我太史公也。

赤老人注目曰：噫！汝。

知扶服而前，據掌顙地曰：不肖少讀明善先生之訓：「子孫不得事苾芻。」然中丞公白髮在堂，皆爲之枯。十年轉側苗峝，不敢一日班行，正以此故。知必不免，以祇支爲避路，即爲歸路。苟得所歸，正所以奉明善先生之訓也。家訓嘗提「善世、盡心、知命」六字，貴得其神，勿泥其迹。今已化緇布端，委曲袷、續衽之迹矣，惟以方領、鈎邊寄之鬱泥耳。衡牙綦組綬而時乎此也。有不素乎此者乎哉？

赤老人曰：吾非噫汝之迹，正噫汝之神。觀我、虚舟二公皆汝所學，皆在此念汝，汝歷此大爐鞲，當有所進。若神其神，則何獨徼幸得意鬱泥之迹也？是以噫也。

緇老人曰：汝親近杖者邪？是吾博山法乳。汝母皈依博山，吾以此志喜，符生汝毒龍之夢。汝丱時，汝祖督汝小學。汝曰：曠達行吾曲謹。吾呼汝彌陀。汝曰：逍遙是吾樂國。全以莊子爲護身符，吾無如汝何。今夢筆龍湖之杖，如何發莊子之毒邪？

不肖曰：杖者謂莊子与孟子、屈子三人同時鼎足，扇揚大成藥肆者也。而莊子爲孔門別傳之孤，故神其迹而托孤于老子耳。此九蒸九暴之櫟社樹，豈向者之輪囷生藥乎？

緇老人以拂拂口曰：生不？

答曰：老老大大，捉此生怪。接而投諸茶竈。

黄〔一〕老人曰：貴圖天下太平。

赤老人持杖痛擊曰：何來之毒耶？能神其神，何不並此等曲录牀上賣毒之迹而化之？

緇老人曰：椶毛成神，惑乱不小。

不肖曰：茶熟也。獻茶三老人，禮拜還坐。

三老人皆笑曰：是何種東西邪？

〔一〕「黄」，原作「萬」，據旁批改。

黄老人曰：東西聖人舉揚此物，吾呼曰東西。皮下有血者已聞塗毒矣。天地是最毒之東西，則天地之孤最毒。不毒不孤，不孤不毒。天地托孤于冬，雪霜以忍之，剥落以空之，然後風雷以劈之，其果乃碩，其仁乃復。東西兩大果，豈非兩大孤乎？莊子休之毒，乃東西兩大毒中之一種毒耳。知本菴公之六字毒乎？不毒不能善世，不毒不能盡心，不毒不能知命。東西兩毒，正惟能毒天下之人成孤，收天下之孤成毒，而人遂不知其毒，而稱之爲中庸，爲慈悲。中庸慈悲，正毒之甚者也。

赤老人曰：我從不喜聞偏論，而虚舟能以偏快我，偏而全矣。惟迹則偏，惟神則全。莊周之神，今已毒出之而全矣，亦知孔子之全神千古尚未發乎？《莊》之終篇，先叙鄒魯之《六經》，因乱而有百家，皆「不該不偏，一曲之士」，「不幸不見天地之純，古人之大體，道術將爲天下裂」，此後乃叙諸家，則尊孔子也至矣。其曰「以天爲宗，以德爲本，以道爲門，兆于变化，謂之聖人」，此非指孔子而誰乎？此與子思之稱天地，孟子之稱時，何以異乎？則後世有知孔子如莊周者乎？理學家能守其規範而修其隄防耳。以天爲宗之微言，至今誰聞？我故曰：孔子之全神尚未發也，而悉曇之徒且以色受界之，以虚高虚大冒之，夫烏知以天爲宗之大不可外、高不可量乎？原始反終，孰精于《易》？輪言三世，孰奇于邵子？無怪乎闢者曰：竊取《大易》《中庸》之精，而襲莊周外生死之吻耳。我故敬西方之聖人，與文中子同，而獨以其法弊未通，故憐憫其徒之終不聞大道之全也。豈惟其徒不聞，即孔子之徒又曾知其全乎？

緇老人曰：嗟嗟！求一知不全者，又安可得乎？吾縂爲三教聖人聲寃久矣。老子知人貪生，故以養生誘人，使之輕名利富貴耳，而今符籙、煉丹者祖之，老子豈不寃？孔子知人好名，故以名引人，而今好色、酗酒、愛官者祖之，孔子豈不寃？佛知人畏死，故以死懼人，而今逋逃粥飯、滑稽門捷者祖之，佛豈不寃？祖佛者尚自撿顧其戒律，或怵〔一〕然于福田無間之權。而祖孔子者，公然淫醟逐羶，拜先師之位，佔洙泗之書，以拾青紫而無汗矣。吾謂天下有稍知佛，然後有稍知孔子者，況知其全？何以全爲？

黄老人曰：孔子再三思此全者不可言，故終無言，言其雅言，而不可聞者，聞則自聞，此孔子之正毒也。天下後世皆得絃歌名教之偏毒，餖飣尋摘，閥閲墳墓而已。莊子痛戰國之時名法捭闔，以争功利，因于五伯之仁義，故支離連犿以抒其憤，而暗指孔顔爲大宗師，堯爲應帝王，以定無爲無不爲之體用，此其正毒也。天下後世皆傳其偏毒，放誕苟免，自縱其所欲，以名逍遥而已。佛見一切身，是其正毒也。天下後世得其偏毒者，上則槁木蟠泥，下則稗販講誦，爲窮髮之氓而已。達磨舉佛心宗，能燒故紙，此其正毒也。天下後世得其偏毒，以冷壁爲垂簾，制惟我獨尊之梃，以傳不膚撓、不

〔一〕 參頁一一六校〔一〕。

目逃而已。嗟乎！貪生畏死，好名逐利，酒色富貴，此天地之公病也。何獨以罪名教？聖人不生，其公病如是也。三聖人更教之，其公病仍如是也。教愈于不教，教弊不如不教弊，教猶足以存其教，此聖人之心也。宗一公所聲寃者，其病尚淺，淺病不足療，病之深者，藏偏得之徑，嚂耳争勝，而不通其全。不通其全，安得有平懷同歸、因時通變、補抹折中療教之人出乎？此吾所以思毒以療之，而不禁口之毒毒也。以正毒攻偏毒，偏病見症，則全方見矣。

赤老人曰：此論雖快，然未爲平懷也。以淺病不足療乎？謂淺病、不足療之病，即足以禍萬世而有餘矣。世之争道術、取利口者，病有甲乙丙丁。丁本公病也，所尚在乙，則罪丙而赦丁。所尚在甲，則罪乙而赦丙丁。甚且尚甲則罪寅，尚夜則罪日。尚無上者唾忠孝，忠孝不足貴矣；尚無上者唾學問，學問誠足鄙矣。高論雖高，寔不能高，而適足相遁。趨勢利，殖家身，肆力殺奪，其律与忠孝學問正等，則人又何所不遑，而肯爲此忠孝學問之苦難孜孜者乎？淺而抹之，三教自療，療者自明，則固已去其十半矣。《人間世》「無所逃于天地之間，此之謂大戒」。通于神明，乃畢忠孝；与天地參，乃畢學問，則無上正所以爲忠孝學問，而唾之以禍世，豈非尚口之禍哉？吾故望有知其全者以療教，則必集大成以爲主，非可平分也。泝其原同，則歸于《易》耳。善世者明體適用，原無無用之體。孔子下學而上達，詳于用而不盡用。其最上者，俟人自得。人生而後，即有而無，惟盡見在，則去來猶昨日明日也。《華嚴》《法華》之外，皆權之權矣。苦于據二乘之肆以行其法，傳至今日，專取最上〔一〕言，雖千萬不及其餘。其言用者，一衣一食，衣食之外，迫人迴避。〔二〕不知生後之事皆衣食之類也。如其碍也，自衣食始，衣食不碍，一切無碍。禪者雖究竟于日用無別，而終詔顧空旨，不肯寔數天下之故。吾故謂其明體甚精，乃吾道專門之心科，而適用則略也，此習略守略之過也。一即一切，隨處見身，已是通槃之珠。會此一語，何所不大自在？然啞羊苾芻，豈敢墮此鉢耶？老子則專主不用爲〔三〕曲全，不得已而後應耳。平懷論之，善世之心一也，門庭設施，當以好學爲〔四〕正大中和。各安生理，本末内外，一致隨時，而以二氏之迅方資後儒之痛癢。縣遠峰之青，以爲城郭江河中之必不可少者。盡心知命、不二生死，有何殊耶？吾所謂神，神不離迹，迹以神化，其迹亦神。既有全神，何惜補不全之迹乎？留輪迴之因以助神道之教，以縱横之逼激補正告之拘牽，以濡弱制獨尊之矜悍，而以棓喝迫曳尾之退避。洛下、考亭，不妨樹拂拈椎；象山、慈湖，當證心于象數，注我自得矣，獨不念《六經》賤而私心横耶？修武、廬陵，宜過牢關；臨濟、趙州，何嫌上學？兩而參之，博約並用。時《益》時《損》，時《艮》時《震》，《无妄》《畜》識，足繼見心，修詞立誠，豈非《乾》三人道之

〔一〕「《華嚴》《法華》之外，皆權之權矣。苦於據二乘之肆以行其法，傳至今日，專取最上」，底本原作「佛專專最上以爲得，上則下自舉」，據旁批改。
〔二〕「避」後有二「而」字，後删。
〔三〕〔四〕「爲」，原作「而」，據旁批改。

極、德業之知終哉？自强不息，無住生心；　精義入神，開物成務。無可無不可，無爲而無不爲也。嗟乎全矣！然未敢望也。一有纖毫，依之即迷。欲心無依，是火不薪。吾勸學者欲互换其迷耳。讀書安分与衣食等是真修行，是真解脱。不迷而不安于其所當迷，又豈能换迷乎？

緇老人曰：　不立文字，是迷真書，如公换迷，是佛迷法。一切法皆是佛法，若不能讀孔子之迷書，何以爲佛子之迷書？豈非不立文字之互换本乎？世之傳迷者，傳疑耳。迷之則疑，疑之則迷，迷極疑破，疑破亦迷。老子、孔子在靈山會上，一人拈花，一人呼天，一人守黑，萬世同迷，如何互换？

黄老人曰：　無待貫待，待即無待。明方本圓則知方，方即圓矣。孔皆孔也，佛皆佛也，老皆老也〔一〕。老氏之道，无首迷之；　佛之道，《震》《艮》《蒙》《困》迷之。要以一太極圓相迷之矣，吾故呼爲東西。佛生西，孔生東，老生東而遊西，言三姓爲一人。人猶有疑者，謂東異于西，西異于東，人豈信乎？是謂大同。

赤老人曰：　東主生，西主殺。日在東，月在西。天時東升而西收，此天地定東西之論矣。汝知

---

〔一〕「無待貫待，待即無待。明方本圓則知方，方即圓矣。孔皆孔也，佛皆佛也，老皆老也。」原作「佛即孔老，孔老即佛」，據旁批改。

其知之，慎勿迷曲录牀，神其疑生疑死之迹也。莫可疑于日而月，莫可疑于東而西。以日月東西爲當然無所用疑，則舉無可疑矣。生死可疑，以畏死也。仙定終散，佛亦輪廻。雖有鬼神，如知命者何哉？「夕死可」者，爲不爲死所乱耳。不爲死所亂，則不爲生所累，而乃以疑死累其生，何謂無累？夫畏死者，畏痛也。必不能不痛，畏痛何碍于道？則畏死何碍于出生死哉？若未見破，正須疑死；所見既破，自不畏死，而亦不諱畏死矣。所卷卷于見破者，知弥高，行彌下。生斯世也，直斯時也。不過爲斯世斯時之不犯王法、不負天地之人，即大徹大悟，依然爲不犯王法、不負天地之人，豈曰見破矣？王法可犯，天地可負耶？不犯王法，不負天地，則隨事游心，誰縛汝，誰禁汝？而守其專門忌諱自衒，不迷而寔大迷也乎？

忽有蒙媪從空而下，其行剽忽，披青袿，繫赤帶，拖白裳。聞其气，使人温凉。問其年，在天地之先。卓然撫案，曰：三公捄迷，何太迷耶？古今家具繫騧騄之攊指也。守爲聖解，聖必訢屈。捄之云者，無奈何爾矣。人情好勝，自曜其所易知以相高，而言道德者爲尤高。欲高欲僞，僞愈自護，非若學業文章之可翻然無慙也。理學者，爲其生小讀《四子》書，取而譊譊耳。好禪者，正可假托不立文字之下，掩其固陋，而斥〔二〕鄙諸家耳。老子又逃禍之藪矣。使真洛閩陸楊、臨濟趙州，則或笑而受

〔二〕「斥」，原作「斤」，據《東西均》改。

之。若言洛閩陸楊、臨濟趙州之言者，各迷其迹以爲神。能迷所迷，執爲秘要，以自尊于天下，雖殺之，必不肯虚心無住。語學未出唇，面已洞赤，尚能補乎？此久爲莊子所歎「終身不反」者也。學何如參？參何如學？學即是參，參即是學，有心非參，無心非學。有心無心，言此何心？心心相迷，以迷捄迷。知可以迷，是即不迷。天地七萬年，始數人耳。此後有開天地眼者出，當世必不甚信，且信且疑。千年之後，人人迷天地眼矣。天地間生生而蠢蠢也，奈何不捄？捄亦奈何？權且奈何？是謂方便。有此弊法，相反相勝，足以奈何之而終奈之何？奈何不得，而遂有奈何之道。獨不見所以貫〔一〕代明〔二〕、錯行者乎？日奈月何，月奈日何，春奈秋何，秋奈春何？容之斯療之矣，轉之斯貫〔三〕之矣。睡食色財名，有情者之五因也。世罪四因，不知与睡等耳，皆必不免者也。簧鼓而捄人者，謂夜能免睡也。海亦免波，路亦免塵乎？天地不能禁而任之，同歸于交輪。百姓任之而不知，恣其便己，故人倫有禽獸之禍，至人任而忘之，安其愚芚，正同禽獸之德。好道者方求與禽獸比，而人以禽獸詈人乎？人殆禽獸之不如也。聖人知之，而强明所以任之者曰率，强解之曰不失其初，率而不失，可以

〔一〕「所以貫」，原作「日月之」，旁批改作「所以貫」。

〔二〕「代明」後原有「四時之」三字，後删除。

〔三〕「貫」，原作「察」，旁批改作「貫」。

從之；從之，則無以異乎任之也；衆人不知，則失之；失之，故教之存之。任不可訓，號曰化之。化之者，節之也。老子以谿谷爲知止，以忍而止之者節之也；佛以解脱爲知止，以忍而空之者節之也。草木有節，四時有節，氣凝其虛間而轉变生焉。中節者，中其直心之節也。節不能自名其節，中不知其何以中，乃可曰化，乃可曰任。手何知其持，足何知其行乎？我有知止壇，日用鼎，以白鍇錘碎炎山磊。以典籍爲灰斗，擴爆落之星。以倫物爲桑烘，發真空之焱，致困徹爲栝杴，煑愛河執海而汁之，爛生作爇，湆爛而噉之，三老享此味乎？多事誠多事，然不如此，又太無事。欲其無事，究竟多事，則不如自樂其所事矣。向來焚烈未盡，水劫在前，火劫在後，當使談道者生義軒容撓之日，自具其體，以前民用，何全何偏？何迹何神？何毒何病？而賓賓商〔二〕東西之藥，改東西之方爲？蓋鼓琴瑟，以主娱客。我請爇香，弥天地宅。

蒙媪懷中出香一粟，大似萬稊，云出地心，与我同壽。

三老聞之，相顧倘然，曰：公心吐出矣。

赤老人鼓琴，黄老人挎越而瑟和之，緇老人擊節，歌曰：

嬰曾庚登奔奔，登庚曾嬰奔噴。

〔二〕「商」，原作「啇」。

門崩邊奔登騰，倫東顛登庚阬。

恩！

公堅庚曾寔生，宗纘曾〔一〕嬰馨恩。此字收聲于喉，与腭上恩字别。

翁烟嬰。

奏闋而香烟化爲龍鳳環。媪指，佩汝知身，此象環也。珍重珍重。遊戲人間，聊以蓺食，聊以音傳，勿復口道。口道者寃，無復生死，言之可憐。

三老留之，媪曰：吾有蒼門之友欲出，出則驚人，故忍之。

三老再三請見，雖驚何傷？

媪曰：在腹中。

愈請不獲已，喀之而出，礲礳一世，六種震動，乃一嬰兒也。烏喙赤足。衣黲紫緑沉之褶。問其名。媪曰：此兒不能有言，不能無言，其名霆長，壽不足一歲。每歲正月生，九月即死。不知死生，而好殺人以爲生者，諸公勿懼。

言未已，突躍而直上，聲如巨霹靂，天人之耳盡聾，目無見，而三老人、蒙媪、嬰兒俱不知所

〔一〕「曾寔生，宗纘曾」，原作「貞稱人中氊貞」，據旁批改。

在，獨有餘香襲襲不絶，不肖乃寤。適老父自鹿湖寄《時論》至，箴之曰：當明明善，勿泥枯璧。得六字神，寔雖永錫。不肖泣曰：璧本不枯，而天故枯〔一〕之。芽之已生，二芽不敢分别，謹紀此夢以禀。

〔一〕「枯」之後原有「木」，後删。

# 修訂後記

較之於二〇一八年的舊版，本次修訂主要有以下六點改進：其一，糾正彌補了舊版的編校、排版等疏失。其二，吸收方以智哲學研究的最深成果，改進舊版標點，比如《非喻可喻》平公歌：「春蘭兮秋菊，常無絶兮終古。」當士曰：「《禮魂》乎？」平公所歌内容出自《九歌·禮魂》，舊版中没有引號，《禮魂》没有書名號，新版予以改正。其三，黄山書社二〇一九年版《方以智全書》張永堂點校《易餘》《象環寤記》，在修訂過程中有參考借鑒。其四，九州出版社二〇一五年版《象環寤記 易餘 一貫問答》本人點校的《易餘》，收録了部分底本，此次修訂，再細校一過。其五，《易餘》主要引文的標注，多是基於龐樸先生的前期工作，修訂時對有準確來源的引文補全了引號，對節引或來源尚待查證的引文仍保留原貌。其六，增加了導讀，便於初讀者入門學習。

張昭煒

二〇二三年冬至定稿於中國社會科學院世界宗教研究所